FÓRMULAS FUNÇÕES E MATRIZES NO EXCEL® 2016

RENATO PARRELA TOSTES

FÓRMULAS FUNÇÕES E MATRIZES NO EXCEL® 2016

ALTA BOOKS
E D I T O R A
Rio de Janeiro, 2017

Fórmulas, Funções e Matrizes no Excel® 2016
Copyright © 2017 da Starlin Alta Editora e Consultoria Eireli. ISBN: 978-85-508-0073-8

Todos os direitos estão reservados e protegidos por Lei. Nenhuma parte deste livro, sem autorização prévia por escrito da editora, poderá ser reproduzida ou transmitida. A violação dos Direitos Autorais é crime estabelecido na Lei nº 9.610/98 e com punição de acordo com o artigo 184 do Código Penal.

A editora não se responsabiliza pelo conteúdo da obra, formulada exclusivamente pelo(s) autor(es).

Marcas Registradas: Todos os termos mencionados e reconhecidos como Marca Registrada e/ou Comercial são de responsabilidade de seus proprietários. A editora informa não estar associada a nenhum produto e/ou fornecedor apresentado no livro.

Impresso no Brasil — 1ª Edição, 2017 - Edição revisada conforme o Acordo Ortográfico da Língua Portuguesa de 2009.

Obra disponível para venda corporativa e/ou personalizada. Para mais informações, fale com projetos@altabooks.com.br

Produção Editorial	**Gerência Editorial**	**Marketing Editorial**	**Gerência de Captação e Contratação de Obras**	**Vendas Atacado e Varejo**
Editora Alta Books	Anderson Vieira	Silas Amaro marketing@altabooks.com.br	autoria@altabooks.com.br	Daniele Fonseca Viviane Paiva comercial@altabooks.com.br
Produtor Editorial Claudia Braga Thiê Alves	**Supervisão de Qualidade Editorial** Sergio de Souza			
Produtor Editorial (Design) Aurélio Corrêa	**Assistente Editorial** Renan Castro			**Ouvidoria** ouvidoria@altabooks.com.br
Equipe Editorial	Bianca Teodoro	Christian Danniel	Illysabelle Trajano	Juliana de Oliveira
Revisão Gramatical Thamiris Leiroza Vivian Sbravatti	**Layout e Diagramação** Lucia Quaresma	**Capa** Bianca Teodoro		

Erratas e arquivos de apoio: No site da editora relatamos, com a devida correção, qualquer erro encontrado em nossos livros, bem como disponibilizamos arquivos de apoio se aplicáveis à obra em questão.

Acesse o site www.altabooks.com.br e procure pelo título do livro desejado para ter acesso às erratas, aos arquivos de apoio e/ou a outros conteúdos aplicáveis à obra.

Suporte Técnico: A obra é comercializada na forma em que está, sem direito a suporte técnico ou orientação pessoal/exclusiva ao leitor.

Dados Internacionais de Catalogação na Publicação (CIP)
Odilio Hilario Moreira Junior CRB-8/9949

```
T716e    Tostes, Renato Parrela
             Fórmula, Funções e Matrizes no Excel 2016 / Renato Parrela
         Tostes. - Rio de Janeiro : Alta Books, 2017.
             320 p. : il.; 17cm x 24cm.

             Inclui índice.
             ISBN: 978-85-508-0073-8

             1. Programas de computador. 2. Excel. I. Título.

                                                    CDD 005
                                                    CDU 004.42
```

Rua Viúva Cláudio, 291 — Bairro Industrial do Jacaré
CEP: 20970-031 — Rio de Janeiro - RJ
Tels.: (21) 3278-8069 / 3278-8419
www.altabooks.com.br — altabooks@altabooks.com.br
www.facebook.com/altabooks

AGRADECIMENTOS

Primeiramente, e acima de tudo, agradeço a Deus pela oportunidade, pela disposição e competência de assumir este projeto, e principalmente por Sua graça, que sempre cobriu imerecidamente minha vida com alegrias e realizações. A Ele toda honra e toda glória.

"Buscai em primeiro lugar o Reino de Deus e a Sua justiça e todas as coisas vos serão acrescentadas." (Mt.6:33) "Não cesses de falar deste Livro da Lei; antes, medita nele dia e noite, para que tenhas cuidado de fazer segundo tudo quanto nele está escrito; então, farás prosperar o teu caminho e serás bem-sucedido. " (Josué 1:8)

À minha esposa, e a meus filhos que sempre confiaram em mim, mesmo nos momentos de incerteza.

A meus pais, que desde o berço souberam me ensinar os valores éticos que independem de posição social, nível cultural e bens e aspectos materiais. Ensinaram-me que as coisas que desejamos devem sempre ser conseguidas com nosso esforço, nossa dedicação e honestidade.

Aos incontáveis colegas dos fóruns do Technet da Microsoft, no Brasil e nos Estados Unidos, alguns anônimos, que sempre colaboram com intenso intercâmbio de perguntas e respostas sobre os mais diversos temas, o que permite que esta comunidade seja uma das mais relevantes a nível mundial.

E a minha companheira madrugada, que, com sua calma, silêncio, paz e clima ameno, sempre me acolhe sem impor condições.

SUMÁRIO

Introdução — XV

O Excel 2016 — XVII

A Respeito Deste Livro — XXI

| Capítulo I: | Como utilizar fórmulas, funções e nomes | 1 |

Usando Fórmulas no Excel — 1
Usando nomes em Fórmulas do Excel — 3
Criando nomes — 4
Tipos de nomes — 5
    Nome definido — 5
    Nome de tabela — 5

| Capítulo II: | Como Construir Fórmulas Eficientes | 7 |

Constantes em Fórmulas do Excel — 7
Operadores de Cálculo em Fórmulas do Excel — 8
    Tipos de Operadores — 8
Em que Ordem o Excel Efetua Operações em Fórmulas — 11
    Ordem de Cálculo — 11
    Precedência do Operador em Fórmulas — 12
    Tabela de Precedência dos Operadores — 12
    Uso de Parênteses em Fórmulas do Excel — 13

| Capítulo III: | Referências em Fórmulas do Excel | 15 |

O Estilo de Referência A1 — 15
    Fazendo Referência a Outra Planilha — 16
    Diferenças de Uso entre Referências Absolutas, Relativas e Mistas — 16
O Estilo de Referência 3D — 18
    Fazendo Referência a Várias Planilhas — 18

	O que acontece quando movemos, copiamos, inserimos ou excluímos planilhas incluídas em uma referência 3D	20
	O Estilo de Referência L1C1	21
CAPÍTULO IV:	**FUNÇÕES E FUNÇÕES ANINHADAS EM FÓRMULAS**	**23**
	A Sintaxe das Funções do Excel	23
	Inserindo Funções do Excel	24
	Aninhando Funções do Excel	25
CAPÍTULO V:	**AVALIANDO FÓRMULAS**	**27**
	Mensagens de Erro	27
	As Mensagens de Erro que Podem Acontecer São	27
	Como Corrigir Erros Comuns de Fórmulas	30
	Erros Mais Comuns e Suas Soluções	30
	Como Verificar Erros em Fórmulas	33
	Opções de Verificações de Erros Via Menu Arquivo	33
	Opções de Verificações de Erros Via Guia Fórmulas	34
	Encontrando Erros com o Comando Mostrar Fórmulas	38
	Utilizando o Comando Avaliar Fórmulas	40
	Avaliando Fórmulas com a Janela de Inspeção	41
CAPÍTULO VI:	**AJUSTANDO FÓRMULAS E TABELAS**	**45**
	Introdução: A Tabela Price	46
	O Comando Atingir Meta	49
CAPÍTULO VII:	**FÓRMULAS E FUNÇÕES EM GRÁFICOS**	**53**
	Visão Geral	53
CAPÍTULO VIII:	**FÓRMULAS EM FORMATAÇÃO CONDICIONAL**	**57**
	Visão Geral	57
CAPÍTULO IX:	**MATRIZES E FÓRMULAS MATRICIAIS**	**63**
	O que são Matrizes	64
	O que são Constantes de Matrizes	64
	Exemplo Prático 1: Criando uma Matriz Unidimensional	66
	Exemplo Prático 2: Criando uma Matriz Bidimensional	67
	O que são Fórmulas Matriciais	69

	Exemplo Prático 1: Criando Nossa Primeira Fórmula Matricial	70
	Exemplo Prático 2: Criando uma Fórmula Matricial com a Função SOMA	71
	Exemplo Prático 3: Uma Fórmula Matricial com a Função LIN	73
	Fórmulas Matriciais Avançadas	**74**
	Exemplo 1: Calcular em Intervalos que Contêm Valores de Erro	75
	Exemplo 2: Contar o Número de Valores de Erro em um Intervalo	76
	Exemplo 3: Somar Valores com Base em Condições	77
	Exemplo 4: Calcular Valores entre Dois Limites	78
	Exemplo 5: Calcular uma Média em uma Faixa que Exclua Zeros em Outra	78
	Exemplo 6: Fórmulas Matriciais para Encontrar Afinidades	79
	Regras para Mudar Fórmulas de Matriz	**85**
	Como Expandir uma Fórmula de Matriz	**86**
	Considerações finais sobre Fórmulas Matriciais	**86**
	Fórmulas Matriciais para trabalhos com tabelas	86
CAPÍTULO X:	**FUNÇÕES TÍPICAS DO EXCEL 2016**	**89**
	Introdução às Funções do Excel 2016	**89**
	A Função PROCH	**91**
	Exemplo de Uso Teórico	93
	A Função PROCV	**94**
	Exemplo de Uso Teórico	94
	A Função ÍNDICE	**99**
	Existem Duas Sintaxes para esta Função	100
	A Função CORRESP	**111**
	A Função Escolher	**113**
	A Função PROCV para a Esquerda	**115**
	Limitações da Função PROCV e como Contorná-las	115
	As Funções ÍNDICE e CORRESP Combinadas	119
	A Função SE	**121**
	Exemplo Teórico	122
	Limitações da Função SE	122
	Alternativas para Nossas Fórmulas	124

A Função SOMASE	125
Exemplo de Uso Teórico	125
Evitando Erros	127
Outro Exemplo Prático	128
A Função SOMASES	129
Exemplo Teórico	130
Diferenças Práticas de Uso entre as Funções SOMASE e SOMASES	132
A Função CONT.SE	134
Exemplo Prático 1	134
Exemplo Prático 2	136
Exemplo Prático 3	138
A Função CONT.SES	139
Exemplo Prático 1	140
Exemplo Prático 2	142
A Função MÉDIASE	143
Exemplo Teórico	145
Exemplo Prático	146
A Função MÉDIASES	147
Exemplo Teórico 1	148
Exemplo Teórico 2	150
A Função MAIOR	151
Exemplo Teórico	151
A Função MÁXIMO	152
Exemplo Teórico	153
A Função MÁXIMOA	153
Exemplo Prático	154
A Função MÍNIMO	155
Exemplo Teórico	155
A Função MÉDIA	156
Exemplo Teórico	157
A Função SOMA	157
A Função SUBTOTAL	160
Exemplo Prático	161
A Função CONVERTER	162
A Função MULT	164
A Função SOMARPRODUTO	166

A Função MMC	168
Exemplos de Uso	168
A Função LN	169
Exemplos de Uso	170
A Função LOG10	170
Exemplos de Uso	171
A Função LOG	171
Exemplos de Uso	172
A Função MOD	172
Exemplos de Uso	173
A Função QUOCIENTE	173
Exemplos de Uso	174
A Função NÃO	174
Exemplos de Uso	175
A Função ÍMPAR	175
Exemplos de Uso	175
A Função PI	176
Exemplo de Uso	176
A Função ALEATÓRIO	177
A Função POTÊNCIA	178
Exemplo de Uso	178
A Função XOR	178
Exemplo de Uso	179
A Função CONT.NÚM	179
Exemplo de Uso	180
A Função CONT.VALORES	180
Exemplo de Uso	181
A Função CONT.VAZIO	181
Exemplo de Uso	182
A Função ARREDONDAR.PARA.BAIXO	182
Exemplo de Uso	183
A Função ARREDONDAR.PARA.CIMA	183
Exemplo de Uso	184
A Função TRANSPOR	184
Exemplo de Uso	185

A Função ÉERRO e a Função ÉERROS	187
Exemplo de Uso	187
A Função MAIÚSCULA	188
Exemplo Teórico	188
A Função MINÚSCULA	189
Exemplo Prático	189
A Função ARÁBICO	190
Exemplo de Uso	190
A Função SUBSTITUIR	191
Exemplo de Uso	192
A Função CONCATENAR	192
Exemplo de Uso	193
A Função ESQUERDA	194
Exemplo de Uso	194
A Função DIREITA	195
Exemplo de Uso	195
A Função DATA	196
Esclarecimentos Adicionais	196
Exemplo Teórico	196
Exemplo Prático	197
A Função DIA	198
Esclarecimentos Adicionais	199
A Função MÊS	200
A Função ANO	200
Exemplo Teórico	200
A Função DIAS	201
Exemplo Teórico	201
A Função DIA.DA.SEMANA	202
Exemplo de Uso	203
A Função DIATRABALHOTOTAL	204
Exemplo Teórico	204

SUMÁRIO xiii

CAPÍTULO XI: **FUNÇÕES EXCLUSIVAS DO EXCEL 2016** **207**

    Função CONCAT   209

    Função UNIRTEXTO   211

        Sintaxe da Função   211

    Função PARÂMETRO   214

        Sintaxe da Função   214

    Função SES   216

        Sintaxe da Função   217

        Exemplos de Uso   217

        Outros Exemplos e Detalhes   217

    Função MÁXIMOSES   219

        Sintaxe   220

        Exemplo 1   220

        Exemplo 2   222

        Exemplo 3   222

    Função MÍNIMOSES   223

        Sintaxe   224

        Exemplo 1   224

    Função PREVISÃO.LINEAR   227

        Sintaxe   227

        Exemplo Prático   228

    Função PREVISÃO.ETS   231

        Sintaxe   231

        Exemplo Teórico   233

    Função PREVISÃO.ETS.CONFINT   236

        Sintaxe   236

    Função PREVISÃO.ETS.STAT   238

        Sintaxe   238

    Função PREVISÃO.ETS.SAZONALIDADE   241

        Sintaxe   241

CAPÍTULO XII: **LISTA DE FUNÇÕES DO MICROSOFT EXCEL 2016** **243**

ÍNDICE **289**

INTRODUÇÃO

O Excel é o estado da arte das planilhas eletrônicas, de forma que podemos assegurar com convicção que não existe outro produto similar no mercado mundial, da própria Microsoft ou de suas concorrentes, que possam lidar com cálculos com a habilidade e riqueza de opções que são características do Excel.

Foi introduzido ao pacote de programas para escritório, o Microsoft Office da Microsoft, em 1993, e desde então tem assumido a liderança cada vez mais acentuada a cada nova versão lançada.

A versão atual, Excel 2016, é parte integrante do pacote Microsoft Office 365, e conta com vários recursos inovadores, desde o armazenamento em nuvem (One Drive) até um conjunto incrível de funções nativas (mais de 470) que podem ser combinadas entre si para obtermos fórmulas que podem fazer cálculos realmente incríveis de maneira muito simples.

O Excel nos oferece inúmeras opções de funções, gráficos, conectividade com fontes de dados externas, análise de tendências, cenários comparativos, riqueza de recursos de formatação e uso de cores, incluindo opções de formatação condicional, tabelas dinâmicas e segmentação de dados, dentre muitos outros recursos.

A construção deste programa de planilhas eletrônicas partiu de um processo que sempre visou um aprendizado simples de sua utilização, e ao mesmo tempo, torná-lo muito eficiente, a ponto de realizar cálculos complexos com precisão e facilidade de uso inigualáveis.

É um programa o qual, ao ser iniciado a partir do zero, oferece uma grande quantidade de modelos padrão, ou **templates**, que podem desde o primeiro clique apresentar um caminho muito rápido para a construção de planilhas, calendários, fluxogramas, orçamentos, agendas, diários e muito mais.

O Excel é composto de uma pasta de trabalho que contém planilhas divididas em colunas organizadas por letras e combinações de letras iniciando em A, e de linhas que recebem uma numeração crescente a partir de um. Ou seja, existe uma disposição de forma matricial composta de linhas e colunas, em que podemos inserir dados, e funções ou fórmulas que podem efetuar os mais diversos tipos de cálculos com estes dados.

As dimensões das planilhas são de 1.048.576 linhas por 16.384 colunas, o que nos oferece uma quantidade de mais de 17 bilhões de células por planilha, sendo a célula uma localização única na planilha, que corresponde à interseção de uma linha e uma coluna, por exemplo, temos as células A1, F25, AF 1200, e desta maneira são delimitados os limites de cada planilha.

Temos certeza que a decisão de manter o Excel como líder de mercado por meio de atualizações constantes a cada nova versão continuará permitindo que ele seja o programa de planilhas de cálculo mais abrangente, mais completo e mais utilizado no mundo por muitos anos, com a vantagem da acumulação de conhecimentos. Usuários que aprendem a manipular uma versão do Excel não encontram dificuldades para se adaptar ao uso de versões mais novas, quando lançadas. Na realidade, o processo é inverso, pois os usuários de versões mais antigas aprendem mais rapidamente como lidar com as versões mais novas.

O EXCEL 2016

O Excel 2016 apresenta muitas inovações em relação a suas versões anteriores.

Existem inovações técnicas e comerciais.

Entre as inovações comerciais, de maneira diferente das versões anteriores, é possível adquiri-lo pagando-se taxas mensais, de baixo custo, que independem do volume de uso. Este aspecto na verdade é uma característica do pacote Office 365, do qual o Excel 2016 faz parte. Embora também possa ser comprado com um preço fechado, que varia de acordo com o tipo de versão do Office 365 a ser adquirido.

Algumas destas versões oferecem o uso de até cinco licenças separadas para um mesmo pacote. Ou seja, se uma equipe de até cinco pessoas, ou uma família, ou grupo de amigos desejar adquirir o Office 365, basta adquirir um único pacote e distribuir as licenças individuais, que são independentes entre si, e passar a usufruir de toda a comodidade oferecida pelo produto, inclusive com o armazenamento gratuito na nuvem do One Drive de até 1T Byte por licença.

Tem se tornado comum um tipo de Malware, que, assim como os vírus, é instalado nos computadores por hackers com diversos objetivos, como o roubo de senhas e dados pessoais, relativamente recente, mas muito danoso, chamado Ramsonware. Esse golpe consiste em raptar os dados do computador infectado e criptografá-los, impedindo seu acesso pelos legítimos donos, a não ser que haja o pagamento aos hackers sequestradores de valores cobrados para o desbloqueio. Existem poucas medidas preventivas. A mais eficiente é o Backup dos dados, e, para esta opção, o armazenamento na nuvem é uma solução perfeita. Devemos levar em consideração que os valores pagos pelos programas instalados nos computadores, embora possam ser elevados, são geralmente de valor muito menor do que o valor das informações. Se salvos com cópias backup, dados como listas de clientes, planilhas de recebimentos e pagamentos e outros processos operacionais podem ser reinstalados sem traumas, e sem precisar pagar um resgate, depois que o computador infectado com um Ramsonware for formatado. O armazenamento na nuvem do One Drive oferecido aos usuários do Excel é uma opção de backup das mais interessantes, e gratuita.

Outras inovações técnicas incluem, mas não se limitam, a novos tipos de gráficos, como os gráficos do tipo Funil e Cascata (ao todo são seis novos tipos de gráficos), novas funções exclusivas do Excel 2016, acesso ao suporte técnico gratuito oferecido por engenheiros da própria Microsoft para cada assinante do Office 365, preenchimento automático aprimorado, recursos no grupo de comandos Obter e Transformar, na guia Dados. Antes, esses recursos só estavam disponíveis por um suplemento separado chamado *Power Query*. Nas versões anteriores do Excel, somente a previsão linear estava disponível, mas no Excel 2016, a função **PREVISÃO** foi estendida para permitir previsões baseadas na Suavização Exponencial (como **FORECAST.ETS**). Essa funcionalidade também está disponível como um novo botão de previsão de clique único na guia **Dados**, com um clique no botão **Planilha de Previsão**, para criar rapidamente uma visualização de previsão da série de dados, e ainda o *Power Map*, a ferramenta de visualização geoespacial 3D mais conhecida da Microsoft, que foi renomeada e agora vem interna no Excel 2016. Esse recurso está disponível para todos os clientes do Excel 2016, e é um conjunto inovador de recursos para compartilhamento de histórias, renomeado como Mapas 3D, que pode ser encontrado junto de outras ferramentas de visualização clicando em **Mapas 3D** na **Guia Inserir**.

Existem muitos outros aprimoramentos técnicos. O Excel é conhecido por suas experiências de análise avançadas e flexíveis, em um ambiente familiar de criação de Tabelas Dinâmicas. A este respeito, alguns aprimoramentos efetuados no Excel 2016 permitem que o usuário se concentre menos em gerenciar seus dados e mais em descobrir informações relevantes, por meio de **detecção automática de relações, criação, edição e exclusão de medidas personalizadas, agrupamento de tempo automático, botões de busca detalhada de Gráfico Dinâmico, Pesquisar na Tabela Dinâmica**, e **renomear inteligente**. Várias melhorias de usabilidade também foram implementadas. Por exemplo, a atualização atrasada permite executar várias alterações no **Power Pivot** sem a necessidade de aguardar até que elas sejam propagadas em toda a pasta de trabalho. As alterações são propagadas ao mesmo tempo, quando a janela do *Power Pivot* é fechada.

Além disto, há a Segmentação de Seleção Múltipla, que torna possível selecionar vários itens em uma Segmentação do Excel, usando um dispositivo sensível ao toque. Essa é uma mudança em relação às versões anteriores do Excel, nas quais somente um item podia ser selecionado de cada vez em uma segmentação na entrada por toque. É possível entrar no modo de Seleção Múltipla de Segmentação usando o novo botão localizado no rótulo da Segmentação.

De forma geral, podemos entender que dominar o Excel 2016 requer dominar vários aspectos do programa, tais como a interface gráfica e seus comandos via **Faixa de Opções**. Além disso, como tirar o máximo proveito dos gráficos e tabelas, aprimorar a apresentação visual das planilhas com a inserção de imagens, fotos, e artes, formatação de cores, e de células baseadas em seus conteúdos (formatação condicional), e principalmente dominar um de seus aspectos mais importantes: calcular resultados com a utilização de fórmulas, funções e fórmulas matriciais, que, somadas ao poder de sua programação em linguagem VBA e Macros, possibilitam um aproveitamento total de todos os recursos disponíveis.

Com um pouco de dedicação apenas, e uma boa orientação, estas tarefas se completam de forma satisfatória, e os usuários do Excel 2016 conseguem em um prazo relativamente curto dominar o programa e obter resultados extraordinários, que, se por um lado são de exatidão extrema e lógica, por outro são de fácil obtenção.

Desta maneira, torna-se indispensável adquirir o Excel 2016 e explorar o novo universo tecnológico que ele nos oferece.

Aproveitamos esta oportunidade para pedir também que o leitor participe com ideias e sugestões a respeito de melhorias referentes às funcionalidades do Excel 2016, que podem ser introduzidas ou implementadas pela Microsoft nas próximas versões do Excel, desde que haja um número razoável de pedidos para determinada melhoria.

O processo é simples, basta acessar a página da Microsoft em `https://excel.uservoice.com/` (conteúdo em inglês), que é destinada a ouvir a opinião dos usuários do Excel a respeito de melhorias necessárias para uma experiência mais produtiva, e onde podemos postar pedidos de mudanças ou votar em pedidos já postados por outros usuários, de forma que as solicitações de melhorias mais votadas têm mais chances de serem implementadas nas próximas versões. Ressaltamos que o Excel 2016 não é um produto estático, nem limitado às funcionalidades disponíveis na data de seu lançamento. Ao contrário, mesmo antes das novidades trazidas com as novas versões, o Excel 2016 é constantemente atualizado, principalmente como resultado das demandas do público, e as novidades podem ser conhecidas em português através dos sites da Microsoft no seguinte link: https://support.office.com/pt-br/article/Novidades-no-Excel-2016-para-Windows-5fdb9208-ff33-45b6-9e08-1f5cdb3a6c73?ui=pt-BR&rs=pt-BR&ad=BR (conteúdo em inglês).

NOTA:

Na data da publicação desta, o link da Microsoft destinado a este fim estava disponível e trazia as novidades apresentadas desde setembro de 2015, mas não há como prevermos se este link ou suas funcionalidades continuarão disponíveis, neste ou em outros endereços.

Uma alternativa sempre válida é procurar por novidades do Excel 2016 nos motores de busca da Internet, tais como Bing e Google, por expressões do tipo: "Novidades no Excel 2016".

A RESPEITO DESTE LIVRO

Como ressaltamos em nossa introdução, embora o Excel 2016 nos ofereça uma maneira intuitiva de trabalhar devido a sua grande variedade de características, recursos e funções, torna-se indispensável objetividade em seu aprendizado.

Seria necessária uma obra extensa com centenas ou milhares de páginas e figuras se nosso objetivo fosse fazer uma apresentação de todos os seus recursos em um só livro. Não é este o caso, principalmente para não criarmos mais dúvidas do que respostas, e nem oferecermos uma obra excessivamente extensa e cara, na qual acabaria ficando mais difícil encontrar a informação desejada.

Atualmente procura-se evitar obras do tipo "Tudo Sobre o Excel", e os autores têm buscado identificar quais partes do Excel 2016 merecem uma atenção especial, e a abordagem é feita a partir da escolha de determinada parte, ou área, em que são descritos em detalhes os aspectos relevantes.

Este livro tem o objetivo dedicado à abordagem do uso e da análise das fórmulas, funções e fórmulas matriciais do Excel 2016, e requer que o leitor tenha apenas uma noção básica a respeito do Excel, independentemente da versão.

Por outro lado, não seria proveitoso apresentar todas as mais de 470 funções do Excel 2016 e seus exemplos de uso. A vantagem deste livro é mais afeta a ensinar a pescar do que entregar o peixe sem explicar como fazê-lo.

Por meio de fórmulas e funções relevantes, ou por sua complexidade, ou suas limitações ou abrangências, presença no uso cotidiano, e de outros aspectos que nos permitem classificá-las como clássicas, ou modelos, fazemos suas apresentações, e pelas similaridades com as demais torna-se possível oferecer uma fonte de consulta rica e completa, para ser utilizada pontualmente na hora de dirimir dúvidas específicas, e também como uma obra que apresente uma excelente fundamentação dos princípios que o Excel 2016 utiliza em suas regras para construção de fórmulas, funções e fórmulas matriciais, a qual possibilita, assim, que o leitor compreenda princípios básicos comuns, e exigidos pela lógica do Excel 2016.

Este livro mostra desde os aspectos fundamentais das fórmulas e funções, ou seja, os operadores lógicos, matemáticos, de texto, passando pelos tipos de referências a células, faixas de células e nomes definidos, sintaxes das funções, diferenças entre parâmetros mandatórios e opcionais, definições de constantes matriciais, ou vetores matriciais, possibilidades e limitações de combinações e aninhamento de funções até as fórmulas matriciais, o uso de fórmulas para aplicações de formatação condicional, e também exibe uma relação de todas as funções presentes no Excel 2016, com uma breve descrição dos objetivos possíveis de se obter com cada uma delas, sem, entretanto, como já salientamos ser inviável, fazer uma apresentação abrangente de absolutamente todas as funções.

Temos convicção que este livro, ou este manual de fórmulas e funções, será de extrema relevância para os usuários que desejem obter o máximo do poder de cálculos do Excel 2016, abreviando o tempo dispendido para encontrar eventuais erros em suas fórmulas, e possibilitando que mesmo as fórmulas mais complexas, até as que tenham sido elaboradas por outros usuários, possam ser avaliadas passo a passo e compreendidas ou corrigidas rapidamente, eliminando-se dúvidas que às vezes não são tão fáceis de responder.

Temos certeza que todos os capítulos deste livro trarão algum tipo de surpresa ou novidade, mesmo para os usuários de nível mais avançado, mas temos expectativas excelentes a respeito da receptividade e sucesso de um capítulo em especial, o que trata sobre fórmulas matriciais, que, se por um lado não é extenso, por outro é completo quanto ao conceito, e acreditamos que servirá para completar de forma brilhante o conhecimento de usuários de nível intermediário e avançado a respeito de um assunto que ainda é um tabu, no qual permeiam dúvidas que mostramos serem muito fáceis de se esclarecer.

Sempre que necessário, apresentamos exemplos teóricos e práticos, dicas e notas que ajudam a esclarecer pontos-chave da lógica de cálculos do Excel 2016 referentes às funções apresentadas.

Além disto, ressaltamos que é sempre muito proveitoso escrever sobre, ou analisar aspectos técnicos de produtos da Microsoft, pois esta sempre responde com soluções completas para os problemas que por ventura venham a ser encontrados em seus produtos, como quando escrevemos sobre o Excel 2010, voltados para o uso de sua interface gráfica, e recursos dos comandos disponíveis na Faixa de Opções, e, ao dissertarmos sobre gráficos, tivemos que apresentar maneiras alternativas de construções de gráficos especiais (gráficos do tipo Queda D'água e Tornado, ou Árvore de Natal, dependendo do sentido de orientação do eixo Y), naquela oportunidade, a Microsoft não oferecia estes tipos de gráficos dentro de seu menu de gráficos padrão, mas, devido a necessidades do mercado, apresentamos as soluções adequadas para contornar este inconveniente. Agora recebemos com alegria a inclusão das opções de gráficos correspondentes chamados de gráficos do tipo Funil e Cascata, entre outros, como gráficos padrão do Excel 2016.

Portanto, acreditamos que o mesmo venha a ocorrer com outros problemas que ainda persistem, como no caso da função PROCV, por exemplo, que realiza a busca de resultados apenas em colunas que estejam à direita da coluna que contém a célula de referência. Neste caso, para uma busca em colunas à esquerda da célula de referência, apresentamos duas soluções de combinações de funções que atendem a este objetivo, mas já contando com a certeza que encontraremos em uma próxima versão do Excel uma função similar a PROCV, ou o acréscimo de um parâmetro que determine o sentido da busca, ou para a direita, ou para a esquerda, visto que trata-se apenas de uma alteração técnica simples, mas de grande valia ainda não disponível no Excel 2016.

Deixamos aqui um convite para depois que o leitor tiver dominado os aspectos cobertos neste livro e que quiser aprimorar ainda mais seus conhecimentos em outra área estratégica do Excel 2016, adquira nosso livro *Excel 2016: Criando Macros com o VBA*, do qual sou coautor, também pela Alta Books..

Desejamos a todos uma boa leitura, com o máximo de proveito, e teremos imenso prazer em receber avaliações sobre o conteúdo, metodologia e relevância da obra, que podem ser enviados diretamente para o e-mail do autor em **formulasnoexcel2016@uai.com.br**.

CAPÍTULO I
COMO UTILIZAR FÓRMULAS, FUNÇÕES E NOMES

USANDO FÓRMULAS NO EXCEL

O Excel é muito mais do que uma matriz, ou grade, com linhas e colunas onde podemos inserir dados numéricos e texto.

É possível, e com um pouco de prática apenas, de maneira muito simples, inserir funções isoladamente, ou em fórmulas que utilizem ou não outras funções, texto, e mais comumente, dados numéricos, e obtermos resultados surpreendentes, desde o somatório de valores até a quantidade de dígitos em uma sequência de texto, mas isto apenas para exemplificarmos que a inserção dos dados não é um fim em si, mas o começo da organização de informações que podem ser manipuladas, analisadas, e serverem de base para cálculos finais. Além de, no caso do Excel 2016, termos como opção de projeto salvar dados e buscar dados na nuvem, utilizando todas as vantagens, incluindo a segurança do armazenamento do One Drive.

Cálculos complexos de engenharia, matemática ou estatística, entre outras áreas, ficam a poucos cliques de uma solução precisa, confiável e prática com o Excel 2016, bem como análises, por exemplo, oferecidas pela opção de testes de hipóteses, ou de melhoramento do apelo visual das planilhas com a formatação condicional, isto para citar aspectos básicos, mas indispensáveis no manuseio de dados, sejam numéricos ou de texto.

Mas, para podermos compreender aspectos mais refinados do Excel, é aconselhável revermos os aspectos iniciais, mais especificamente como funcionam e quais são as partes comuns de toda fórmula do Excel 2016.

O Excel percebe se o conteúdo de uma célula é uma informação digamos "estática", ou uma fórmula, que podemos dizer ser mais "dinâmica", pela identificação de uma informação muito simples, ou seja, toda fórmula deve começar com o sinal de igual (=) e assim, se inserirmos uma informação em uma célula e o primeiro caractere inserido for o sinal de igual (=), o Excel se coloca em uma posição de receber uma fórmula, ou função, chegando a oferecer as funções que tenham grafia semelhante ao que é digitado após o sinal de igual.

Desta maneira, ao digitar o sinal de igual (=) e o nome de determinada função, o Excel continua receptivo e proativo, informando a sintaxe da função em questão, incluindo a existência ou não de parâmetros, que podem ou não ser obrigatórios.

Se desejamos fazer uma distinção simples entre o que são fórmulas ou funções, devemos observar primeiro o que elas têm em comum, no caso, ambas começam com o sinal de igual (=).

Entretanto, as funções são espécies de fórmulas pré-definidas no Excel, como a função **AGORA**(), que retorna a data e a hora corrente, enquanto as fórmulas são mais livres, e podem se limitar a cálculos básicos como a soma de dois valores, ou estenderem-se a cálculos mais complexos, até mesmo com a inclusão de uma ou várias funções do Excel na mesma fórmula, cujo exemplo básico poderia ser:

=**SE**(**MÁXIMO**(G1:G7)>1000;**SUBTOTAL**(9;M5:M11);"Total abaixo da meta")

Esta fórmula verifica o valor máximo encontrado entre as células de G1 até G7, e, se a maior delas for maior que 1000, retorna a soma das células de M5 até M11, caso contrário retorna o texto: Total abaixo da meta.

Uma outra maneira de distinguirmos fórmulas de funções seria considerarmos os recursos de cálculos pré-definidos como sendo funções, podendo exigir parâmetros obrigatórios e não obrigatórios, e os resultados alcançados com a inserção dos parâmetros como sendo fórmulas. As funções também são chamadas de funções internas do Excel.

Tomemos como exemplo a função **PGTO**, que pode calcular o valor a ser pago mensalmente por um empréstimo, tendo-se a taxa de juros mensal, a quantidade de meses e o valor do empréstimo. Assim, se digitarmos =PGTO, estaríamos digitando apenas um nome de função, mas se entrarmos com os sinais de parênteses e os parâmetros de taxa de juros igual a 3%, quantidade de meses igual a 36 meses, e valor do empréstimo igual a R$90.000,00, por exemplo, teríamos digitado a seguinte fórmula: =**PGTO**(0,03;36;90000), e o resultado seria igual a -R$4.122,34 (com sinal negativo que representa pagamento, e não recebimento).

Em uma fórmula, depois do sinal de igual (=) podemos ter, além de funções, números, operadores matemáticos, datas, horários, porcentagens, e outros dados.

Como exemplos de tipos de fórmulas que podemos ter no Excel 2016 podemos citar:

- =(B2+B4)/12   Soma os valores das células B2 e B4 e divide o resultado por 12.
- =**MÉDIA**(C1:C10)   Calcula a média aritmética das células de C1 até C10
- =**AGORA()** Retorna a data e hora atuais
- =**CONCAT**(K1;L1;M1)   Une os textos das células K1, L1 e M1. Se tivermos os conteúdos de dd, mm, aaaa respectivamente, nas células K1, L1, e M1, o resultado será ddmmaaaa na célula onde digitarmos esta fórmula.
- =**ARREDONDAR.PARA.CIMA**(B5/2*PI();2)   Para, por exemplo, encontrar o valor do raio de um círculo, se a circunferência estiver informada na célula B5, e arredondar o valor para cima, mantendo-se o resultado com precisão de duas casas decimais.

USANDO NOMES EM FÓRMULAS DO EXCEL

Podemos criar nomes definidos para representar células, intervalos de células, fórmulas, constantes ou tabelas do Excel.

Um nome é uma forma abreviada descritiva que esclarece o objetivo de uma referência de célula, constante, fórmula ou tabela, que pode ser difícil de compreender à primeira vista.

As informações a seguir mostram exemplos comuns de nomes e como seu uso em fórmulas pode aumentar a clareza e facilitar o entendimento das fórmulas.

CRIANDO NOMES

Para criar nomes, basta clicar na guia **Fórmulas**, na faixa de opções, e no grupo de comandos: **Nomes Definidos**, escolher o comando: **Gerenciador de Nomes**.

Surgirá a caixa de diálogos mostrada na Figura 1.4:

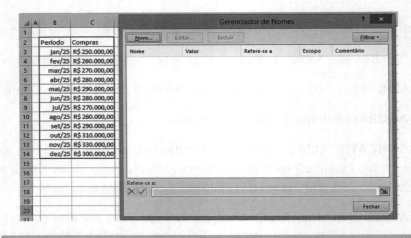

FIGURA 1.4: JANELA DO GERENCIADOR DE NOMES DO EXCEL 2016

Para criar um nome, basta clicar em novo, e na caixa de diálogo de Novo Nome, definir o nome, o escopo (se na pasta de trabalho ou na planilha atual), e por fim, a faixa de células a que o nome faz referência. Ao clicar em OK, o nome estará criado e poderá ser utilizado nas fórmulas, e como argumento nas funções que aceitam nomes, como pode ser visto na Figura 1.5:

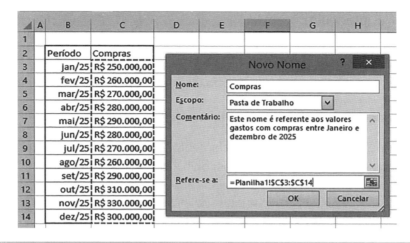

Figura 1.5: Criando Nomes no Excel 2016

TIPOS DE NOMES

Nome definido

Um nome que representa um valor de célula, intervalo de células, fórmula ou constante. Podemos criar nossos próprios nomes definidos. Além disso, algumas vezes o Excel cria um nome definido automaticamente, como ocorre quando definimos uma área de impressão.

Nome de tabela

É um nome para uma tabela do Excel, que é uma coleção de dados sobre um assunto específico que está armazenado em registros (linhas) e campos (colunas).

O Excel cria o nome de tabela padrão do Excel "Tabela1", "Tabela2" e assim por diante, cada vez que inserimos uma tabela do Excel, mas é possível alterar esses nomes para torná-los mais familiares ou intuitivos.

Observação: Por padrão, os nomes usam referências absolutas de célula.

É possível inserir um nome:

a. Digitando:

   Digite o nome, por exemplo, como um argumento para uma fórmula.

b. Usando o recurso Preenchimento Automático Fórmula:

   Usando a lista suspensa Preenchimento Automático Fórmula, onde nomes válidos são automaticamente disponibilizados como opções.

c. Selecionando a partir do comando Usar em Fórmula.

d. Selecionando um nome definido em uma lista disponível no comando **Usar em Fórmula** no grupo **Nomes Definidos** na guia **Fórmula**.

CAPÍTULO II
COMO CONSTRUIR FÓRMULAS EFICIENTES

Devemos analisar as partes de uma fórmula do Excel, que pode conter, além do sinal de igual, referências a outras células, constantes, funções, valores de texto, numerais, e operadores matemáticos e lógicos.

CONSTANTES EM FÓRMULAS DO EXCEL

Uma constante é um valor não calculado, sempre permanece o mesmo. Por exemplo, a data 14/08/2026, o número 365 e o texto "Moro em Jaçanã" são todos constantes (devemos observar que os textos devem vir entre aspas nas fórmulas).

Uma expressão, ou um valor resultante de uma expressão, não é uma constante. Por exemplo, a expressão A1+A2 não é uma constante, pois o valor da soma pode variar, desde que haja variações nos valores de A1 e/ou A2.

Quando utilizamos constantes, por exemplo, se o valor de A1 for igual a 100 e o valor de A2 for igual a 200, e em nossa fórmula utilizarmos a expressão =100+200, no lugar de =A1+A2, estaremos utilizando constantes e o nosso resultado será sempre o mesmo, independente de os valores de A1 e/ou A2 variarem. Isto pode ser desejável ou indesejável, dependendo de nossa vontade de que nossa fórmula se adapte às variações de algumas células ou não. Poderemos desejar que em algumas situações os valores de nossas fórmulas sejam fixados em um valor mínimo de acordo com determinada situação. Digamos que desejamos que o resultado de uma de nossas fórmulas nunca seja igual a zero. Poderíamos utilizar referências a células e a constantes, como por exemplo: =A1+A2+1, mesmo se A1 e A2 forem iguais a zero, o resultado de nossa fórmula será maior que zero.

Existem, entretanto, situações mais complexas, como no caso do valor de A1 ser igual a zero e o de A2 ser igual a -1 ou -2 (menos um ou menos dois). Neste caso, não adianta acrescentar a constante igual a 1. Na impossibilidade de prevermos os valores que A1 e A2 podem assumir, principalmente se forem resultados de outras fórmulas, podemos incluir uma função no lugar da constante, e teríamos algo como: =SE((A1+A2)>0;A1+A2;1). Assim evitaríamos valores negativos e valor igual a zero (o que inviabilizaria utilizar esta célula como divisora de outras células, ou de constantes, e teríamos como o menor valor da célula o número 1, que permitiria o uso desta célula como divisora de outras, sem gerar erro de divisão por zero.

É por este mesmo motivo que ora utilizaremos referências relativas a determinadas células e ora referências absolutas. Veremos as diferenças entre referências relativas e absolutas em momento adequado.

OPERADORES DE CÁLCULO EM FÓRMULAS DO EXCEL

Os operadores especificam o tipo de cálculo que será efetuado nos elementos da fórmula.

Existe uma ordem padrão segundo a qual os cálculos ocorrem (seguindo regras matemáticas gerais), mas essa ordem pode ser alterada com o uso de parênteses, porque as operações entre parênteses são executadas antes das outras.

TIPOS DE OPERADORES

Há quatro diferentes tipos de operadores de cálculo:

a. Aritméticos;

b. de Comparação;

c. de Concatenação de Texto, e

d. de Referência.

Operadores Aritméticos

Para efetuar operações matemáticas básicas como adição, subtração, multiplicação ou divisão, combinar números e produzir resultados numéricos:

Operador aritmético	Significado	Exemplos
+ (sinal de mais)	Adição	=A1+A2, 10+L29, +20+30
- (sinal de menos)	Subtração ou Negação	=40-8, =-10, -B6, -A4-20
* (asterisco)	Multiplicação	=3*3, =A1*2, =A2*B2
/ (sinal de divisão)	Divisão	=120/3, =A100/B100, =A45/30
% (sinal de porcentagem)	Porcentagem	5%, 0,1%; =0,50%*38000,00
^ (acento circunflexo)	Exponenciação	=4^2, =B5^10, =A1^A2

Para Exponenciação, utilizamos o operador aritmético ^ (acento circunflexo), mas, para obter a raiz quadrada de um número, utilizamos a Função RAIZ(Núm), tal como =RAIZ(144), que nos dá o resultado igual a 12, e não um operador.

Além disto, podemos perceber ser possível substituir o sinal de igual que antecede as fórmulas pelos sinais de adição (+) e de subtração (-).

No caso de porcentagens, devemos primeiramente formatar a célula que conterá o valor da porcentagem para o formato Porcentagem, e depois digitar o número correspondente ao valor da porcentagem, assim, após a formatação da célula, digitamos, digamos, o valor 35, e o resultado será mostrado como 35%.

Se tentarmos digitar =35% diretamente em uma célula formatada com o formato Geral, por exemplo, o valor mostrado será 0,35.

Mas, se digitarmos 35% sem o sinal de igual, o Excel aceitará este valor como um valor de porcentagem igual a 35% (ou seja, uma constante) e poderemos utilizá-lo em cálculos. Se neste caso tivermos a célula A1=200 e a célula A2=35%, ao multiplicarmos as células A1 e A2, o resultado será igual a 70.

Operadores de Comparação

Para comparar dois valores, usando os operadores de comparação.

Quando dois valores são comparados usando esses operadores, o resultado será um valor lógico, **VERDADEIRO** ou **FALSO**.

Operador de Comparação	Significado	Exemplos
= (sinal de igual)	Igual a	=C10=C12 , =C10=100
> (sinal de maior que)	Maior que	=B10>C10 , =B10>20
< (sinal de menor que)	Menor que	=B10<C10 , =B10<45
>= (sinal de maior ou igual a)	Maior que ou igual a	=D25>=F30 , =D25>=1
<= (sinal de menor ou igual a)	Menor que ou igual a	=D25<=F60 , =D25<=2
<> (sinal de diferente de)	Diferente	=E15<>H14 , =E15<>0

Devemos ter em mente que mesmo <u>uma operação de comparação é uma fórmula</u>, e, embora seja pequena e simples, <u>necessita ser precedida do sinal de igual</u> para que o Excel faça a distinção entre fórmula e constante, e que possa assim trazer o resultado da comparação, seja ele VERDADEIRO ou FALSO. Caso contrário, o Excel entenderá o conteúdo digitado como texto: C10=C12.

Operador de Concatenação de Texto

Utilizamos o 'E' comercial (**&**) para concatenar (unir) uma ou mais cadeias de texto para produzir um único texto.

Operador de Texto	Significado	Exemplos
& (E comercial)	Conecta dois ou mais valores para produzir um valor de texto contínuo	"FELIZ "&"ANO "&"NOVO." Resulta em FELIZ ANO NOVO.

Operadores de Referência

Utilizados para combinar intervalos de células para cálculos com os operadores e funções.

Operador de Referência	Significado	Exemplos
: (dois pontos)	Operador de intervalo, que produz uma referência para todas as células entre duas referências, incluindo as duas referências	=SOMA(A1:A10) soma todas as células de A1 até A10, inclusive A1 e A10.
, (vírgula)	Operador de união, que combina diversas referências em uma referência	Operador de união, que une várias referências: =SOMA(A1:A10,B1:B10,C1:C10) soma todas as células de A1 até A10, e de B1 até B10, e de C1 até C10.
(Espaço)	Operador de interseção, que produz uma referência a células comuns a duas referências	=SOMA(A1:A10 A8:A12) soma as células comuns destes dois intervalos, ou seja, A8+A9+A10.

EM QUE ORDEM O EXCEL EFETUA OPERAÇÕES EM FÓRMULAS

A ordem na qual o cálculo é executado pode afetar ou não o valor retornado da fórmula. Sendo assim, é importante compreender como a ordem é determinada, e como é possível alterá-la para o cálculo ser efetuado como desejamos.

Ordem de Cálculo

As fórmulas calculam valores segundo uma ordem específica.

Uma fórmula do Excel sempre começa com um sinal de igual (=).

O Excel interpreta os caracteres depois do sinal de igual como partes de uma fórmula.

Depois do sinal de igual estão os elementos a serem calculados (a função ou os operandos), como constantes ou referências de célula. Que são separados por operadores de cálculo.

O Excel calcula a fórmula da esquerda para a direita, de acordo com uma ordem específica para cada operador da fórmula.

Precedência do Operador em Fórmulas

Se uma determinada fórmula possuir vários operadores, o Excel executará as operações em uma ordem pré-definida de acordo com a precedência de cada operador.

Se uma fórmula contiver operadores com a mesma precedência, tais como subtração e adição, o Excel avaliará os operadores da esquerda para a direita.

Tabela de Precedência dos Operadores

Operador	Descrição
: (dois-pontos) (espaço simples) , (vírgula)	Operadores de referência
-	Negação (como em –1)
%	Porcentagem
^	Exponenciação
* e /	Multiplicação e divisão
+ e -	Adição e subtração
&	Conecta duas cadeias de texto (concatenação)

Operador	Descrição
=	
< >	
<=	Comparação
>=	
<>	

Uso de Parênteses em Fórmulas do Excel

Sinais de abre e fecha parênteses podem alterar a ordem da avaliação natural dos operadores na hora do Excel processar uma fórmula.

A parte que desejarmos calcular primeiro, independente da ordem de precedência dos operadores, deve ser colocada entre parênteses.

Se a sequência de cálculo natural do Excel para a fórmula =5*2+11 consiste em primeiro multiplicar 5 por 2 e somar o resultado a onze, isto nos traz um resultado igual a 21.

Mas, utilizando parênteses, podemos alterar a fórmula para =5*(2+11), e assim o resultado passa a ser igual a 120.

CAPÍTULO III
REFERÊNCIAS EM FÓRMULAS DO EXCEL

Uma referência identifica uma célula ou um intervalo de células em uma planilha e informa ao Excel onde procurar pelos valores ou dados a serem usados em uma fórmula. Podemos utilizar referências para usar dados contidos em partes diferentes de uma planilha em uma fórmula ou usar o valor de uma célula em várias fórmulas. Podemos também fazer referências a células de outras planilhas na mesma pasta de trabalho e a outras pastas de trabalho. As referências a células em outras pastas de trabalho são chamadas de vínculos ou referências externas.

O ESTILO DE REFERÊNCIA A1

Por padrão, o Excel usa o estilo de referência A1, que se refere a colunas com letras (A até XFD, em um total de 16.384 colunas) e se refere a linhas com números (1 até 1.048.576). Com uma multiplicação simples, podemos encontrar o número total de células disponíveis em cada planilha de uma pasta de trabalho do Excel 2016, ou seja, 17.179.869.184, isto mesmo, mais de 17 bilhões de células por planilha.

Essas letras e números são chamados de títulos de linha e coluna.

Para referir-se a uma célula, inserimos a letra da coluna seguida do número da linha. Por exemplo, B2 se refere à célula na interseção da coluna B com a linha 2, assim como XFD1048576 se refere à última célula da planilha, na posição mais à direita e mais abaixo.

Para nos referir	Usamos
À célula na coluna F e linha 14	F14
Ao intervalo de células na coluna C e linhas 15 a 25	C15:C25
Ao intervalo de células na linha 30 e colunas C até H	C30:H30
A todas as células na linha 18	18:18
A todas as células nas linhas 5 a 10	05:10:00
A todas as células na coluna M	M:M
A todas as células nas colunas H a J	H:J

Fazendo Referência a Outra Planilha

No Excel 2016, por padrão, uma pasta de trabalho é aberta com apenas uma planilha, embora possamos adicionar mais planilhas às pastas.

Desta maneira, vamos considerar uma pasta de trabalho do Excel que contenha duas planilhas, uma nomeada como Pessoal, e outra como Tecnologia.

Se em uma célula da planilha Pessoal tivermos uma célula com uma fórmula que fizesse referência a outra célula da planilha Tecnologia, teríamos algo como:

=(**ARREDONDAR.PARA.CIMA**(Tecnologia!F15)

Após o nome da planilha, o Excel insere um sinal de exclamação (!).

Diferenças de Uso entre Referências Absolutas, Relativas e Mistas

Referências Relativas

Uma referência relativa em uma fórmula é baseada na posição relativa da célula que contém a fórmula e da célula à qual a referência se refere.

Se a posição da célula que contém a fórmula se alterar, a referência será alterada.

Isto significa que, se tivermos o conteúdo de uma célula, por exemplo, a célula F15 igual a A1+20 (fazendo uma referência relativa à célula A1) e após isto movermos a célula A1 para a posição B6, o conteúdo da célula F15 mudará para: =B6+20.

Ao copiar ou preencher a fórmula ao longo de linhas ou de colunas, a referência se ajustará automaticamente.

Por padrão, novas fórmulas usam referências relativas.

Se tivermos a célula G1=H1, ao copiarmos a célula G1 para baixo, as células copiadas assumirão as fórmulas conforme a referência da célula G1, e o resultado nas células abaixo de G1 será: G2=H2, G3=H3, ..., Gn=Hn.

Referências Absolutas

Uma referência absoluta de célula em uma fórmula, como =$F$1, sempre se refere a uma célula em um local específico. O sinal de dólar antes do número da linha e antes da letra da coluna fixa esta referência, e ela não será ajustada se a célula que contém a fórmula não for movida nem copiada.

Se a posição da célula que contém a fórmula se alterar, a referência absoluta permanecerá a mesma.

Se copiarmos ou preenchermos a fórmula ao longo de linhas ou colunas, a referência absoluta não se ajustará.

Por exemplo, se em E1 tivermos uma fórmula simples igual a: =$F$1, ao copiarmos a fórmula de E1 para as células E2, e E3, o conteúdo delas será: E2=$F$1, E3=$F$1.

É importante notar que, quando clicada uma vez, o que surge visível na célula é resultado da fórmula.

Se em E1 tivermos o valor de 100, o que veremos nas células E2 e E3 após a operação de cópia com as referências absolutas será o valor de 100, mas se dermos um duplo clique na célula, ou se observamos a barra de fórmulas, lá encontraremos a fórmula original sem alterações, ou seja, com as referências absolutas, =$F$1.

Por padrão, novas fórmulas usam referências relativas e, portanto, em algumas situações é necessário trocá-las por referências absolutas.

Referências Mistas

Uma referência mista tem uma coluna absoluta e uma linha relativa, ou uma linha absoluta e uma coluna relativa.

Uma referência de coluna absoluta tem o formato $A1, $B1 e assim por diante.

Uma referência de linha absoluta tem o formato A$1, B$1 e assim por diante.

Se a posição da célula que contém a fórmula se alterar, a referência relativa será alterada e a referência absoluta não se alterará. Se você copiar ou preencher a fórmula ao longo de linhas ou colunas, a referência relativa se ajustará automaticamente e a referência absoluta não se ajustará.

Por exemplo, se em F1 tivermos a fórmula: =$G1 e a copiarmos para baixo, o resultado nas células abaixo será igual a: =$G2, $G3, ..., $Gn.

Por outro lado, como o que está fixo não é o número da linha e sim a letra da coluna, ao copiar a fórmula para as células das colunas à esquerda, o que teremos em C1, D1 e E1 será igual a: =$G1, e em C2, D2 e E2 será igual a $G2.

De maneira análoga, este comportamento se repete referente ao número da linha, quando deixamos a coluna como referência relativa e o número da linha como referência absoluta.

O ESTILO DE REFERÊNCIA 3D

Fazendo Referência a Várias Planilhas

Se for necessário analisar dados na mesma célula ou em um intervalo de células em várias planilhas dentro de uma pasta de trabalho, poderemos utilizar a referência 3D.

Uma referência 3D inclui a referência de célula ou intervalo, precedida por um intervalo de nomes de planilhas.

O Excel usa qualquer planilha armazenada entre os nomes iniciais e finais da referência.

Por exemplo:

=**MÉDIA**(Pessoal:Tecnologia!B5:B10)

Calcula a média dos valores entre B5 e B10 em todas as planilhas do intervalo, incluindo a planilha Pessoal e a planilha Tecnologia.

Importante

1. Podemos usar referências 3D para fazer referência a células em outras planilhas, definir nomes e criar fórmulas usando estas funções:

   a. SOMA
   b. MÉDIA
   c. MÉDIAA
   d. CONT.NUM
   e. CONT.VALORES
   f. MÁXIMO
   g. MÁXIMOA
   h. MÍNIMO
   i. MÍNIMOA
   j. MULT
   k. DESVPAD.P
   l. DESVPAD.A
   m. DESVPADA
   n. DESVPADPA
   o. VAR.P
   p. VAR.A
   q. VARA
   r. VARPA

2. As referências 3D não podem ser usadas em fórmulas de matriz.

3. As referências 3D não podem ser usadas com o operador interseção (um espaço simples) ou em fórmulas que usam interseção implícita.

O QUE ACONTECE QUANDO MOVEMOS, COPIAMOS, INSERIMOS OU EXCLUÍMOS PLANILHAS INCLUÍDAS EM UMA REFERÊNCIA 3D

Os exemplos a seguir explicam o que acontece quando nós efetuamos estas ações em planilhas incluídas em uma referência 3D.

Os exemplos usam a fórmula:

=**MÉDIA**(Pessoal:Tecnologia!B5:B10)

Para calcular a média das células entre B5 e B10 nas planilhas entre Pessoal e Tecnologia.

1. Inserir ou copiar:

   Se inserirmos ou copiarmos planilhas entre a planilha Pessoal e a planilha Tecnologia (os pontos extremos neste exemplo), o Excel incluirá a média de todos os valores entre as células B5 a B10 das planilhas adicionadas nos cálculos.

2. Excluir:

   Se excluirmos planilhas entre a planilha Pessoal e a planilha Tecnologia, o Excel removerá seus valores do cálculo.

3. Mover:

   Se movermos planilhas entre a planilha Pessoal e a planilha Tecnologia para um local fora do intervalo de planilha referido, o Excel removerá seus valores do cálculo.

4. Mover um ponto extremo:

   Se movermos a planilha Pessoal ou a planilha Tecnologia para outro local na mesma pasta de trabalho, o Excel ajustará o cálculo para acomodar o novo intervalo de planilhas entre elas.

5. Excluir um ponto extremo:

   Se excluirmos a planilha Pessoal ou a planilha Tecnologia, as células da planilha excluídas também serão excluídas do cálculo.

O ESTILO DE REFERÊNCIA L1C1

Nós também podemos usar um estilo de referência em que as linhas e as colunas na planilha sejam numeradas.

O estilo de referência L1C1 é útil para calcular as posições de linha e coluna em macros.

No estilo L1C1, o Excel indica o local de uma célula com um "L" seguido de um número de linha e um "C" seguido de um número de coluna.

Referência	Significado
L[-2]C	Uma referência relativa à célula duas linhas acima e na mesma coluna
L[2]C[2]	Uma referência relativa à célula duas linhas abaixo e duas colunas à direita
L2C2	Uma referência absoluta à célula na segunda linha e na segunda coluna
L[-1]	Uma referência relativa à linha inteira acima da célula ativa
L	Uma referência absoluta à linha atual

Quando gravamos uma macro, o Excel registra alguns comandos usando o estilo de referência L1C1.

Por exemplo, se registrarmos um comando, como clicar no botão **AutoSoma** para inserir uma fórmula que adiciona o conteúdo de um intervalo de células, o Excel registrará a fórmula usando o estilo L1C1 e não o estilo de referência A1.

Podemos ativar ou desativar o estilo de referência L1C1 marcando ou desmarcando a caixa de seleção **Estilo de referência L1C1** na seção **Trabalhando com fórmulas** da categoria **Fórmulas** da caixa de diálogo: **Opções**.

Para exibir essa caixa de diálogo, devemos clicar na guia **Arquivo**.

CAPÍTULO IV
FUNÇÕES E FUNÇÕES ANINHADAS EM FÓRMULAS

Funções são fórmulas predefinidas que efetuam cálculos usando valores específicos, denominados argumentos, em uma determinada ordem ou estrutura. As funções podem ser usadas para executar cálculos simples ou complexos.

A SINTAXE DAS FUNÇÕES DO EXCEL

Como exemplo, tomemos a função **SUBTOTAL** para calcular a soma de um intervalo de células:

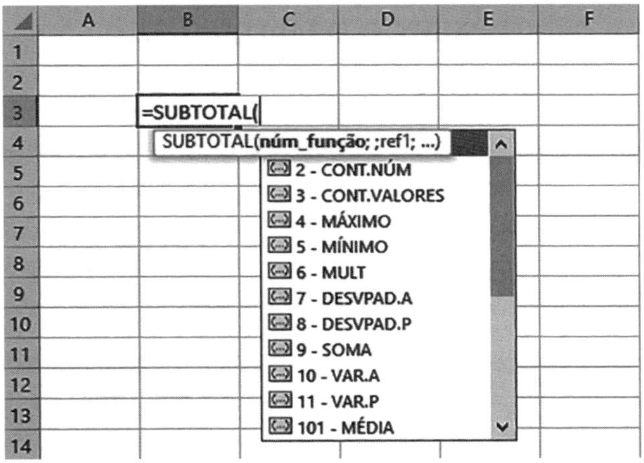

FIGURA 4.1: Estrutura das Funções do Excel 2016

Estrutura das Funções do Excel 2016:

1. A estrutura de uma função começa com um sinal de igual (=), seguido do nome da função, um parêntese de abertura, os argumentos da função separados por sinais de ponto e vírgula, e um parêntese de fechamento.

2. Nome da função. Para obter uma lista das funções disponíveis, basta clicar em uma célula e pressionar SHIFT+F3.

3. Argumentos. Os argumentos podem ser números, texto, valores lógicos, como VERDADEIRO ou FALSO, matrizes, valores de erro, como #N/D, ou referências de células. O argumento que for atribuído deverá produzir um valor válido para esse argumento. Os argumentos também podem ser constantes, fórmulas ou outras funções.

4. Dica de ferramenta de argumentos. Uma dica de ferramenta com a sintaxe e os argumentos é exibida à medida que a função está sendo digitada. Por exemplo, ao digitar =SUBTOTAL(, a dica de ferramenta aparecerá. As dicas de ferramenta são exibidas somente para funções internas.

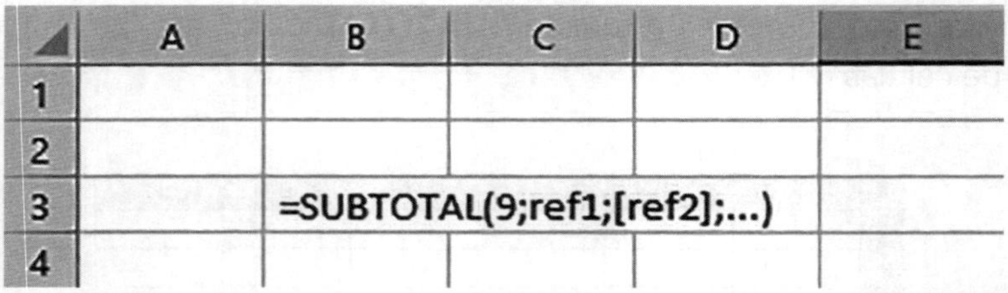

Figura 4.2: Sintaxe da Função SUBTOTAL, com o argumento de soma

INSERINDO FUNÇÕES DO EXCEL

Para facilitar a criação e a edição de fórmulas e minimizar erros de digitação e de sintaxe, podemos utilizar o Preenchimento Automático de Fórmulas. Depois de digitar o sinal de igual (=) e as primeiras letras ou um gatilho de exibição, o Excel exibirá abaixo da célula uma lista suspensa dinâmica de funções válidas, argumentos e nomes que coincidem com as letras ou o gatilho. Podemos então inserir um item da lista suspensa da fórmula.

ANINHANDO FUNÇÕES DO EXCEL

As funções internas do Excel 2016 são muito eficientes para encontrarmos resultados precisos de cálculos em nossas planilhas, mas, ao trabalharmos com o Excel 2016, somos incentivados a aumentar o nível de complexidade de nossas análises, devido às facilidades oferecidas pelo programa.

Uma destas facilidades é a possibilidade de aninharmos uma ou mais funções dentro de outra em determinadas fórmulas.

Neste caso, as funções aninhadas continuam necessitando de seus argumentos, como necessitam quando não estão aninhadas. Isto quer dizer que na maioria das vezes o aninhamento de funções consiste em uma função inicial, que necessita de parâmetros para funcionar corretamente, e de uma ou mais funções nos lugares dos parâmetros da função inicial, ou precedente.

No exemplo a seguir, a função SE necessita de três parâmetros, o primeiro é um teste lógico, o segundo é o valor a ser retornado caso este teste lógico seja avaliado como verdadeiro, e o terceiro caso o teste lógico seja considerado como falso.

=**SE**(teste_lógico;[valor_se_verdadeiro];[valor_ se_ falso])

O teste lógico pode ser, num exemplo básico, se o somatório de vendas da equipe de vendedores atingiu determinada meta, ou se ultrapassou determinado limite. Para isso, podemos utilizar a função **SOMA**, ou a função **SUBTOTAL**. Teríamos algo como:

teste_lógico= **SOMA**(B2:B32)>=500000

Alguma decisão deve ser adotada para o caso de a meta ter sido cumprida e outra para o caso contrário, por exemplo, o valor dos bônus para a equipe de vendedores, que podem ser maiores em caso de cumprimento da meta, poderia ser uma constante, um valor percentual a ser utilizado no cálculo dos bônus, caso o teste lógico fosse atendido, ou **VERDADEIRO**:

[valor_se_verdadeiro]=5%

Para a tomada de decisão, é necessário prever qual resultado adotar se o resultado do teste lógico for **FALSO**. Neste caso, podemos escolher que o valor do bônus pode ser igual à média dos valores dos últimos 6 meses menos um desconto de 2% sobre esta média. Neste caso teríamos algo como:

[Valor_se_falso]=(**MÉDIA**(AB6:AB1)-**MÉDIA**(AB6:AB1)*2%)

Desta maneira, em nosso exemplo hipotético, teríamos a seguinte fórmula:

`=SE(SOMA(B2:B32)>=500000;5%;(MÉDIA(AB6:AB1)-MÉDIA(AB6:AB1)*2%)`

O teste lógico pode sofrer variações consequentes de variações do conteúdo de células a que ele faça referência, ou seja, em determinado cenário ele pode ser atendido, ou seja, considerado verdadeiro, e em outro momento, em outro cenário, não mais, e assim a função **SE** é flexível o suficiente para refletir estas mudanças.

Neste nosso exemplo, as funções **MÉDIA** e **SOMA** estão aninhadas na função **SE**, e nós devemos levar dois pontos importantes em consideração quando trabalharmos com funções aninhadas no Excel 2016, ou seja:

1. **Retornos válidos:** Quando uma função aninhada é usada como argumento, deve retornar o mesmo tipo de valor usado pelo argumento. Por exemplo, se o argumento requer um valor VERDADEIRO ou FALSO, a função aninhada deve retornar um valor VERDADEIRO ou FALSO. Se a função não fizer isso, o Excel exibirá um valor de erro **#VALOR!**

2. **Limites no nível de aninhamento:** Uma fórmula pode conter até 64 níveis de funções aninhadas. Quando uma função (vamos chamá-la de Função B) é usada como um argumento em outra função (vamos chamá-la de Função A), a Função B age como uma função de segundo nível. Por exemplo, a função **MÉDIA** e a função **SOMA** serão ambas de segundo nível se forem usadas como argumentos da função **SE** na fórmula que usamos como exemplo. Uma função aninhada na função **MÉDIA** será então uma função de terceiro nível e assim por diante.

Capítulo V
AVALIANDO FÓRMULAS

MENSAGENS DE ERRO

Normalmente as fórmulas retornam valores esperados, mas às vezes não. É o caso inclusive de fórmulas retornarem mensagens de erro.

Torna-se claro, quando a fórmula retorna uma mensagem de erro, que o Excel 2016 nos informa que existe algum erro ou inconsistência em nossas fórmulas. Neste caso devemos conhecer quais são todas as mensagens de erro que o Excel pode nos retornar, para sabermos o tipo de problema que existe com nossas fórmulas ou funções.

As Mensagens de Erro que Podem Acontecer São

1. **#Valor!**

    Acontece quando inserimos um argumento incorreto na fórmula ou função, por exemplo, quando fazemos referências a textos e valores numéricos na mesma fórmula ou função. Veja a Figura 5.1:

28   Fórmulas, Funções e Matrizes no Excel 2016

	A	B	C	D	E	F	G
1	1						
2	nove						
3	#VALOR!	=A2+A1					

Figura 5.1: Erro ao adicionarmos números com textos

2. #REF!

Acontece quando a nossa fórmula faz referência a uma célula ou faixa de células que não existe mais, geralmente quando nossas fórmulas fazem referências a partes distantes da planilha e são deletadas, assim não notamos imediatamente que esta operação causa uma mensagem de erro em uma fórmula que fazia referência a essas células ou faixa de células, vejamos as Figuras 5.2 e 5.3:

	A	B	C	D	E	F	G
1	1						
2	9						
3	10	=A2+A1					

Figura 5.2: A célula A1 é utilizada na fórmula da célula A3

	A	B	C	D	E	F	G
1	9			A célula A1 foi excluída			
2	#REF!			A coluna foi movida para cima			
3		=A2+A1		A celula A2 que contém a fórmula que havia em A3			
4				agora mostra uma mensagem de erro.			

Figura 5.3: Mensagem de erro causada por célula deletada

3. #NOME?

Acontece quando o Excel não reconhece um texto incluído na fórmula, pode ser, por exemplo, uma referência a um nome de faixa de células (um nome definido) que esteja com a grafia diferente da que foi utilizada na criação do nome, ou pode também ser um erro de sintaxe devido à digitação errada do nome de uma função, como mostrado na Figura 5.4:

	A	B	C	D	E	F	G
1	1	9	10	=SOMA(A1;B1)			
2	1	9	#NOME?	=SOME(A2;B2)			

Figura 5.4: Erro de grafia de texto – o nome da função SOMA está errado

4. #DIV/0!

Acontece em fórmulas que tentam dividir algum valor por zero. Este erro pode ser menos simples de se resolver do que encontrar a célula que contenha o valor zero, pois divisões por células que receberão valores futuramente, mas que no momento ainda estão vazias, também geram este erro. Se for este o caso, quando a célula vazia receber o seu conteúdo, a mensagem de erro desaparecerá. Como pode ser visto na Figura 5.5:

	A	B	C	D	E	F	G
1	50		#DIV/0!	=A1/B1			
2	50	25	2	=A2/B2			

Figura 5.5: Mensagem de erro de divisão por zero

5. #N/D

Acontece quando o Excel não encontra um valor disponível para a fórmula.

6. #NULO!

Acontece quando nós especificamos uma interseção entre duas áreas que não possuem nenhuma célula em comum, ou seja, áreas que não possuem interseção cruzada.

O operador de interseção é um caractere de espaço que separa referências em uma célula, vejamos o exemplo na Figura 5.6 e na fórmula que geraria um erro deste tipo:

	A	B	C	D	E
1	10		15	20	25
2	10			20	
3	10			20	
4					
5	#NULO!	=SOMA(A1:A3 D1:D3)			
6					
7		20	=SOMA(C1:E1 D1:D3)		

FIGURA 5.6: ERRO DE INTERSEÇÃO INEXISTENTE

7. #NUN!

Acontece quando uma fórmula ou função contém valores numéricos inválidos

8. #####

Na verdade, não chega a ser um erro, mas acontece quando o conteúdo de uma célula é maior que a sua largura, bastando ajustar a largura da coluna ou mesclar a célula e o valor total será mostrado sem erros.

COMO CORRIGIR ERROS COMUNS DE FÓRMULAS

Quando nossas fórmulas não retornam valores esperados, existem procedimentos básicos e pontos-chave a serem conferidos, quando normalmente conseguimos efetuar as correções necessárias tomando apenas um pouco mais de atenção na montagem da estrutura das fórmulas.

ERROS MAIS COMUNS E SUAS SOLUÇÕES

1. **Todas as fórmulas e funções devem começar com o sinal de = (igual).** Se tentarmos digitar =10+20, ou =A3^2, mas não incluirmos o sinal de igual (=) no começo destas fórmulas, o Excel tratará os dados como se fossem texto e o que veríamos nas células seria: 10+20 e A3^2, e não o resultado dos cálculos, pois é o sinal de igual que avisa para o Excel que o que se segue é uma fórmula ou função.

2. **Para todo sinal de parênteses de abertura temos que ter um sinal de parênteses correspondente de fechamento, e vice-versa.** Ao digitarmos uma fórmula com uma correspondência inadequada de parênteses de fechamento e abertura, o Excel nos alerta que existe um erro em nossa fórmula, e sugere uma correção lógica, entretanto, a correção sugerida pode ser diferente da solução que precisamos, portanto devemos prestar atenção à correspondência exata de parênteses de abertura e fechamento.

3. **Devemos utilizar sempre o sinal de dois pontos (:) para indicar intervalos de células** que podem estar em uma mesma linha, por exemplo A4:A6, em uma mesma coluna: B1:B10, em mais de uma linha e/ou coluna A1:C10, ou até mesmo células contíguas A2:A3 e B5:B6. Não é possível fazer uma seleção de células em diagonais, pois uma seleção do tipo A1:B2 representa uma faixa de células que engloba as células A1,A2,B1 e B2.

4. **Quantidade exata de argumentos**, não devemos adicionar argumentos a mais, como na função **AGORA()**, que não aceita nenhum argumento entre os sinais de parênteses, nem argumentos a menos, como na função **DIA(núm_série)**, que exige apenas um argumento que é o número de série do dia no sistema de data e hora do Excel, entretanto existem outras funções que exigem argumentos obrigatórios e outros opcionais, sendo possível montar nossas fórmulas sem os argumentos opcionais, embora em alguns casos, para os objetivos buscados, estes parâmetros opcionais devam ser inseridos, tais como na função **PGTO(taxa;nper;vp;[vf];[tipo])**. Nestes casos, o Excel indica os parâmetros que são opcionais envoltos em sinais de abre e fecha colchetes.

5. **Tipos exatos de argumentos**, sendo que funções como **SUBTOTAL**, **SOMA**, **MÉDIA** e outras trabalham apenas com argumentos numéricos, enquanto funções como **SUBSTITUIR** exigem ao menos um argumento do tipo texto.

6. **Níveis de funções excessivos**, no Excel é possível aninhar funções, como na seguinte fórmula:

   =SE(SOMA(MÉDIA((A1:G1);100)))>50;"OK";"Continuar o Processo")

7. Nestes casos entende-se que a primeira função após o primeiro sinal de igual é uma função de primeiro nível, e que podemos aninhar outras funções

internamente, que serão de segundo nível, ou de segundo e terceiro nível, como no caso da fórmula em questão.

8. O Excel permite no máximo 64 níveis de aninhamento de funções em uma fórmula, isto já atende a maioria das aplicações comerciais, mas em casos excepcionais devemos desdobrar as fórmulas respeitando este limite e combinar seus resultados em uma ou mais fórmulas totalizadoras.

9. **Utilizar referências a células de outras planilhas** ou pastas de trabalho que não tenham nomes alfabéticos (ou que contiverem partes dos nomes, ou caracteres não alfabéticos) **entre aspas simples (')**.

10. **Quando utilizamos referências a células em outras planilhas devemos incluir um sinal de exclamação após o nome da planilha**. Por exemplo: =Planilha1!A5, que é uma maneira de avisar ao Excel que a célula a que fazemos referência não é da planilha onde estamos montando nossa fórmula, e sim de outra, cujo nome precede o sinal de exclamação.

11. **Nas fórmulas, os números devem ser inseridos sem formatação**. Por exemplo, se desejamos somar R$2.200,00, R$1.950,00 e R$3.000,00 a nossa fórmula deve ser construída assim: =2200+1950+3000, e após o cálculo da fórmula, a célula pode ser formatada como moeda, pois isto evita que o Excel interprete uma vírgula como separador de parâmetros. Este problema não ocorre se tivermos, por exemplo, nas células A1, o valor já formatado em moeda igual a R$2.200,00, B1 igual a R$1.950,00 e C1 igual a R$3.000,00, neste caso, basta que nossa fórmula indique a operação de =A1+B1+C1, ou **SOMA**(A1:C1).

12. **Referências a células de outras pastas de trabalho requerem que o nome da outra pasta de trabalho venha entre colchetes**, bem como a planilha onde a célula a que fazemos referência, naquela pasta, esteja precedida do sinal de exclamação. Desta maneira, para nos referirmos à célula V12 da planilha Pesquisa, que fica na pasta de trabalho Faculdade, implicaria em algo como: **=[Faculdade]Pesquisa!V12**.

COMO VERIFICAR ERROS EM FÓRMULAS

Opções de Verificações de Erros Via Menu Arquivo

Uma das maneiras de verificarmos erros em fórmulas, e que pode ser customizada para nossos objetivos em cada caso, pode ser conseguida clicando-se no menu **Arquivo**, a seguir na caixa de **Opções**, e após isto, clicando-se em **Fórmulas**.

O Excel abrirá uma janela onde existem campos para as configurações de verificação de erros, como pode ser visto na Figura 5.7:

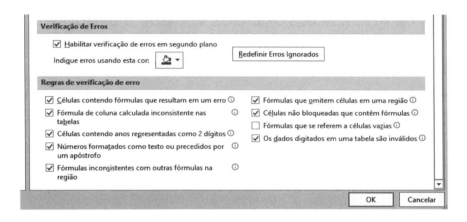

Figura 5.7: Opções de configurações de verificação de erros

As opções disponíveis quanto à verificação de erros em segundo plano:

a. Habilitar ou desabilitar

b. As opções de regras de verificação de erros permitem sinalizar ou não

c. Células que contenham fórmulas que resultam em um erro

d. Fórmula de coluna calculada inconsistente nas tabelas

e. Células contendo anos representadas com dois dígitos

34 FÓRMULAS, FUNÇÕES E MATRIZES NO EXCEL 2016

f. Números formatados como texto ou precedidos por um apóstrofo

g. Fórmulas inconsistentes com outras fórmulas na região próxima à célula

h. Fórmulas que omitem células em uma região

i. Células não bloqueadas que contenham fórmulas

j. Fórmulas que se referem a células vazias

k. Dados digitados em uma tabela serem inválidos

OPÇÕES DE VERIFICAÇÕES DE ERROS VIA GUIA FÓRMULAS

Comandos de Verificação de Erros

Outra possibilidade de identificarmos as causas de erros pode ser obtida pela Faixa de Opções, na guia Fórmulas.

Na guia Fórmulas existe um grupo de comandos chamado Auditoria de Fórmulas, e existem ali dois comandos muito interessantes os quais podemos utilizar para identificar o tipo e a origem do erro.

Vejamos a Figura 5.8, na qual existe uma fórmula com uma divisão por zero:

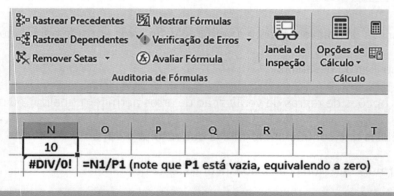

FIGURA 5.8: FAIXA DE OPÇÕES — GRUPO DE COMANDOS AUDITORIA DE FÓRMULAS

Neste caso, podemos clicar no lançador da caixa de diálogos do comando **Verificação de Erros**, observando-se que a célula que contém o erro deve estar selecionada neste momento, e poderemos escolher primeiro o comando Verificação de erros. Para o nosso exemplo, o resultado pode ser visto na Figura 5.9, com a identificação da fórmula existente na célula N2, que é a célula que contém o erro e a razão do erro, que consiste em dividir algo por zero:

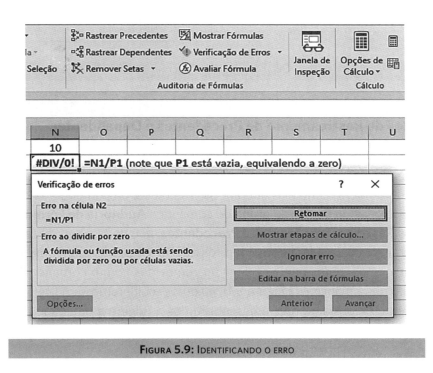

FIGURA 5.9: IDENTIFICANDO O ERRO

Em fórmulas mais complexas, poderíamos clicar em avançar para seguir a fórmula passo a passo, e identificar mais erros caso existissem, ou clicar em Mostrar etapas de cálculo.

Além disto, neste mesmo lançador da caixa de diálogos do comando **Verificação de Erros**, poderíamos clicar em **Rastrear Erro**, para obtermos uma indicação visual, com setas que ligam as células da fórmula afetada pelo erro, como pode ser visto na Figura 5.10:

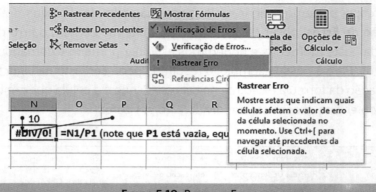

FIGURA 5.10: RASTREAR ERROS

Comandos de Rastreamento de Precedentes e Dependentes

Quando elaboramos uma planilha um pouco maior, ou mais complexa, pode ser necessário descobrir a origem das informações, ou células que compõem as fórmulas, e também como elas alteram os resultados, ou conteúdo de outras células. Para isto, ainda dentro do grupo de comandos **Auditoria de Fórmulas**, há os comandos **Rastrear Dependentes e Precedentes**, que podem ser utilizados independentemente das células conterem erros ou não, e que oferecem uma indicação com setas que posteriormente podem ser removidas com o comando **Remover Setas**. Vejamos a planilha da Figura 5.11, na qual escolheremos uma célula central, independente de erros ou não, e descobriremos a origem e o destino dos dados relacionados a esta célula:

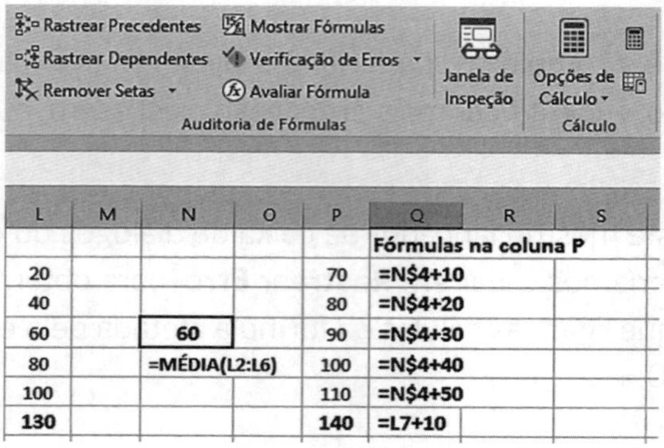

FIGURA 5.11: FÓRMULA COM DEPENDENTES E PRECEDENTES

Inicialmente, mesmo com apenas uma avaliação visual dos conteúdos das células das colunas L e P, podemos notar que elas iniciam com uma sequência regular, mas as últimas células destas colunas se desviam um pouco do padrão de valores das células acima. Aqui deixamos as fórmulas da coluna P visíveis na coluna Q para facilitar a comparação com os resultados da aplicação dos comandos de Rastrear Dependentes e Precedentes, que podem ser vistos na 5.12. Para isto, selecionaremos as células da faixa P2:P7 e aplicaremos o comando rastrear precedentes:

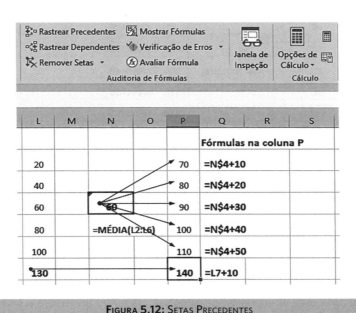

Figura 5.12: Setas Precedentes

Note que com as setas fica mais fácil identificar o desvio no padrão de cálculos das células da coluna P, sendo que uma destas tem uma fórmula bem diferente das demais.

Podemos proceder de maneira análoga para traçar as células dependentes das células da coluna L, como na Figura 5.13:

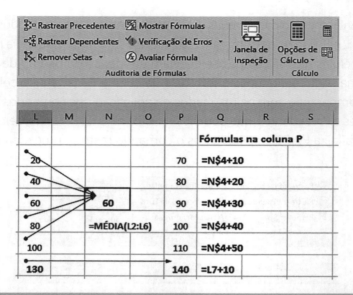

FIGURA 5.13: SETAS DEPENDENTES

Lembramos que basta um clique no comando **Remover Setas** para que todas as setas sejam removidas de uma só vez.

ENCONTRANDO ERROS COM O COMANDO MOSTRAR FÓRMULAS

Existem situações nas quais podemos encontrar valores diferentes dos esperados apenas com uma avaliação visual das nossas planilhas ou tabelas. Mas em outros casos, se houver um volume de informações maior, talvez a avaliação visual seja inadequada, principalmente se nossas tabelas mostrarem os resultados de várias fórmulas, e não suas estruturas lógicas.

Entretanto, o Excel 2016 nos oferece uma ferramenta muito útil para estas situações, que é o comando **Mostrar Fórmulas**, que também fica no grupo de **Auditoria de Fórmulas**, dentro da **guia Fórmulas** da **Faixa de Opções**.

Com o acionamento deste comando, o que passa a ser exibido na tela não são mais os resultados das fórmulas, e sim a estrutura de cada fórmula na planilha ativa.

Vejamos o exemplo da planilha mostrada na Figura 5.14, em que uma inspeção visual rápida nos mostra que uma das células (a célula Z4) está com um conteúdo diferente das outras células na mesma região, como pode ser visto:

Capítulo V: Avaliando Fórmulas

Nome ▾	┇┇ Rastrear Precedentes	🗹 Mostrar Fórmulas				
n Fórmula ▾	◦┇ Rastrear Dependentes	✓ Verificação de Erros ▾			Janela de	
partir da Seleção	🗙 Remover Setas ▾	(fx) Avaliar Fórmula			Inspeção	
nidos		Auditoria de Fórmulas				

T	U	V	W	X	Y	Z
0	200	400	600	800	1000	1200
100	300	500	700	900	1100	1300
200	400	600	800	1000	1200	1400
300	500	700	900	1100	1300	360000
Encontre e corrija o erro na Tabela						

Figura 5.14: Suspeita de erros em fórmulas

Ao acionar o comando **Mostrar Fórmulas**, o Excel substitui os cálculos das fórmulas por suas estruturas e assim fica mais fácil analisar cada fórmula e tentar encontrar os erros, como pode ser visto na Figura 5.15:

T	U	V	W	X	Y	Z
0	200	400	600	800	1000	1200
=T1+100	=U1+100	=V1+100	=W1+100	=X1+100	=Y1+100	=Z1+100
=T1+200	=U1+200	=V1+200	=W1+200	=X1+200	=Y1+200	=Z1+200
=T1+300	=U1+300	=V1+300	=W1+300	=X1+300	=Y1+300	=Z1*300
=SE(Z4>(SOMA(MÉDIA(T1:Z1);Z1));"Encontre e corrija o erro na Tabela";"Erro na Tabela foi Encontrado e Corrigido")						

Figura 5.15: Comando Mostrar Fórmulas ativado

Com todas as fórmulas visíveis, podemos encontrar um mesmo padrão em todas as colunas, das células da linha 2 até as células da linha 4, ou seja, as células são somadas a 100, 200 e 300, exceto na coluna Z, na qual após serem somadas a 100, e 200, são multiplicadas (e não somadas) a 300. Isto sugere algum erro, talvez devido à digitação incorreta do operador matemático. Basta alterar a fórmula em Z4 para =Z1+300, e desativar o comando mostrar fórmulas para certificar que a mudança foi efetiva, como pode ser visto na Figura 5.16:

40 FÓRMULAS, FUNÇÕES E MATRIZES NO EXCEL 2016

T	U	V	W	X	Y	Z
0	200	400	600	800	1000	1200
100	300	500	700	900	1100	1300
200	400	600	800	1000	1200	1400
300	500	700	900	1100	1300	1500

Erro na Tabela foi Encontrado e Corrigido

FIGURA 5.16: ERRO NA FÓRMULA FOI ENCONTRADO COM O USO DO COMANDO MOSTRAR FÓRMULAS

UTILIZANDO O COMANDO AVALIAR FÓRMULAS

Independente de existir ou não suspeita de erros em fórmulas, há um comando muito útil que pode ser utilizado para visualizar passo a passo a execução de cada parte das fórmulas, e isto é muito valioso quando temos fórmulas maiores, e principalmente se não foram construídas por nós e desejemos verificar seu funcionamento de forma detalhada.

O comando **Avaliar Fórmulas** também está na Faixa de Opções, na guia Fórmulas, dentro do grupo de comandos Auditoria de Fórmulas. Tomaremos como exemplo a fórmula da **célula T5 da tabela da Figura 5.16**. Bastando selecionar a célula antes de ativar o comando, e a seguir clicar em **Avaliar** para que a fórmula possa ser processada passo a passo, como podemos ver nas próximas figuras:

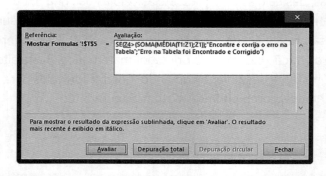

FIGURA 5.17: COMANDO AVALIAR FÓRMULAS — PRIMEIRO PASSO

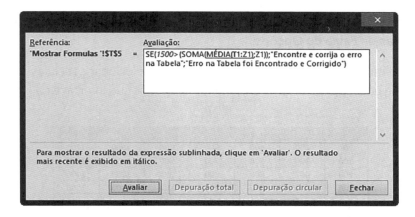

FIGURA 5.18: COMANDO AVALIAR FÓRMULAS — SEGUNDO PASSO

Podemos notar que as fórmulas são executadas conforme as regras de precedência de cálculo do Excel, e os resultados intermediários substituem as partes das fórmulas à medida que estas são calculadas, até a conclusão da operação.

Como seria tedioso, e nos faltaria espaço suficiente para todas as avaliações, deixaremos impressos apenas os passos um e dois, embora seja fácil entender como o processo prosseguiria até a obtenção do resultado final da fórmula da célula T5.

AVALIANDO FÓRMULAS COM A JANELA DE INSPEÇÃO

Existe outra maneira de avaliar fórmulas. Essa na verdade é uma maneira mais dinâmica, e consiste em utilizarmos o comando da **Janela de Inspeção**.

Com a Janela de Inspeção, podemos inserir células que queremos monitorar enquanto, por exemplo, alteramos os valores e/ou fórmulas de outras células, que possam refletir em alterações dos valores ou fórmulas das células que estão sendo monitoradas.

Uma grande vantagem da Janela de Inspeção é que **ela pode ficar sempre visível**, mesmo quando mudamos de planilhas ou pastas de trabalho ativas. Desta forma, podemos trabalhar na fonte das informações e visualizar instantaneamente as eventuais alterações acarretadas por essas mudanças nas células que estiverem sendo monitoradas pela Janela de Inspeção.

O comando **Janela de Inspeção** também fica no grupo de comandos **Auditoria de Fórmulas** da **Faixa de Opções**.

Para facilitar sua utilização, podemos inicialmente selecionar as células que iremos monitorar, e em seguida, acionar o comando. Vejamos sua interface na Figura 5.19:

T	U	V	W	X	Y	Z
0	200	400	600	800	1000	1200
100	300	500	700	900	1100	1300
200	400	600	800	1000	1200	1400
300	500	700	900	1100	1300	1500

Erro na Tabela foi Encontrado e Corrigido

Janela de inspeção

Adicionar inspeção de variáveis... | Excluir inspeção de variáveis

| Pasta | Planilha | Nome | Célula | Valor | Fórmula |

Figura 5.19: Iniciando o comando Janela de Inspeção

Basta agora clicar em adicionar inspeção de variáveis e selecionar as células a serem monitoradas, caso já exista alguma célula selecionada antes da ativação do comando, ela será automaticamente selecionada por padrão (esta seleção pode ser alterada sem nenhum inconveniente), e clicar em iniciar.

Após a célula ter sido inserida na Janela de Inspeção, alterações em seu conteúdo poderão ser visualizadas instantaneamente, mesmo que alternemos de planilha ativa. E ao mesmo tempo, **a Janela de Inspeção pode ser movimentada para qualquer posição da tela, mesmo para fora da Janela do Excel**, caso essa não esteja maximizada, ou esteja em outro monitor. Vejamos a Figura 5.20:

CAPÍTULO V: AVALIANDO FÓRMULAS   43

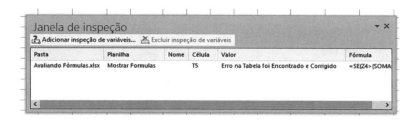

FIGURA 5.20: JANELA DE INSPEÇÃO MONITORANDO UMA VARIÁVEL

Podemos adicionar outras células e todas serão monitoradas instantaneamente, conforme mostrado na Figura 5.21:

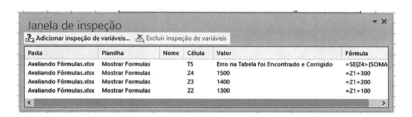

FIGURA 5.21: JANELA DE INSPEÇÃO MONITORANDO MÚLTIPLAS VARIÁVEIS

Capítulo VI
AJUSTANDO FÓRMULAS E TABELAS

Normalmente, utilizamos fórmulas para calcular resultados baseados em dados que possuímos, e não é incomum que o resultado de nossas fórmulas, embora corretos, não nos atendam.

O Excel 2016 possui uma ferramenta incrível chamada **Atingir Meta**, que possibilita alterar dados que são utilizados nas fórmulas para obter exatamente os resultados que desejamos, sem o inconveniente de várias tentativas e erros.

O comando **Atingir Meta** faz parte dos comandos da **Faixa de Opções**, mais especificamente na **guia Dados**, no grupo de comandos **Previsão**, dentro do conjunto **Teste de Hipóteses**, como pode ser visto na Figura 6.1:

FIGURA 6.1: COMANDO ATINGIR META NA FAIXA DE OPÇÕES DENTRO DE TESTE DE HIPÓTESES

INTRODUÇÃO: A TABELA PRICE

Para demonstrar o funcionamento desta ferramenta, vamos considerar uma situação hipotética na qual nós desejaríamos contrair um empréstimo junto a uma instituição financeira, seja para trocar o carro, fazer uma viagem, ou uma festa, e nos deparamos com uma grande variedade de opções, nas quais variáveis tais como taxa de juros, limites disponíveis para o empréstimo, e prazo de pagamento podem ser bem diferentes dentro de uma mesma instituição, e mais ainda entre uma instituição financeira e outra.

De maneira geral, as prestações mensais para quitação dos empréstimos podem ser prestações fixas, crescentes, ou decrescentes.

Neste nosso estudo de caso, vamos considerar uma forma de financiamento que utiliza a **Tabela Price**, que comporta **prestações fixas** e **juros decrescentes** a cada período.

Para alcançarmos nosso objetivo, devemos inicialmente aprender como construir a **Tabela Price** para, em seguida, podermos utilizar o comando atingir meta para adequar nossa tabela, no que diz respeito ao valor do empréstimo que seja mais viável contrair, baseado nos valores das prestações mensais que consideramos serem ideais, por estarem dentro de nosso orçamento, ou previsão, ou então o prazo para quitação do empréstimo que seja mais adequado.

Ou ainda, caso a taxa de juros oferecida por uma instituição financeira acarrete prestações maiores do que estamos dispostos a arcar, podemos utilizar este mesmo comando para descobrir qual seria a taxa de juros adequada para nos proporcionar pagar um empréstimo do mesmo valor, com o mesmo número de parcelas, mas com o valor de prestação que desejamos, e a partir daí procurarmos outras instituições financeiras até encontrarmos a que nos ofereça as condições que desejamos.

Então, iniciaremos nosso planejamento conhecendo os componentes da **Tabela Price**:

A fórmula que obtém o valor fixo das prestações é:

$$P = PV * (1 + i)^n * \frac{i}{(1 + i)^n - 1}$$

Vamos agora construir uma tabela de financiamentos de um parcelamento envolvendo a quantia de R$50.000,00 divididos em 12 parcelas a juros de 1,3% ao mês.

Nessa fórmula temos:

P= Valor da prestação fixa que desejamos descobrir

PV= Valor presente (inicia com o valor do empréstimo contratado e é reduzido com o pagamento das prestações, R$50.000,00)

n= Número de parcelas mensais (12 parcelas)

i= Taxa de juros mensais na forma unitária, ou seja, =i/100 (1,3/100=0,013)

Para facilitar a construção da tabela e sua flexibilização, entraremos com os valores de **PV**, **i** e **n** em uma faixa de células. Por exemplo: **E16:E18**, e a nossa fórmula utilizaria **referências absolutas para as células de taxa de juros e número de prestações**, e **referência relativa para a célula que contém o valor presente**. Desta maneira, bastaria preenchermos a primeira linha da tabela e copiar para baixo, observando-se as fórmulas para cálculo dos valores referentes aos juros:

Valor da prestação: basta aplicarmos a fórmula apresentada, utilizando-nos das células que contêm os dados do empréstimo, ou seja:

=($E$2*((1+$E$18)^$E$17)*$E$18)/((1+$E$18)^$E$17-1)=R$4.527,00

Juros do primeiro mês =$E$18*E2 (igual à taxa de juros que não será alterada durante o prazo do empréstimo, multiplicada pelo valor presente na contratação do empréstimo, que diminui à medida que vamos pagando as prestações fixas).

Ou seja, = 0,013*50.000,00 =R$650,00, que representa a parcela de juros referente ao primeiro pagamento.

Cálculo da Amortização, corresponde à diferença entre o cálculo do valor da prestação (que é fixa) menos o valor pago como juros (que é decrescente).

No primeiro mês, é igual a B3-C3, igual a R$4.527,08 **-** R$650,00, igual a R$3.877,08.

O saldo devedor (que passa a ser denominado valor presente, a cada mês) é igual ao valor do último saldo devedor menos o valor da prestação paga, portanto, no primeiro mês é igual a E2-D3, igual a R$50.000,00-R$4.527,08, igual a R$46.122,42.

De posse destes elementos, podemos montar a nossa tabela com as fórmulas inseridas na primeira linha da tabela (linha 3 da planilha), como pode ser visto na Figura 6.2:

	A	B	C	D	E
1	Mês	Prestação	Juros	Amortização	Saldo devedor
2					=E16
3	1	=($E$2*((1+$E$18)^$E$17)*$E$18)/((1+$E$18)^$E$17-1)	=$E$18*E2	=B3-C3	=E2-D3
4					
5					
6					
7					
8					
9					
10					
11					
12					
13					
14					
15					
16				PV	50000
17				n	12
18				i	0,013
19					

Figura 6.2: Construindo a tabela Price

Nesta figura, nós utilizamos o comando **Mostrar Fórmulas**, já explicado em outro capítulo.

Desta maneira, basta agora selecionarmos as células de A3:E3, e arrastar para baixo, até a linha 14 da planilha.

Uma comprovação de que a tabela foi construída corretamente é o valor do saldo zerado após o pagamento da última prestação, como pode ser visto na Figura 6.3:

	A	B	C	D	E
1	Mês	Prestação	Juros	Amortização	Saldo devedor
2					R$ 50.000,00
3	1	R$ 4.527,08	R$ 650,00	R$ 3.877,08	R$ 46.122,92
4	2	R$ 4.527,08	R$ 599,60	R$ 3.927,49	R$ 42.195,43
5	3	R$ 4.527,08	R$ 548,54	R$ 3.978,54	R$ 38.216,89
6	4	R$ 4.527,08	R$ 496,82	R$ 4.030,26	R$ 34.186,62
7	5	R$ 4.527,08	R$ 444,43	R$ 4.082,66	R$ 30.103,96
8	6	R$ 4.527,08	R$ 391,35	R$ 4.135,73	R$ 25.968,23
9	7	R$ 4.527,08	R$ 337,59	R$ 4.189,50	R$ 21.778,74
10	8	R$ 4.527,08	R$ 283,12	R$ 4.243,96	R$ 17.534,78
11	9	R$ 4.527,08	R$ 227,95	R$ 4.299,13	R$ 13.235,64
12	10	R$ 4.527,08	R$ 172,06	R$ 4.355,02	R$ 8.880,62
13	11	R$ 4.527,08	R$ 115,45	R$ 4.411,64	R$ 4.468,99
14	12	R$ 4.527,08	R$ 58,10	R$ 4.468,99	R$ 0,00
15					
16				PV	R$ 50.000,00
17				n	12
18				i	0,013
19					

Figura 6.3: Tabela Price Completa

O COMANDO ATINGIR META

O comando **Atingir Meta** é utilizado para alterar valores de células intermediárias que sejam utilizados dentro de uma fórmula, de maneira que uma célula de destino, que sofra influência das variações na célula intermediária, seja ajustada para o valor que nós desejamos.

Em outras palavras, podemos montar qualquer tipo de tabela. Neste caso, montamos a **Tabela Price**, e no caso de, após avaliarmos o valor da prestação mensal, concluirmos que ela está além do que desejamos, poderíamos utilizar o comando **Atingir Meta** para alterar, por exemplo, o valor do empréstimo, que acarretasse uma prestação menor, digamos, no valor de R$4.200,00.

Para isto lançaríamos a caixa de diálogo do comando **Atingir Meta**, como pode ser visto na Figura 6.4:

50 Fórmulas, Funções e Matrizes no Excel 2016

A	B	C	D	E
Mês	Prestação	Juros	Amortização	Saldo devedor
				R$ 50.000,00
1	R$ 4.527,08	R$ 650,00	R$ 3.877,08	R$ 46.122,92
2	R$ 4.527,08	R$ 599,60	R$ 3.927,49	R$ 42.195,43
3	R$ 4.527,08	R$ 548,54	R$ 3.978,54	R$ 38.216,89
4	R$ 4.527,08	R$ 496,82	R$ 4.030,26	R$ 34.186,62
5	R$ 4.527,08	R$ 444,43	R$ 4.082,66	R$ 30.103,96
6	R$ 4.527,08	R$ 391,35	R$ 4.135,73	R$ 25.968,23
7	R$ 4.527,08	R$ 337,59	R$ 4.189,50	R$ 21.778,74
8	R$ 4.527,08	R$ 283,12	R$ 4.243,96	R$ 17.534,78
9	R$ 4.527,08	R$ 227,95	R$ 4.299,13	R$ 13.235,64
10	R$ 4.527,08	R$ 172,06	R$ 4.355,02	R$ 8.880,62
11	R$ 4.527,08	R$ 115,45	R$ 4.411,64	R$ 4.468,99
12	R$ 4.527,08	R$ 58,10	R$ 4.468,99	R$ 0,00

Definir célula: $B$3
Para valor: 4200
Alternando célula: $E$16

PV R$ 50.000,00
n   12
i   0,013

Figura 6.4: Comando Atingir Meta ajustando o valor do empréstimo

Após indicarmos a célula que queremos definir (o valor da prestação) para um valor que desejamos alcançar (R$ 4.200,00), como resultado da alteração do valor do empréstimo ($E$16), basta clicar em OK e obteremos nosso resultado, como na Figura 6.5:

A	B	C	D	E
Mês	Prestação	Juros	Amortização	Saldo devedor
				R$ 46.387,48
1	R$ 4.200,00	R$ 603,04	R$ 3.596,96	R$ 42.790,51
2	R$ 4.200,00	R$ 556,28	R$ 3.643,72	R$ 39.146,79
3	R$ 4.200,00	R$ 508,91	R$ 3.691,09	R$ 35.455,70
4	R$ 4.200,00	R$ 460,92	R$ 3.739,08	R$ 31.716,62
5	R$ 4.200,00	R$ 412,32	R$ 3.787,68	R$ 27.928,94
6	R$ 4.200,00	R$ 363,08	R$ 3.836,92	R$ 24.092,02
7	R$ 4.200,00	R$ 313,20	R$ 3.886,80	R$ 20.205,21
8	R$ 4.200,00	R$ 262,67	R$ 3.937,33	R$ 16.267,88
9	R$ 4.200,00	R$ 211,48	R$ 3.988,52	R$ 12.279,36
10	R$ 4.200,00	R$ 159,63	R$ 4.040,37	R$ 8.238,99
11	R$ 4.200,00	R$ 107,11	R$ 4.092,89	R$ 4.146,10
12	R$ 4.200,00	R$ 53,90	R$ 4.146,10	R$ 0,00

PV R$ 46.387,48
n   12
i   0,013

Figura 6.5: O comando Atingir Meta alterou o valor do empréstimo

CAPÍTULO VI: AJUSTANDO FÓRMULAS E TABELAS 51

Da mesma maneira que ajustamos o valor do empréstimo para menor, a fim de que as prestações ficassem de acordo com nosso orçamento, poderíamos também ter tentado manter o valor do empréstimo e buscado outra instituição financeira que oferecesse taxas de juros menores de maneira a mantermos o valor de prestação desejado, sem diminuir o valor do empréstimo, como pode ser visto na Figura 6.6:

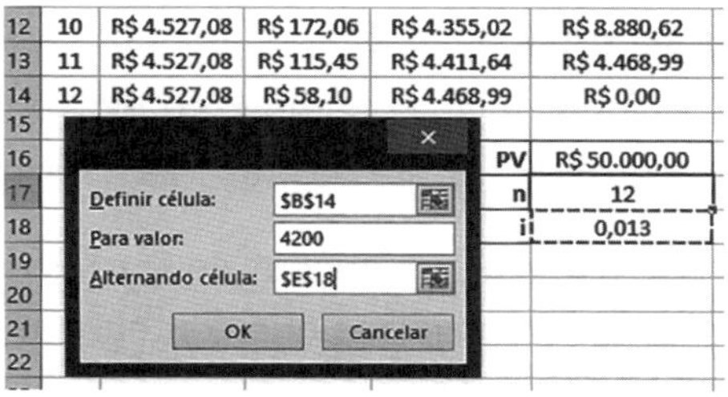

FIGURA 6.6: ALTERANDO A TAXA DE JUROS E MANTENDO O VALOR DO EMPRÉSTIMO

Lançando mão desta opção, teríamos uma tabela com o valor de empréstimo ainda de R$50.000,00, e prestações de R$4.200,00, mas com juros menores, neste caso menos de 1% ao mês, que geralmente são praticados por instituições financeiras governamentais, a fim de promover determinados setores da economia ou regiões nacionais. Vejamos como ficou nossa tabela, nestes termos, na Figura 6.7:

	A	B	C	D	E
1	Mês	Prestação	Juros	Amortização	Saldo devedor
2					R$ 50.000,00
3	1	R$ 4.200,00	R$ 61,40	R$ 4.138,60	R$ 45.861,40
4	2	R$ 4.200,00	R$ 56,32	R$ 4.143,68	R$ 41.717,72
5	3	R$ 4.200,00	R$ 51,23	R$ 4.148,77	R$ 37.568,95
6	4	R$ 4.200,00	R$ 46,13	R$ 4.153,87	R$ 33.415,08
7	5	R$ 4.200,00	R$ 41,03	R$ 4.158,97	R$ 29.256,12
8	6	R$ 4.200,00	R$ 35,93	R$ 4.164,07	R$ 25.092,04
9	7	R$ 4.200,00	R$ 30,81	R$ 4.169,19	R$ 20.922,86
10	8	R$ 4.200,00	R$ 25,69	R$ 4.174,31	R$ 16.748,55
11	9	R$ 4.200,00	R$ 20,57	R$ 4.179,43	R$ 12.569,12
12	10	R$ 4.200,00	R$ 15,43	R$ 4.184,57	R$ 8.384,55
13	11	R$ 4.200,00	R$ 10,30	R$ 4.189,70	R$ 4.194,85
14	12	R$ 4.200,00	R$ 5,15	R$ 4.194,85	R$ 0,00
15					
16				PV	R$ 50.000,00
17				n	12
18				i	0,001228006

FIGURA 6.7: TABELA COM JUROS BAIXOS

Como podemos notar, é possível que certos objetivos, referentes a valores de prestações, tenham que ser obtidos pela combinação de mais de um fator, ou seja, por meio da diminuição do valor do empréstimo, combinada com uma diminuição na taxa de juros, ou ainda com um aumento no número de parcelas, o que, embora acarretasse um valor de juros maior na quitação do empréstimo, possibilitaria prestações mais baixas.

Este exemplo da **Tabela Price** foi escolhido por ser um tipo de tabela utilizado com muita frequência, mas as aplicações do comando Atingir Meta vão muito além, limitados praticamente à estrutura das tabelas e fórmulas que possuímos.

O Excel 2016 ainda apresenta outras opções de ajustes de fórmulas, ou, melhor dizendo, opções de avaliações de planilhas que contenham tabelas com fórmulas, que são o **Gerenciador de Cenários**, e a ferramenta **SOLVER**, mas o comando de **Atingir Meta** normalmente é suficiente para resolver a maioria das situações cotidianas desta natureza.

CAPÍTULO VII
FÓRMULAS E FUNÇÕES EM GRÁFICOS

VISÃO GERAL

É uma pergunta muito comum saber como podemos utilizar as funções do Excel e nossas fórmulas para criar gráficos.

Embora não façamos uma abordagem mais detalhada do trabalho com gráficos neste livro, achamos conveniente introduzir este tópico para dirimir esta dúvida. Tentaremos ser sucintos o bastante para não nos desviarmos do foco deste livro, mas, ao mesmo tempo, contribuir com informações básicas a respeito deste assunto.

As funções do Excel, nossas fórmulas, funções matemáticas de primeiro e segundo grau, e as funções trigonométricas, entre tantas, podem de fato serem representadas graficamente. Entretanto, não existe no Excel, em nenhuma de suas versões, algum tipo de gráfico que permita entrar com a fórmula, ou função e seus parâmetros diretamente, para obter a imagem gráfica que desejamos.

O processo de "plotar" fórmulas e funções consiste em criar tabelas auxiliares nas quais avaliamos os resultados das fórmulas e funções baseados em dados de entrada que devemos inserir, de acordo com a resolução que desejamos para nossos gráficos.

Em outras palavras, funções matemáticas de **primeiro grau**, do tipo ***f(x)=ax+b***, em que ***a*** e ***b*** pertencem ao conjunto de números reais, e em que ***a*** seja diferente de zero, não apresentam problemas de "resolução gráfica", pois os gráficos deste tipo de função são retas com inclinação ascendente se **a** for maior que zero, e descendente se **a** for menor que zero (lembramos que o valor de **a** tem que ser diferente de zero).

Desta maneira, devemos construir uma tabela auxiliar, como pode ser visto na Figura 7.1 e depois escolher a faixa de células que desejamos representar nos eixos x, e y de nosso gráfico, para assim obtermos a nossa imagem gráfica:

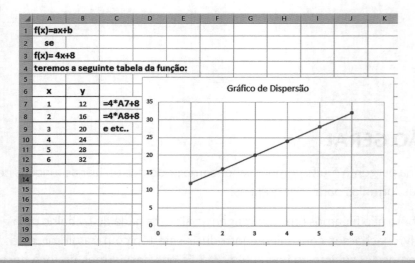

Figura 7.1: Gráfico de uma função de primeiro grau ou função Afim

Neste nosso exemplo, iniciamos construindo uma tabela com a equação dada. Depois, basta selecionar a faixa de células de A7:B12, e, na guia Inserir, clicarmos em inserir gráfico e escolhermos o modelo de gráfico desejado (dispersão).

Teria sido possível escolher muitos outros tipos de gráficos, embora para este tipo de função normalmente o gráfico de dispersão seja o preferido.

Para construirmos gráficos que representem outros tipos de função, como as **funções de segundo grau** ou **funções quadráticas**, do tipo $f(x)=ax^2+bx+c$, o processo é idêntico. Devemos construir nossa tabela auxiliar e povoá-la com os dados e fórmulas. A aparência do gráfico será uma parábola, esboçada para cima se **a** for maior que zero ou esboçada para baixo se **a** for menor que zero, como podemos ver na Figura 7.2:

CAPÍTULO VII: FÓRMULAS E FUNÇÕES EM GRÁFICOS   55

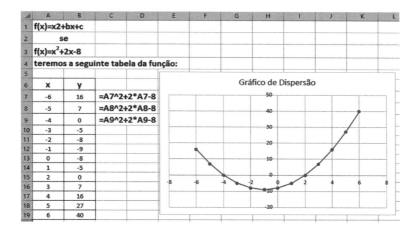

FIGURA 7.2: GRÁFICO DE UMA FUNÇÃO DE SEGUNDO GRAU OU FUNÇÃO QUADRÁTICA

Neste exemplo, bastou construirmos a tabela auxiliar, copiar a fórmula da célula B7 até a célula B19, depois selecionar a faixa de células A7:B19 e inserir o gráfico.

Como podemos notar, quanto mais próximos forem os números no eixo x, ou seja, quanto menor for o intervalo entre eles, mais suave será a curva, assim, mesmo neste exemplo, é difícil perceber que a nossa parábola é formada pela união de pequenos segmentos de retas.

Este mesmo tipo de procedimento pode ser utilizado para a construção de praticamente qualquer gráfico, ou seja, devemos utilizar tabelas auxiliares que servirão como fonte de dados para nossos gráficos.

NOTA:

Para eliminar os zeros do gráfico podemos utilizar função **NÃO.DISP()**.

Exemplo: **=SE(a1<>0;a1;NÃO.DISP())**

Desta maneira, o valor vai ficar #n/d e não aparecerá no gráfico como zero, ficará em branco.

Obs.: Esta opção pode não funcionar em alguns tipos de gráficos, mas também é possível tratar as ocorrências de zeros em gráficos clicando no botão "Selecionar Dados", e a seguir em "Células Ocultas e Vazias".

Também é possível utilizar os recursos de programação em VBA do Excel para construir gráficos; este tópico, inclusive, é abordado no livro *Excel 2016: Criando Macros com o VBA*, desta mesma editora, do qual sou coautor.

Para finalizar, ressaltamos apenas que, para que determinadas funções ou fórmulas, podem existir gráficos mais adequados que os de dispersão, o que continua sendo um assunto de fácil aprendizagem, bastando um pouco de prática e tentativas até obter os resultados esperados.

Capítulo VIII
FÓRMULAS EM FORMATAÇÃO CONDICIONAL

VISÃO GERAL

O Excel 2016 possibilita uma variação imensa de efeitos de formatação de células individuais, faixas de células, tabelas, imagens e artes.

Estes recursos podem incluir alterações nas cores das fontes, na cor de preenchimento das células, das cores, espessuras e formatos das bordas, entre outros.

Até aqui estes recursos de formatação podem ser aplicados manualmente e permanecerem aplicados até que sejam removidos também manualmente. Acreditamos que a maioria dos usuários do Excel já efetuou várias destas formatações, seja aplicando negrito em uma célula, ou outros tipos de formatação mais habituais.

Este livro sobre fórmulas e funções não é indicado para uma análise detalhada e profunda dos recursos de formatação do Excel 2016, mas há uma particularidade neste universo de opções de formatação que vem bem ao encontro do nosso conteúdo. **Trata-se de formatar células e faixas de células de acordo com o resultado de avaliação de fórmulas**, pelos comandos de **Formatação Condicional**, que ficam disponíveis na **Faixa de Opções**, na guia **Página Inicial**. Vejamos a Figura 8.1:

58 Fórmulas, Funções e Matrizes no Excel 2016

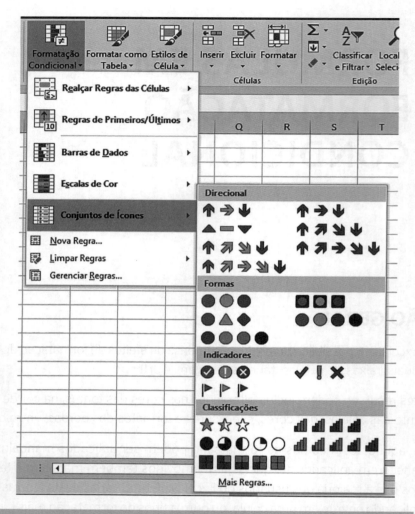

Figura 8.1: Algumas opções de Formatação Condicional

Na Figura 8.1 podemos ver uma pequena parcela das muitas opções de Formatação Condicional, mas como tentaremos nos manter focados nas fórmulas e suas aplicações, vejamos como aplicar as fórmulas nas formatações de células ou faixa de células.

Como podemos notar na Figura 8.1, ao clicarmos no lançador do comando de Formatação Condicional, logo abaixo da opção mostrada (Conjunto de Ícones), encontramos a opção **Nova Regra**. Basta um clique nesta opção para abrir o menu que pode ser visto na Figura 8.2:

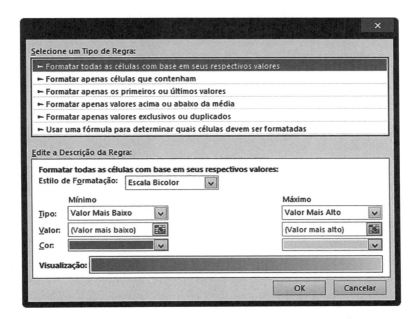

FIGURA 8.2: MENU DE CRIAÇÃO DE UMA NOVA REGRA

Podemos notar na Figura 8.2 que existem neste menu seis opções de formatação, que são:

1. **Formatar todas as células com base em seus respectivos valores**, em que podemos, entre outras opções, escolher os valores máximos e mínimos das células que devem ser formatadas, e o estilo de formatação.

2. **Formatar apenas células que contenham**, em que podemos escolher o tipo de conteúdo. Os tipos podem ser valores das células, textos específicos, datas, células que estejam vazias, ou não, e células que contenham erro, ou não, e ainda mais variáveis.

3. **Formatar apenas os primeiros ou os últimos valores**, em que podemos escolher quantos, ou qual a porcentagem dos k-primeiros ou k-últimos valores devem ser formatados.

4. **Formatar apenas valores acima ou abaixo da média**, para um dado intervalo selecionado, com opções de avaliação de desvio padrão.

5. **Formatar apenas valores exclusivos ou duplicados**, dentro de um intervalo especificado.

6. **Usar uma fórmula para determinar quais células devem ser formatadas**, que, de fato, é o que nos levou a fazer esta introdução sobre a Formatação Condicional.

Para esta opção de formatação fundamentada em fórmulas apresentar os resultados que desejamos, devemos inicialmente selecionar qual a célula, ou quais as células, ou faixas de células serão formatadas caso a fórmula que iremos inserir seja considerada verdadeira, ou atendida.

Devemos ficar atentos ao fato de que as células que desejamos formatar não sejam necessariamente células que contenham as fórmulas, mas ao contrário, possam ser células vazias. A formatação serve como uma indicação visual de que uma fórmula inserida por este menu, que pode ser visto na Figura 8.3, foi atendida ou não:

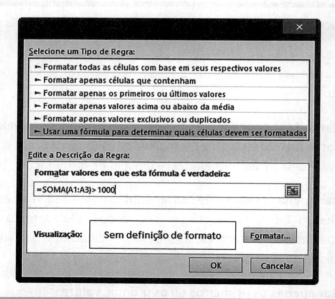

Figura 8.3: Inserindo uma fórmula no menu de formatação condicional

Após inserirmos uma fórmula, por exemplo: **=SOMA(A1:A3)>1000**, na janela de **Formatar valores em que esta fórmula é verdadeira**, devemos clicar no botão **Formatar**, e escolher uma ou mais opções entre as que podem ser vistas na Figura 8.4:

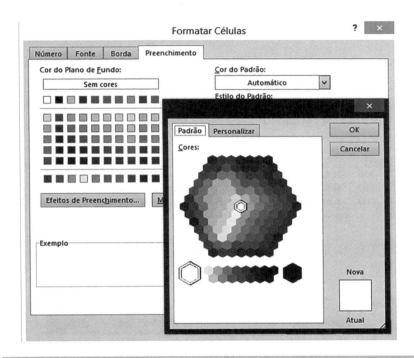

FIGURA 8.4: OPÇÕES DE FORMATAÇÃO QUE PODEMOS APLICAR CASO A FÓRMULA SEJA ATENDIDA

Entre as opções de formatação, podemos escolher as formatações de Número, Fonte, Borda e Preenchimento. Devemos ter em mente que estas opções serão aplicadas às células que selecionamos antes de ativar o comando de Formatação Condicional.

Uma característica que torna o recurso de Formatação Condicional, e neste caso baseado em fórmulas, mais interessante e mais valioso, é que as células podem receber várias regras diferentes, sendo que devemos tomar o cuidado apenas de não aplicar em uma mesma célula, ou células, regras que sejam opostas para uma mesma situação.

Desta maneira, podemos, para a mesma célula ou células, criar 3, 4 ou mais fórmulas, que se forem atendidas mudarão a formatação das células selecionadas.

E isto tudo de forma dinâmica, ou seja, uma célula que esteja sob várias regras de Formatação Condicional pode, em determinado momento, apresentar uma formatação, e com a dinâmica de alterações de valores na planilha, em outros momentos, apresentar outras formatações, em tempo real.

Vejamos nas Figuras 8.5 e 8.6 essa regra de Formatação Condicional colocada em prática. Para isto, vamos selecionar as células de B1:B2, e preencher as células de A1:A3 com valores que serão alterados, e ver os resultados quando a fórmula =**SOMA**(A1:A3)>1000 for atendida, e também quando não for atendida:

	A	B	C
1	350	Célula B1 selecionada para receber a formatação condicional	
2	350	Célula B2 selecionada para receber a formatação condicional	
3	200	Fórmula utilizada na formatação condicional: =SOMA(A1:A3)>1000	
4		Neste cenário A1+A2+A3=900	

FIGURA 8.5: FORMATAÇÃO CONDICIONAL PARA FÓRMULA NÃO ATENDIDA

	A	B	C
1	350	Célula B1 selecionada para receber a formatação condicional	
2	350	Célula B2 selecionada para receber a formatação condicional	
3	301	Fórmula utilizada na formatação condicional: =SOMA(A1:A3)>1000	
4		Neste cenário A1+A2+A3=1001	

FIGURA 8.6: FORMATAÇÃO CONDICIONAL PARA FÓRMULA ATENDIDA

Capítulo IX
MATRIZES E FÓRMULAS MATRICIAIS

Para se tornar um usuário avançado do Excel, é preciso saber como usar fórmulas de matriz, que executam cálculos que não podem ser efetuados usando fórmulas que não são de matriz.

Uma fórmula de matriz pode efetuar diversos cálculos e retornar um único ou vários resultados.

As fórmulas de matriz agem em conjuntos de valores, conhecidos como argumentos matriciais. Cada argumento matricial deve ter o mesmo número de linhas e colunas.

As fórmulas de matriz são criadas da mesma forma que se criam outras fórmulas, com a diferença de que devemos pressionar **CTRL+SHIFT+ENTER** para inserir a fórmula.

Algumas das funções internas são fórmulas de matriz e precisam ser inseridas como matrizes para que sejam obtidos os resultados corretos.

As constantes de matriz podem ser usadas no lugar de referências quando não desejamos inserir cada valor constante em uma célula separada na planilha.

Quando inserimos uma fórmula de matriz, o Excel insere automaticamente a fórmula entre **{ }** (**chaves**). Estas chaves não podem ser inseridas manualmente para significar que a fórmula é uma fórmula de matriz. Isso não funciona. As chaves são automaticamente inseridas envolvendo a fórmula de matriz pelo Excel quando pressionamos **CTRL+SHIFT+ENTER**.

Devido à obrigatoriedade de serem inseridas pelo pressionamento simultâneo destas três teclas, as fórmulas de matriz também são conhecidas como fórmulas **CSE**.

O QUE SÃO MATRIZES

Uma matriz é um conjunto de itens. No Excel, esses itens podem residir em uma única linha (denominada matriz horizontal unidimensional), em uma coluna (matriz vertical unidimensional), ambas também conhecidas como vetores, ou em várias linhas e colunas (matriz bidimensional), também conhecida como matriz retangular.

A própria definição do termo matriz e suas formas nos levam a perceber que o **EXCEL**, por sua estrutura de células distribuídas em linhas e colunas, é particularmente adequado para trabalhar com matrizes.

O QUE SÃO CONSTANTES DE MATRIZES

Nas fórmulas simples, comuns, ou mais explicitamente, nas fórmulas que não são fórmulas de matriz, podemos inserir referência a uma célula que contenha um valor, seja ele numérico ou de texto, ou os próprios valores.

Estas referências, ou valores, por assim dizer, são conhecidos como **constantes**.

De maneira similar, nas fórmulas de matriz, podemos inserir referências, mas estas referências relacionam-se a uma matriz ou a uma matriz de valores contidos nas células, e são, portanto, denominadas **constantes de matriz**.

As fórmulas de matriz aceitam constantes de matriz da mesma forma que as fórmulas que não são de matriz aceitam constantes que não são de matriz, a diferença é que as constantes de matriz têm que ser inseridas em um formato especial.

Dica:

As constantes de matriz podem ser de vários formatos diferentes, tais como **números**, **textos**, valores lógicos como **VERDADEIRO** ou **FALSO** e valores de erro como **#DIV/0!**

Podemos combinar tipos diferentes de valores em uma mesma constante de matriz, por exemplo:

{"Leitura";"Dez";20;68;VERDADEIRO;VERDADEIRO;FALSO;FALSO}

Já podemos observar que o conteúdo das constantes de matriz é separado por sinais de ponto e vírgula **(;)** e os textos são envoltos por sinais de abre e fecha aspas **("")**.

Os **números**, em constantes de matriz, podem estar no **formato inteiro**, **decimal** ou **científico**.

Entretanto, as constantes de matriz não podem conter referências de células, colunas ou linhas de comprimento desigual, fórmulas ou caracteres especiais, tais como cifrão **($)**, parênteses **( )**, ou símbolo de percentagem **(%)**.

As constantes de matriz são inseridas na barra de fórmulas, mas **devemos selecionar uma região da planilha para receber a constante de matriz**, e, com a região já selecionada, **devemos iniciar a digitação do conteúdo da constante com o sinal de igual (=), seguido de um sinal de abre chaves ({), os valores** (numéricos, de texto, ou de erro) **separados por sinais de ponto e vírgula (;) e finalizada com um sinal de fecha chaves**, bastando então **pressionar as teclas de CTRL+SHIFT+ENTER simultaneamente**. Desta maneira, o conteúdo da constante de matriz povoará cada uma das células selecionadas anteriormente.

Alternativamente, podemos ainda **nomear as constantes de matriz**, utilizando o comando **Gerenciador de Nomes**, que fica na **Faixa de Opções**, na guia **Fórmulas**, dentro do grupo de comandos **Nomes Definidos**.

Neste caso, escolhemos **Novo**, **o escopo**, se pasta de trabalho ou planilha e, **na caixa de refere-se à**, devemos inserir os sinais de igual, abre chaves, os itens da constante separados por ponto e vírgula, finalizados por um sinal de fecha chaves, e após isto, finalizar a criação do nome pressionando simultaneamente as teclas de **CTRL+SHIFT+ENTER**.

Após esta etapa, a nossa constante de matriz pode ser utilizada sem que tenhamos que digitar todo seu conteúdo novamente, ou repetidamente, se ela for usada várias vezes, mas apenas o nome que demos a ela.

EXEMPLO PRÁTICO 1: CRIANDO UMA MATRIZ UNIDIMENSIONAL

Já tendo conhecimentos das definições de matrizes e constantes de matrizes, podemos utilizar o comando **Criar Nomes** para criar uma constante de matriz, e utilizar esta constante de matriz para criar uma matriz, unidimensional, ou um vetor.

Inicialmente utilizaremos o comando **Gerenciador de Nomes** para criar uma constante com o nome de Meses, com o escopo definido para Planilha, contendo a abreviatura dos nomes dos meses de janeiro até dezembro, como pode ser visto na Figura 9.1:

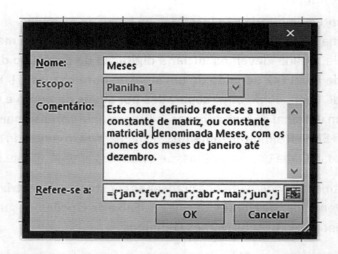

FIGURA 9.1: CRIANDO UMA CONSTANTE DE MATRIZ COM O GERENCIADOR DE NOMES

Não podemos nos esquecer de confirmar a criação da constante com **CTRL +SHIFT+ENTER**.

Agora podemos utilizar esta constante para criar nossas primeiras matrizes unidimensionais, ou vetores.

Para isto, vamos selecionar, por exemplo, a faixa de células **A1:A12**, digitar o nome da constante na caixa de fórmulas precedido do sinal de igual, e finalizar pressionando CTRL+SHIFT+ENTER.

Para mostrar a flexibilidade deste tipo de procedimento, vamos repetir o passo anterior, mas **selecionando desta vez uma faixa de células menor, C1:C6**.

Os resultados podem ser vistos na Figura 9.2:

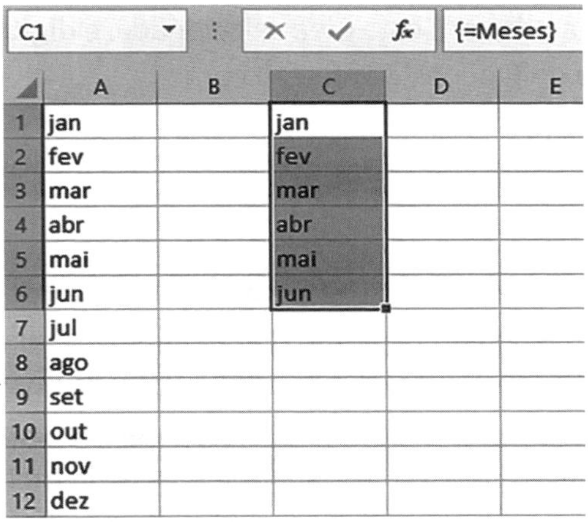

FIGURA 9.2: CRIANDO MATRIZES UNIDIMENSIONAIS (OU VETORES)

EXEMPLO PRÁTICO 2: CRIANDO UMA MATRIZ BIDIMENSIONAL

O processo de criação de matrizes bidimensionais também é simples, exigindo apenas um pouco de atenção quanto à inserção de todos os valores e sinais necessários na fórmula da matriz.

Neste exemplo, para simplificar a criação, não utilizaremos Nomes Definidos para as constantes de matriz, mas ainda assim alguns cuidados são necessários, tais como **textos entre aspas**, sinais de **barra invertida (\) para separar colunas**, sinais de **ponto e vírgula (;) para separar linhas**, iniciar com o **sinal de igual** e envolver as **constantes entre sinais de abre e fecha chaves**, além de, é claro, **confirmar com CTRL+SHIFT+ENTER**.

Vamos considerar para este exemplo que desejamos criar uma matriz bidimensional com duas colunas e quatro linhas. Na primeira coluna teremos nomes de 4 estudantes e na segunda coluna, na mesma linha do nome, teremos o número de seu registro na faculdade.

Inicialmente, selecionaremos uma área de quatro linhas e duas colunas em nossa planilha, digamos, **A1:B4**.

O próximo passo, ainda com esta área selecionada, é **digitar a fórmula na caixa de fórmulas** da Faixa de Opções, seria algo como:

={"Patrich"\61;"Marcos"\62;"Jhonatan"\38;"Alexandre"\39}

A seguir, confirmamos com CTRL+SHIFT+ENTER.

Apenas para mostrarmos as diferenças de resultados na criação das matrizes, assim como fizemos no exemplo de criação de matrizes unidimensionais, **selecionaremos três áreas,** uma do **tamanho exato de nossa fórmula**, que será preenchida com todas as constantes, **uma segunda área menor**, que será preenchida com as primeiras constantes, até que esta área menor esteja totalmente preenchida, e **uma terceira área, maior que as dimensões de nossas constantes**, que será preenchida com as constantes existentes e **a área excedente** será preenchida com a mensagem de **erro #N/D, que indica que não existem dados disponíveis para essas células**.

Os resultados, nossas matrizes bidimensionais, podem ser vistos na Figura 9.3:

	A	B	C	D	E	F	G	H	I
1	Patrich	61	={"Patrich"\61;"Marcos"\62;"Jhonatan"\38;"Alexandre"\39}						
2	Marcos	62							
3	Jhonatan	38							
4	Alexandre	39							
5									
6	Patrich	61	={"Patrich"\61;"Marcos"\62;"Jhonatan"\38;"Alexandre"\39}						
7	Marcos	62							
8									
9	Patrich	61	={"Patrich"\61;"Marcos"\62;"Jhonatan"\38;"Alexandre"\39}						
10	Marcos	62							
11	Jhonatan	38							
12	Alexandre	39							
13	#N/D	#N/D							
14	#N/D	#N/D							
15	#N/D	#N/D							

Figura 9.3: Criando Matrizes bidimensionais

O QUE SÃO FÓRMULAS MATRICIAIS

Uma fórmula de matriz, ou fórmula matricial, é uma fórmula que lida com matrizes ou, em outras palavras, com uma série de dados relacionados em uma estrutura matricial.

As fórmulas comuns, ou não matriciais, também podem lidar com séries de dados relacionados. A diferença é que, nesse caso, os dados não estão dispostos em uma estrutura matricial.

Os resultados de fórmulas matriciais podem, assim como as matrizes, ser unidimensionais ou bidimensionais. Podem retornar um resultado totalizador, ou vários resultados.

Uma fórmula de matriz que existe em várias células é denominada fórmula de várias células, enquanto uma fórmula de matriz que existe em apenas uma célula é denominada fórmula de uma única célula.

Exemplo Prático 1: Criando Nossa Primeira Fórmula Matricial

Neste exemplo, criaremos uma fórmula matricial que exibirá múltiplos resultados, ou seja, neste caso os resultados serão um vetor unidimensional.

Existe uma função no Excel 2016 que conta a quantidade de caracteres em uma determinada célula, é a função **NÚM.CARACT(texto)**, na qual o texto pode ser a célula, ou faixa de células, onde desejamos que seja feita a contagem dos caracteres.

Utilizaremos os dados da Figura 9.4 para criar uma fórmula matricial com o objetivo de contar a quantidade de caracteres constantes nas células entre A1 e A7. Vejamos:

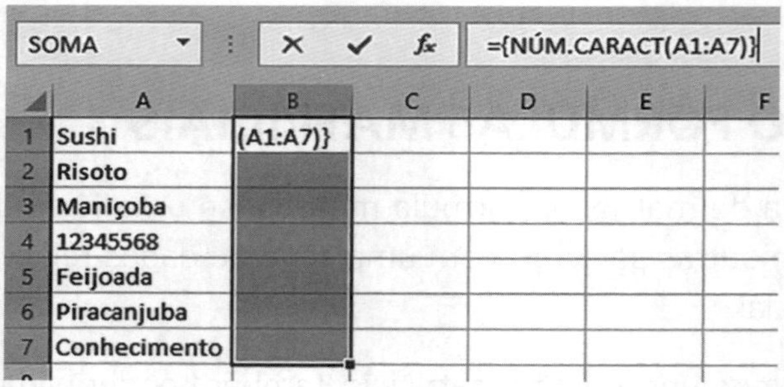

Figura 9.4: Utilizando uma fórmula matricial para obter vários resultados simultâneos

Ao confirmarmos a fórmula matricial com CTRL+SHIFT+ENTER, a Figura 9.5 mostrará:

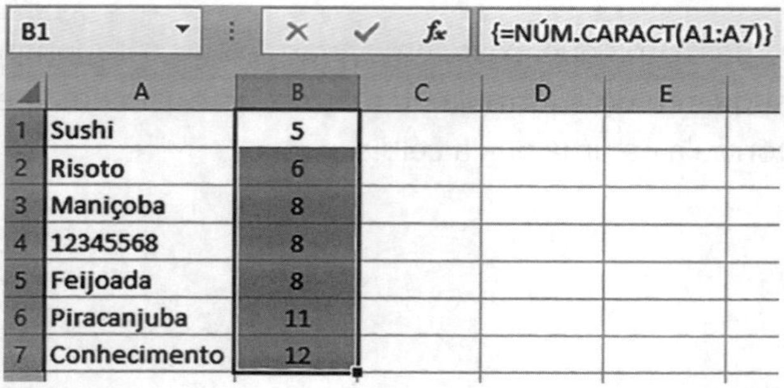

Figura 9.5: Resultados múltiplos de uma fórmula matricial

Dica:

É possível obter estes mesmos resultados iniciais com uma fórmula comum que seja copiada de B1 para baixo, até B7. **Mas existe uma grande diferença** quando, após as fórmulas terem sido calculadas, e nós **venhamos a alterar a disposição das células na coluna A**, trocando as células de ordem, **por exemplo, utilizando o comando de classificar por ordem alfabética,** que fica na Faixa de Opções Ou seja, **a fórmula matricial da coluna B sempre vai mostrar a quantidade de caracteres da célula da coluna A que for adjacente,** enquanto **a fórmula comum altera suas referências quando seus argumentos (as células da coluna A) são movidos, e desta maneira, não atualizam seus cálculos quando um texto é movido, ou tem sua posição trocada com a de outro texto**.

Exemplo Prático 2: Criando uma Fórmula Matricial com a Função SOMA

Neste exemplo criaremos uma fórmula matricial que exibirá um único resultado, ou seja, neste caso, o resultado será uma fórmula de uma única célula, ou com uma célula totalizadora.

Vamos supor que exista uma empresa especializada na venda de lotes urbanos em três dimensões: 200m^2, 400m^2, e 1.000m^2, e que estes terrenos, que têm preços correspondentes aos seus tamanhos, tenham sido comercializados por uma equipe de três corretores. Os dados estão na planilha da Figura 9.6, como podem ser vistos:

	A	B	C	D
1	Corretor	Terreno	Vendas	Valor unitário
2	Miguel	200 m2	12	R$ 20.000,00
3	Miguel	400 m2	8	R$ 38.000,00
4	Miguel	1000 m2	7	R$ 90.000,00
5	André	200 m2	10	R$ 20.000,00
6	André	400 m2	6	R$ 38.000,00
7	André	1000 m2	9	R$ 90.000,00
8	Bruna	200 m2	14	R$ 20.000,00
9	Bruna	400 m2	9	R$ 38.000,00
10	Bruna	1000 m2	4	R$ 90.000,00
11	Total das vendas:			

Figura 9.6: Planilha de venda dos corretores

Se desejarmos encontrar o valor total destas vendas, podemos inserir uma única fórmula matricial na célula D11, com a seguinte sintaxe:

=SOMA(C2:C10*D2:D10)

Não esquecendo de **inicialmente selecionar a célula D11**, a seguir **digitar esta fórmula diretamente na Barra de Fórmulas** da Faixa de Opções e **concluir confirmando a criação da fórmula matricial com CTRL+SHIFT+ENTER**.

O resultado pode ser visto na Figura 9.7:

	A	B	C	D
1	Corretor	Terreno	Vendas	Valor unitário
2	Miguel	200m²	12	R$ 20.000,00
3	Miguel	400m²	8	R$ 38.000,00
4	Miguel	1000m²	7	R$ 90.000,00
5	André	200m²	10	R$ 20.000,00
6	André	400m²	6	R$ 38.000,00
7	André	1000m²	9	R$ 90.000,00
8	Bruna	200m²	14	R$ 20.000,00
9	Bruna	400m²	9	R$ 38.000,00
10	Bruna	1000m²	4	R$ 90.000,00
11		Total das vendas:		

FIGURA 9.7: RESULTADO DA FÓRMULA MATRICIAL TOTALIZADORA

DICA:

Ao digitar as **fórmulas matriciais (e não as constantes matriciais)**, nós devemos iniciar a digitação com o sinal de igual, e **os sinais de abre e fecha chaves não devem ser incluídos manualmente**. Quem faz esta inclusão, e de forma automática, é o próprio Excel, **quando confirmamos com CTRL+SHIFT+ENTER**.

DICA:

Para excluir uma fórmula de matriz, devemos selecionar a fórmula inteira (por exemplo, **=SOMA(C2:C10*D2:D10)**, pressionar DELETE e, em seguida, devemos ainda pressionar CTRL+SHIFT+ENTER para confirmar e efetivar a operação de deletar a fórmula matricial.

> **Nota:**
>
> **Não é possível deletar parte de uma matriz**, ou uma linha ou coluna onde exista uma parte de uma matriz. Para efetuar a operação de deletar, deveremos selecionar a matriz inteira.

Exemplo Prático 3: Uma Fórmula Matricial com a Função LIN

Muitas vezes, ao trabalharmos com o Excel, esteja esse trabalho relacionado a matrizes, ou não, chegamos em situações nas quais é necessário, ou conveniente, incluir uma numeração nas linhas de uma planilha. Não chega a ser um grande problema se precisarmos numerar 10 ou vinte e poucas linhas. Podemos numerar as duas primeiras, selecioná-las e utilizar a alça de preenchimento para arrastar a numeração para as linhas de baixo. Mas quando precisamos numerar 1000 ou mais linhas, este processo se mostra inadequado.

A solução é utilizar uma **fórmula matricial**, com o uso da função **LIN**.

Inicialmente, na Caixa de Nomes, que é aquele quadradinho à esquerda, logo na parte mais baixa da Faixa de Opções, que sempre mostra o nome da célula ou faixa de células que estão selecionadas, **devemos digitar a faixa de células que queremos numerar, por exemplo, G1:G5000, e pressionar ENTER**.

Ao entrarmos com esta informação na Caixa de Nomes, as células correspondentes ficarão selecionadas.

Agora basta digitar nossa fórmula <u>na Barra de Fórmulas</u>:

=LIN(G1)

E <u>confirmar com CTRL+SHIFT+ENTER</u>.

Entretanto, nem sempre desejamos que nossa numeração coincida com o número exato da linha, mas isto não chega a ser um problema, pois podemos adaptar nossas fórmulas para mover a numeração para maior ou para menor em relação à primeira célula de nossa faixa de células numeradas.

Vejamos os resultados na Figura 9.8:

G	H	I	J	K	L	M	N	O	P
1	=LIN(G1:G10000)			3	=LIN(K1:K10)+2		-19	=LIN(N1:N10)-20	
2				4			-18		
3				5			-17		
4				6			-16		
5				7			-15		
6				8			-14		
7				9			-13		
8				10			-12		
9				11			-11		
10				12			-10		
11									
12									

Figura 9.8: Fórmula matricial com a função LIN

FÓRMULAS MATRICIAIS AVANÇADAS

Como já foi possível comprovar, as fórmulas matriciais, embora sejam muito eficientes, e em algumas situações sejam as melhores alternativas para resolver problemas que não seriam possíveis resolver com fórmulas comuns, são ao mesmo tempo muito simples de elaborar e colocar em prática.

Na verdade, alguns usuários, mesmo aqueles com uma experiência razoável com o Excel, por falta de contato com as fórmulas matriciais, chegam a pensar que são muito complicadas ou muito difíceis de elaborar e gerar resultados satisfatórios, mas, como vimos até agora, isto é uma lenda.

Nesta seção, iremos além: mostraremos fórmulas matriciais avançadas, que mantêm a mesma simplicidade das fórmulas matriciais já apresentadas, ou seja, as fórmulas desta seção têm um potencial de cálculo muito grande, não deixando de serem simples e fáceis de entender, pois seguem a mesma linha lógica já apresentada, que é inerente ao Excel.

Tentaremos expor exemplos, de fato, simples, com faixas pequenas de células, de maneira que as fórmulas apresentadas aqui possam ser colocadas em prática sem deixar dúvidas sobre sua abrangência. A fórmulas podem ser ajustadas para cada situação em particular, de acordo com as necessidades.

Exemplo 1: Calcular em Intervalos que Contêm Valores de Erro

Funções como **SOMA**, **SUBTOTAL**, **MÁXIMO**, **MÍNIMO** e muitas outras, não funcionam em intervalos de células que contêm Códigos de Erro, tais como **#DIV0!** ou **#NULO!**, e isto, embora seja normal e característico de muitas funções, às vezes representa um empecilho muito grande ao nosso trabalho.

O segredo de contornar esta inconveniência é extremamente simples, e ao mesmo tempo, muito valioso.

Vejamos a seguinte fórmula:

= SOMA(SE(ÉERRO(SemErros);"";SemErros))

Esta fórmula utiliza a função ÉERRO para identificar se o conteúdo de alguma célula da constante SemErros é equivalente a algum erro, e junto com a função **SE** retorna um valor vazio, que não altera o cálculo final efetuado pela função **SOMA**. A fórmula cria uma nova matriz que contém os valores originais menos quaisquer valores de erro.

Caso a célula avaliada não contenha um código de erro, o seu valor é retornado pela função **SE** e utilizado pela função **SOMA** para encontrar o total da soma dos valores válidos dentro do intervalo especificado por **SemErros**.

A Figura 9.9 ilustra a aplicação desta fórmula:

C1			▼	:	×	✓	ƒx	{= SOMA(SE(ÉERRO(SemErros);"";SemErr

	A	B	C	D	E	F	G	H
1	#NULO!		6	= SOMA(SE(ÉERRO(SemErros);"";SemErros))				
2	1							
3	2			Podemos obter o mesmo resultado utilizando um				
4	3			range de células no lugar de um nome definido				
5	#NULO!							
6	#NULO!		6	= SOMA(SE(ÉERRO(A1:A8);"";A1:A8))				
7	#NULO!							
8	#NULO!							

FIGURA 9.9: FÓRMULAS MATRICIAIS AVANÇADAS, COM AS FUNÇÕES SOMA, SE E ÉERRO

DICA:

Os códigos de erro na figura acima, e em situações relacionadas com a função ÉERRO, **têm que ser genuinamente gerados por erros de cálculo**. A **simples digitação dos códigos de erro**, embora visualmente sejam idênticos aos códigos de erro do Excel, na verdade **por serem digitados, são tratados como textos, e não como erros.**

EXEMPLO 2: CONTAR O NÚMERO DE VALORES DE ERRO EM UM INTERVALO

A próxima fórmula é parecida com a primeira, mas difere ligeiramente, pois ela conta quantas células contêm algum código de erro dentro da faixa especificada, ao contrário da fórmula anterior que desconsidera os códigos de erro:

= SOMA(SE(ÉERRO(F1:F25),1,0))

Esta fórmula cria uma matriz que contém o valor 1 para as células que contêm erros, e que contém o valor 0 para as células que não contêm erros.

É possível simplificar a fórmula e obter o mesmo resultado removendo o terceiro argumento da função **SE**.

Se não especificarmos o terceiro argumento, a função **SE** retornará **FALSO** se uma célula não contiver um valor de erro. Devemos nos lembrar que as funções do tipo **SOMA**, **SUBTOTAL** e outras não funcionam com códigos de erro, mas com os retornos de **FALSO** e **VERDADEIRO** simplesmente ignorando-os.

Exemplo 3: Somar Valores com Base em Condições

Se desejarmos somar valores de um intervalo, apenas se eles atenderem determinada condição poderemos utilizar uma fórmula como a próxima.

Esta fórmula pode ser utilizada por exemplo para somar o PIB apenas dos países que tenham um PIB acima de determinado patamar, ou limite.

Neste caso, utilizaremos como limite do valor mínimo do PIB o valor de US$2.500.000.000.000,00 (dois trilhões e meio de dólares), que foi próximo ao valor do PIB do Reino Unido em 2012, que o deixou como o país com a sétima maior economia do mundo em 2012.

(Uma breve pausa: em 2012 o maior PIB foi o dos Estados Unidos com mais de 15 trilhões de dólares, e o PIB do Brasil foi de 2.600 trilhões, ligeiramente à frente do Reino Unido, o que qualificou o Brasil como a sexta maior economia mundial em 2012, superado apenas por França, Alemanha, Japão, China e Estados Unidos.)

Fonte: Internet em http://top10mais.org/top-10-paises-mais-ricos-do-mundo-2012-2/

Mas voltando para nossa fórmula, teríamos algo como:

= **SOMA(SE(PIB>2500000000000;PIB;""))**

Neste caso, deveríamos criar uma constante de matriz, ou nome definido, com o nome de **PIB**, que contivesse os valores de PIB dos países analisados.

Esta fórmula soma apenas o PIB dos países cujo PIB seja maior que o indicado no teste lógico da função **SE: (>2500000000000)**.

Exemplo 4: Calcular Valores entre Dois Limites

Nesta fórmula:

= SOMA(SE((Vendas<55000)+(Vendas>125000);Vendas; ""))

O sinal de **mais (+)** funciona como a função **OU**, entretanto não retorna os valores **VERDADEIRO** e **FALSO**, e sim os valores que sejam menores que 55000 ou maiores que 125000, como um gerente de vendas poderia desejar para analisar a produção de sua equipe de vendas. Neste caso, necessitamos criar uma **constante de matriz com o nome Vendas**. Os valores entre os limites não são somados pela função **SOMA**.

Exemplo 5: Calcular uma Média em uma Faixa que Exclua Zeros em Outra

Aqui a nossa fórmula remove do cálculo as células com valores iguais a zero dentro de um intervalo quando queremos calcular a média dos valores em outro intervalo.

Nossa fórmula utiliza um intervalo de dados chamado **Redação**, e outro intervalo chamado **Pontuação**:

= MÉDIA(SE(Redação<>0;Pontuação))

A função **SE** cria uma matriz de valores que não são iguais a 0 e passa esses valores para a função **MÉDIA**.

É uma situação parecida com a de se descobrir a média das notas dos alunos nas outras provas, desde que não tenham zerado na redação.

Aqui, como na maioria das fórmulas matriciais, **as duas constantes matriciais** (Redação, e Pontuação, neste caso) **têm que ser do mesmo tamanho**.

Considerando-se que não existe nota menor do que zero nas provas de redação, poderíamos simplificar a fórmula acima substituindo-a pela seguinte fórmula: =MÉDIA(SE(Redação>0;Pontuação), e para conhecermos a maior pontuação entre os alunos que não zeraram a redação, poderíamos substituir a função **MÉDIA** pela função **SOMA**.

Exemplo 6: Fórmulas Matriciais para Encontrar Afinidades

As fórmulas matriciais também podem ser muito úteis para encontrar a quantidade de células diferentes e também de células iguais entre duas faixas de células, ou entre duas constantes vetoriais.

As faixas de células podem ser constantes matriciais, para maior comodidade e facilidade de manuseio, principalmente se forem muitas, mas nada impede que estes intervalos sejam inseridos como faixas de células do tipo A1:A20, por exemplo.

Para este tipo de aplicação, as faixas de células, ou constantes matriciais, têm que ser do mesmo tamanho.

Se tentarmos ver as utilidades de encontrar a quantidade de registros diferentes entre duas constantes matriciais, poderíamos citar pesquisas quanto ao comportamento de vários grupos de nossa sociedade, por exemplo, o que difere entre os jovens com idades entre 16 e 25 anos, no que diz respeito a educação formal, o que difere entre os grupos que conseguem concluir o ensino médio, e aqueles que além de concluir o ensino médio conseguem ingressar em uma faculdade, ou aqueles que efetivamente conseguem a graduação, pós-graduação, ou outros aspectos relacionados. Quais são as diferenças mais comuns entre dois grupos? Sexo, cor da pele, renda familiar, número de familiares na mesma residência, outros membros da família também ingressaram em faculdades, e outras variáveis, que se não podem ser consideradas cientificamente corretas para este tipo de avaliação, servem perfeitamente para nossos exercícios com as fórmulas matriciais que detectam a quantidade de registros diferentes entre duas constantes vetoriais.

Se tentarmos encontrar as utilidades de identificar a quantidade de registros idênticos entre duas constantes vetoriais, teríamos também um universo amplo de possibilidades. Um, de caráter mais romântico, poderia ser aplicado por empresas de relacionamento pessoal, especializadas em encontrar parceiros ideais para seus membros. Consideraríamos que os parceiros ideais fossem aqueles que tivessem mais pontos em comum, e mais uma vez, se não é uma abordagem cientificamente correta, da mesma maneira que a anterior, serve perfeitamente para demonstrar o uso de fórmulas matriciais que identificam a ocorrência de registros idênticos entre duas constantes vetoriais.

Problema: Vamos considerar hipoteticamente uma empresa que pretende aproximar pessoas sem parceiros que estejam em busca de companhia.

A empresa de encontros poderia apresentar a cada membro um formulário customizado, para evitar respostas ambíguas, no qual os membros relatariam suas preferências e gostos, relacionadas a atividades de lazer, trabalho, viagens, hábitos alimentares (macrobióticos provavelmente não desejariam se relacionar com apaixonados por churrascos de picanha), ou pessoas com aversão a vida noturna, que também poderiam estar buscando parceiros que preferissem uma boa noite em casa com TV e pipoca, ou ao contrário, cinéfilos convictos poderiam estar buscando outros apaixonados pela sétima arte, e por aí vai.

Assim, seria necessário que para um grande número de pessoas fossem preenchidos questionários que seriam transformados em constantes matriciais, e estas, por sua vez, confrontadas com outras constantes, duas a duas, a fim de se obter a maior quantidade de "matches" possíveis.

Devido aos objetivos deste livro, trataremos da criação das constantes matriciais para dois candidatos, com 13 opções de valores em cada constante matricial, e confrontaremos uma constante com a outra com uma fórmula matricial e veremos o resultado da quantidade de coincidências nas preferências de cada membro, representados por suas constantes vetoriais.

Vejamos as duas constantes com seus respectivos conteúdos. Será fácil comprovar visualmente o cálculo das coincidências, devido ao pequeno número de opções (apenas 13 linhas), mas acreditamos que, se alguma empresa deste segmento quiser fazer um estudo deste tipo, mais detalhado, teríamos constantes vetoriais bem maiores, com dezenas ou até centenas de células:

Para o nosso exemplo, criaremos duas constantes vetoriais como já criamos várias outras neste livro, e depois selecionaremos uma célula em branco, por exemplo, a célula D3 para armazenar a quantidade de registros idênticos entre as duas constantes.

Podemos aproveitar e fazer também o contrário, escolher a célula D9 para armazenar a quantidade de registros diferentes entre estas mesmas duas constantes vetoriais, bastando para isto apenas uma outra fórmula matricial, que na verdade é a mesma fórmula com uma alteração pequena, de fato muito sutil, como podemos ver na Figura 9.10:

	A	B	C	D	E	F	G
1	Membro1		Membro2				
2	Música		Música				
3	Caminhadas		Corridas	8	=Total de registros coincidentes		
4	Academia		Academia		=SOMA(SE(Membro1=Membro2;**1;0**))		
5	Cinema		Cinema				
6	Teatro		Teatro				
7	Chocolate		Chocolate				
8	Cerveja		Vinho				
9	Dançar		Dançar	5	=Total de registros diferentes		
10	Academia		Faculdade		=SOMA(SE(Membro1=Membro2;**0;1**))		
11	Viagens		Viagens				
12	Poesia		Aventuras				
13	Cidade		Campo				
14	Maior de 45 anos		Maior de 45 anos				

Célula D3: {=SOMA(SE(Membro1=Membro2;1;0))}

Figura 9.10: Fórmulas Matriciais Avançadas identificando registros iguais e diferentes

Nesta fórmula matricial, vários valores são comparados, um par a cada tempo. O primeiro registro da primeira constante com o primeiro registro da segunda constante, e este processo prossegue até os dois últimos registros das duas constantes. Esta comparação é efetuada pela função **SE**, que, no caso da fórmula em **D3, retorna um valor igual a 1 para cada valor idêntico**, no final da verificação a quantidade de valores idênticos é somada pela função **SOMA**.

A única alteração efetuada na fórmula da célula D9 é a inversão entre o segundo e o terceiro parâmetro da função **SE**, que **neste caso passa a retornar o valor de 1 para cada registro diferente** (e o valor zero para cada registro coincidente), e da mesma maneira a função **SOMA** totaliza o número de células de acordo com os resultados dos testes lógicos.

De fato, não tenho nenhuma habilidade em aproximar casais. Desculpo-me pela simplicidade da abordagem, lembrando que o objetivo, de fato, foi o de demonstrar como utilizar uma fórmula matricial para comparar e somar registros idênticos e registros diferentes entre duas constantes matriciais.

> **Dica:**
>
> Ainda é possível simplificar as fórmulas (as fórmulas funcionam porque **VERDADEIRO***1=**1** e **FALSO***1=**0**) da seguinte forma:
>
> =SOMA(1*(Membro1=Membro2)) e =SOMA(1*(Membro1<>Membro2))
>
> Na primeira fórmula simplificada com o sinal de igual, o retorno será **VERDADEIRO** para os registros coincidentes, enquanto na segunda fórmula o retorno será **VERDADEIRO** para os registros diferentes, em qualquer situação, o retorno de **FALSO** é ignorado, pois **FALSO*1=0** e zero não altera o valor calculado pela função **SOMA**.

Notamos que podemos alterar esta fórmula, no estilo do exemplo 5, para mostrar não apenas a quantidade de coincidências, ou diferenças, mas também quais são os itens coincidentes ou diferentes.

Apenas para mostrar que as fórmulas matriciais podem ser utilizadas de maneira mais abrangente, construiremos uma planilha que mostrará não a quantidade de registros coincidentes ou diferentes, mas especificaremos quais são estes registros.

Para iniciar, construiremos três constantes matriciais, **a primeira chamada de Questionário**, **a segunda chamada de Membro150** e **a terceira chamada de Membro430**, e para isto utilizaremos o **Gerenciador de Nomes**, da guia Fórmulas, na Faixa de opções. Os dados de cada constante matricial podem ser vistos na Figura 9.11:

Questionário	Membro150	Membro430
Tipo de música preferida:	Samba	Valsa
Tipo de exercício preferido:	Caminhada	Corrida
Outras atividades esportivas:	Ciclismo	Academia
Primeira opção de lazer:	Cinema	Cinema
Segunda opção de lazer:	Teatro	Teatro
Doce preferido:	Brigadeiro	Quindim
Bebida preferida:	Cerveja	Suco de uva
Atividade noturna preferida:	Dançar	Dançar
Onde você gasta mais tempo:	Academia	SPA
O que você gosta de fazer nos feriados:	Viajar	Viajar
Qual o seu tipo de livro preferido:	Aventuras	Poesias
Companhia aérea preferida	Luftansa	Emirates
Qual a sua faixa etária:	Maior de 45 anos	Maior de 45 anos

Figura 9.11: Três constantes matriciais

Construiremos fórmulas que mostrem quais são os registros coincidentes e quais são os registros divergentes, considerando-se que as fórmulas que mostram a soma destes registros já foram abordadas.

Para listar os registros coincidentes poderíamos utilizar uma fórmula como a descrita a seguir:

=**SE**(Membro150=Membro430;Questionário;"")**&**""**&**(**SE**(Membro150=-Membro430;Membro150;" "))

Antes de digitar esta fórmula na barra de fórmulas e confirmar com CSE, não podemos nos esquecer de **primeiro selecionar uma região de tamanho igual ao das constantes**, ou seja, 13 linhas de uma mesma coluna, e aí sim, inserir a fórmula.

Os resultados podem ser vistos na Figura 9.12:

Coincidências
Primeira opção de lazer: Cinema
Segunda opção de lazer: Teatro
Atividade noturna preferida: Dançar
O que você gosta de fazer nos feriados: Viajar
Qual a sua faixa etária: Maior de 45 anos

Figura 9.12: Coincidências identificadas entre duas constantes vetoriais

De maneira similar, poderíamos construir uma fórmula matricial que listasse as divergências de preferências entre estas mesmas duas constantes vetoriais. Teríamos apenas o trabalho de listar além dos tópicos do questionário onde ocorressem as divergências, a inclusão das duas preferências divergentes para cada tópico.

84   Fórmulas, Funções e Matrizes no Excel 2016

Poderíamos ter uma fórmula parecida com a seguinte:

=**SE**(Membro150<>Membro430;Questionário;"")**&""&**(**SE**(Membro150<>Membro430;Membro150;""))**&" "&**(**SE**(Membro150<>Membro430;Membro430;""))

Os resultados podem ser vistos na Figura 9.13:

Divergências
Tipo de música preferida: Samba Valsa
Tipo de exercício preferido: Caminhada Corrida
Outras atividades esportivas: Ciclismo Academia
Doce preferido: Brigadeiro Quindim
Bebida preferida: Cerveja Suco de uva
Onde você gasta mais tempo: Academia SPA
Qual o seu tipo de livro preferido: Aventuras Poesias
Companhia aérea preferida Luftansa Emirates

Figura 9.13: Divergência entre duas constantes matriciais

A sintaxe correta da fórmula não inclui uma quantidade grande de espaços entre as partes da fórmula, como são mostradas devido a limitações de impressão de textos, mas este ponto pode ser esclarecido observando-se a fórmula na barra de fórmulas, como mostrado na Figura 9.14:

{=SE(Membro150=Membro430;Questionário;" ")&" "&(SE(Membro150=Membro430;Membro150;" "))}

Figura 9.14: Sintaxe da fórmula matricial das coincidências entre duas constantes matriciais

As mesmas observações em relação à quantidade de espaços entre aspas válidas para a fórmula das coincidências também são válidas para a fórmula das divergências.

O exemplo utilizado para encontrar divergências e semelhanças entre vetores matriciais (agência de relacionamentos) de fato não é de valor científico, embora seja muito prático para demonstrar o funcionamento dessas fórmulas matriciais, que podem ser aplicadas de maneira semelhante em diversas situações muito mais complexas, como por exemplo na medicina e na genética, quando utilizadas para identificação de ocorrências de genes específicos em sequências de DNA, ou em análises estatísticas, ou em estudos de resistências de materiais compostos em engenharia, entre incontáveis outras possibilidades.

REGRAS PARA MUDAR FÓRMULAS DE MATRIZ

Quando nós estamos tentando editar uma fórmula de matriz, mas paramos no meio do caminho, pode acontecer de clicarmos na fórmula na célula ou na barra de fórmulas e nada mudar, e isto porque fórmulas de matriz são um caso especial, por isso existem alguns procedimentos básicos aos quais devemos nos ater em cada caso:

Se tivermos inserido uma fórmula de matriz em uma única célula, devemos selecionar essa célula, pressionar F2, efetuar as mudanças e depois pressionar Ctrl+Shift+Enter.

Quando estamos inserindo uma fórmula que abrange várias células, devemos selecionar todas as células que contêm essa fórmula, pressionar F2 e seguir as seguintes regras:

- Não é possível mover as células individuais que contêm a fórmula, mas podemos mover todas elas como um grupo, e as referências de célula na fórmula mudarão com elas. Para movê-las, devemos selecionar todas as células, pressionar **Ctrl+X**, selecionar o novo local e pressionar **Ctrl+V**.
- Não é possível excluir células em uma fórmula de matriz (O Excel emite uma mensagem de erro do tipo "Você não pode alterar parte de uma matriz"), mas é possível excluir a fórmula inteira e recomeçar.
- Não é possível adicionar novas células a um bloco de células de resultado, mas é possível adicionar novos dados à planilha e depois expandir a fórmula.

Depois das mudanças, precisamos pressionar Ctrl+Shift+Enter.

COMO EXPANDIR UMA FÓRMULA DE MATRIZ

Quando criamos uma fórmula de matriz, é bem provável que ela nos atenda por um bom período, mas com o passar do tempo pode surgir a necessidade de aumentar a fórmula, ou estendê-la para adicionar algumas linhas de dados, e então constatar que não é possível adicionar esses dados à fórmula.

A solução para este tipo de problema, embora simples, tem que ser seguida, devido à natureza das fórmulas matriciais que não aceitam alterações tão simplesmente como as fórmulas não matriciais, listando os passos que permitirão expandir as fórmulas matriciais:

Devemos selecionar não apenas o intervalo que contém a fórmula matricial, mas também as células vazias próximas que desejamos incluir na fórmula.

Depois devemos pressionar F2 para poder editar a fórmula matricial.

Com a fórmula em modo de edição, devemos ir até a barra de fórmulas e alterar o intervalo de células antigo para que ele atenda às necessidades do novo intervalo que desejamos.

Para finalizar, devemos pressionar Ctrl+Shift+Enter.

> **DICA:**
>
> Lembramos que **não é possível reduzir uma fórmula de matriz**. Se expandirmos uma fórmula de matriz demasiadamente, não é possível "encolhê-la". **Devemos excluir a fórmula matricial e construir outra mais adequada**.

CONSIDERAÇÕES FINAIS SOBRE FÓRMULAS MATRICIAIS

FÓRMULAS MATRICIAIS PARA TRABALHOS COM TABELAS

Nesta obra, fazemos uma análise das utilizações mais comuns das fórmulas matriciais, de maneira a permitir que os conceitos e métodos aqui apresentados possam ser adaptados livremente para outras situações semelhantes. Buscamos utilizar exemplos pequenos, com os quais é mais fácil conseguir fazer uma conferência visual da exatidão dos resultados das fórmulas matriciais apresentadas.

Mas antes de encerrarmos este capítulo vamos falar sobre as vantagens de utilizar fórmulas matriciais em trabalhos com tabelas.

Para sermos mais objetivos, vamos analisar as situações onde haja uma tabela em uma de nossas planilhas, e, por alguma razão, decidamos manter uma cópia idêntica desta tabela em outro local (que pode ser na mesma planilha, ou em outra planilha, ou em uma planilha em outra pasta de trabalho).

Vamos observar alguns pontos-chave dessa abordagem:

1. Se já temos a nossa tabela construída, podemos selecioná-la, copiá-la e colá-la em outro local, seja com o copiar e colar do mouse, ou com CtrlC + CtrlV. Entretanto, ao alterarmos a tabela original, as alterações não são propagadas para a cópia da tabela, e assim passamos a ter não mais uma tabela em dois locais, mas duas tabelas diferentes.

2. Se a tabela for bem pequena, por exemplo, de duas colunas e quatro linhas, podemos selecionar as células de destino, digitar um sinal de igual, e clicar na célula da tabela de origem correspondente e pressionar Enter. Desta maneira, após oito operações deste tipo, basta copiar a formatação e passaremos a ter duas tabelas idênticas em dois locais diferentes, e as alterações efetuadas na tabela de origem serão propagadas pelo sinal de igual para as células da tabela de destino.

Surge, portanto, a necessidade de encontrarmos uma solução mais eficiente e menos trabalhosa para podermos efetuar a cópia de tabelas maiores, por exemplo, de 12 colunas e 50 linhas, de maneira que consigamos garantir que as alterações na tabela de origem sejam propagadas para a tabela de destino, sem termos que efetuar 600 (ou mais) operações de sinal de igual com referência às células de origem.

Esta solução consiste na utilização de uma fórmula matricial absurdamente simples.

A fórmula matricial que nos possibilita alcançar o objetivo de manter as duas (ou mais) tabelas sincronizadas contém apenas o sinal de igual (=).

E por ser uma fórmula matricial terá que ser inserida com o pressionar das teclas CSE.

Como fazer?

Vejamos este procedimento em apenas quatro passos:

1. Vamos considerar que tenhamos aquela tabela de 12 colunas e 50 linhas e que desejamos construir uma cópia da tabela em outra planilha.

2. O primeiro passo consiste em abrir a planilha onde deseja-se construir a tabela de destino e selecionar, ou com o mouse, ou digitando a faixa de células correspondente na caixa de nomes, de maneira a assegurar que tenhamos uma área selecionada com a mesma quantidade de linhas e colunas da tabela de origem.

3. O segundo passo, já com a nossa área de destino selecionada, consiste em digitar apenas um sinal de igual (=) na barra de fórmulas da planilha de destino.

4. O terceiro passo consiste em abrir a planilha que contém a tabela de origem e selecionar todas as linhas e colunas da tabela de origem que serão copiadas.

Para finalizar, basta pressionar as teclas CSE e todas as células da tabela de origem serão copiadas para a tabela de destino, restando apenas utilizar o mouse para copiar a formatação.

A partir deste momento, teremos duas tabelas idênticas, inclusive na formatação, e qualquer alteração na tabela de origem será atualizada na(s) tabela(s) de destino.

Esta solução funciona pois o sinal de igual é um componente padrão de qualquer fórmula do Excel, inclusive das fórmulas matriciais.

Devemos observar que não será possível excluir partes da tabela de destino, por se tratar de uma matriz. Este procedimento pode ser adotado também se desejarmos construir uma tabela totalizadora que replique informações atualizadas de partes de várias outras tabelas de origem.

CAPÍTULO X
FUNÇÕES TÍPICAS DO EXCEL 2016

INTRODUÇÃO ÀS FUNÇÕES DO EXCEL 2016

O objetivo das obras sobre fórmulas e funções, e neste caso, incluindo-se as fórmulas matriciais, não é mostrar complexidades ou dificuldades. Pelo contrário, queremos mostrar a simplicidade que às vezes pode não ser percebida à primeira vista.

Neste caso, para responder a perguntas do tipo, como farei, ou quanto tempo levarei para dominar as centenas de funções do Excel, ou como saber qual função utilizar em uma situação, e qual em outra, devemos observar algumas premissas.

Todas as funções do Excel, independentemente de qualquer aspecto, podem ser inseridas de maneira muito simples após a digitação do caractere "igual" (=). O que sucede é que o caractere "igual" sinaliza para o Excel que o que o segue é uma fórmula ou função, e assim, o Excel passa a interagir de maneira dinâmica, retornando as opções de funções que tenham grafia inicial igual à dos caracteres que são digitados após o sinal de igual.

Como exemplo, podemos ver o que acontece ao digitar o sinal de igual e a letra R: o Excel nos retorna 8 opções de funções, que são todas as funções do Excel cujos nomes iniciam com a letra R.

Se o segundo caractere digitado for a letra A as opções se reduzem a três possíveis opções, que são as funções RADIANOS, RAIZ E RAIZPI, mas se o segundo caractere for a letra E, teremos apenas duas opções válidas, que são as funções RECEBER e REPT.

Este processo é válido para todos os nomes de funções do Excel. Algumas letras iniciais, como a letra A e outras, oferecem muitas opções, enquanto outras letras, como as letras R e outras, oferecem menos opções (só temos duas funções que iniciam com a letra J, apenas uma que inicia com a letra W e nenhuma que inicie com as letras K, Y ou Z).

Além disto, a interação do Excel, que tenta facilitar a escolha das funções, vai além de apenas listar os nomes baseados em grafia, porque as funções oferecidas por semelhança de grafia surgem em um menu suspenso, e é possível passar o mouse sobre cada nome de função nesse menu para obtermos na tela uma breve, mas muito útil descrição do objetivo da função, ou seja, que tipo de cálculo a função executa.

Além deste, existe outro caminho que podemos percorrer quando não soubermos o nome da função capaz de realizar o cálculo, ou parte do cálculo que desejamos. O caminho é clicar na guia Fórmulas, na Faixa de Opções, e a seguir, clicar no comando Inserir Função. No quadro de diálogo do menu do comando Inserir Função existe um campo onde podemos inserir uma breve descrição do tipo de cálculo que desejamos. No campo destinado a inserir a descrição do que queremos fazer, podemos, por exemplo, digitar HORA e clicar em Ir. Como resultado, obteremos uma lista com várias funções relacionadas a tempo, que podem ser clicadas para obter maiores detalhes sobre os usos das funções, e este processo pode ser mais ou menos detalhado dependendo de cada situação.

Quanto aos erros de fórmulas, quando inserimos uma função, ou uma fórmula com várias funções, devemos ter em mente que existem os comandos de Mostrar Fórmulas e de Avaliar Fórmulas, que nos permitem checar a consistência das fórmulas e seu processamento passo a passo, tornando muito mais simples a descoberta do motivo do erro.

Os outros detalhes referentes ao uso das funções são de certa maneira comuns a todas as funções, como, por exemplo, erros causados por divisão por zero, ou a temida Referência Circular, que acontece quando utilizamos uma mesma célula na composição e no resultado de uma fórmula. Neste caso, os comandos de Traçar Dependente e Traçar Precedentes mostram em cores as células utilizadas nas fórmulas.

Para finalizar, devemos lembrar que as funções do Excel não são guardadas em uma caixa preta. Elas são divididas em doze categorias, que estão disponíveis na guia Fórmulas. Assim, não é proveitoso procurar por funções relacionadas a cálculos financeiros na categoria de Funções de Engenharia, nem procurar funções de Lógica na categoria de Funções de Data e Hora, e vice-versa.

Com base nestas premissas, podemos passar para as funções escolhidas para análise neste livro e provar que dominar o Excel requer apenas um pouco de dedicação, uma boa orientação e, para facilitar, atenção a detalhes.

A FUNÇÃO PROCH

A função **PROCH** localiza um valor na linha superior de uma tabela ou matriz de valores; que é o ponto de partida para a busca de outro valor. A seguir, ela retorna o valor buscado na mesma coluna de uma linha especificada na tabela ou matriz. Usamos a função **PROCH** quando os valores de comparação e busca estiverem em uma mesma linha de uma tabela de dados, ou faixa de células.

Se a busca for efetuada em colunas, e não em linhas, deve-se utilizar a função **PROCV,** que busca valores de comparação que estejam em uma coluna à esquerda dos dados que se desejam localizar.

A sintaxe da função **PROCH** pode ser vista na Figura 10.1:

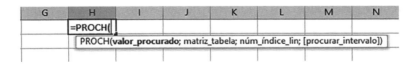

Figura 10.1: Função PROCH — Sintaxe da Função

A sintaxe da função **PROCH** tem os seguintes argumentos:

- **valor_proc** é um argumento obrigatório. O valor a ser localizado na primeira linha da tabela. O valor procurado pode ser um valor, uma referência ou uma cadeia de texto.

- **matriz_tabela** é um argumento obrigatório. Uma tabela de informações na qual os dados devem ser procurados. Podemos usar uma referência para um intervalo ou um nome de intervalo (o nome de intervalo pode ser criado com o Gerenciador de Nomes).

  Os valores na primeira linha de **matriz_tabela** podem ser texto, números ou valores lógicos.

  Textos em maiúsculas e minúsculas são equivalentes.

  Precisamos classificar os valores em ordem crescente, da esquerda para a direita. Esta classificação pode ser feita **via comando classificar** (em **Classificar e Filtrar**), que fica no grupo de comandos **Edição**, na guia **Página Inicial**.

- **núm_índice** é um argumento obrigatório. O número da linha em **matriz_tabela** de onde o valor correspondente deve ser retirado. Um **núm_índice_lin** equivalente a 1 retorna o valor da primeira linha na matriz_tabela, um **núm_índice_lin** equivalente a 2 retorna o valor da segunda linha na **matriz_tabela**, e assim por diante.

- Se **núm_índice_lin** for menor do que 1, **PROCH** retornará o valor de erro **#VALOR!**

- Se **núm_índice_lin** for maior do que o número de linhas na **matriz_tabela**, **PROCH** retornará o valor de erro **#REF!**

- **procurar_intervalo** é um argumento opcional. Um valor lógico que especifica se queremos que **PROCH** localize uma correspondência exata ou aproximada.

- Se **VERDADEIRO** ou omitido, uma correspondência aproximada é retornada. Em outras palavras, se uma correspondência exata não for localizada, o valor maior mais próximo que seja menor que o **valor_procurado** é retornado.

- Se **FALSO**, **PROCH** encontrará uma correspondência exata.

- Se nenhuma correspondência for localizada, o valor de erro **#N/D** será retornado.

Exemplo de Uso Teórico

Na seguinte tabela temos treze linhas e cinco colunas.

Podemos utilizar a função **PROCH** para localizar uma célula na primeira linha da tabela (célula B1) e buscar o resultado na mesma coluna da tabela, digamos, dez linhas abaixo, para encontrar a quantidade de caixas de Pêssego embaladas no mês de setembro (o parâmetro FALSO busca uma correspondência exata), conforme mostrado na Figura 10.2:

	A	B	C	D	E	F	G	H	I
1	Data	Pêssegos	Uvas	Tâmaras	Nozes				
2	Jan	2000	2240	1792	1680		3600		
3	Fev	2200	2464	1971	1848		=PROCH(B1;A1:E13;10;FALSO)		
4	Mar	2400	2688	2150	2016				
5	Abr	2600	2912	2330	2184				
6	Mai	2800	3136	2509	2352				
7	Jun	3000	3360	2688	2520				
8	Jul	3200	3584	2867	2688				
9	Ago	3400	3808	3046	2856				
10	Set	3600	4032	3226	3024				
11	Out	3800	4256	3405	3192				
12	Nov	4000	4480	3584	3360				
13	Dez	4200	4704	3763	3528				

Figura 10.2: Função **PROCH** buscando resultados em linhas abaixo da célula de referência

Na fórmula da Figura 10.2 os argumentos são:

1. Célula B1, é o ponto de partida da busca, o resultado será encontrado na mesma coluna (coluna B).

2. Faixa de células A1:E13, é a nossa matriz, e contém o resultado desejado.

3. 10, é o número de linhas abaixo da célula de referência. Neste caso, usamos o valor de uma constante, mas poderíamos ter utilizado o resultado de uma fórmula (o que é mais comum).

4. FALSO, é o parâmetro que define a correspondência exata.

Dica:

Se **PROCH** não localizar **valor_procurado**, e **procurar_intervalo** for **VERDADEIRO**, ela usará o maior valor que é menor do que o **valor_procurado**.

Se o **valor_procurado** for menor que o menor valor na primeira linha de matriz_tabela, **PROCH** retornará o valor de erro **#N/D**.

Se **procurar_intervalo** for **FALSO** e **valor_procurado for texto**, podemos usar os caracteres curinga ponto de interrogação **(?)** e asterisco **(*)** em **valor_procurado**. Um ponto de interrogação coincide com qualquer caractere único; um asterisco coincide com qualquer cadeia de caracteres. Para localizar um ponto de interrogação ou asterisco real, basta **digitar um til (~) antes do caractere**.

A FUNÇÃO PROCV

A função **PROCV** localiza um valor em uma coluna de uma tabela ou faixa de células que esteja à esquerda da coluna que contenha os valores procurados, ou seja, ela retorna os dados procurados que estão à direita na tabela ou faixa de células.

Como padrão, a tabela deve estar classificada em ordem crescente.

Exemplo de Uso Teórico

Na seguinte tabela, temos três linhas e quatro colunas.

Podemos utilizar a função **PROCV** para localizar a primeira célula à esquerda, na segunda linha da tabela (célula B3), e buscar o resultado na quarta coluna da tabela, também na mesma segunda linha (célula E3), à direita:

	A	B	C	D	E	F
1						
2		Nome	Telefone	DDD	Departamento	
3		Alberto	3296-1520	55	Marketing	
4		Rui	3452-8018	18	Vendas	
5		Carla	3422-8018	18	Vendas	
6						

Figura 10.3: Função PROCV — Exemplo de uso

Devemos digitar a fórmula em uma célula, F1, por exemplo. Vejamos como fazer:

Primeiro vamos observar a sintaxe da função:

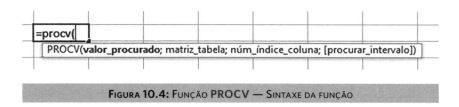

Figura 10.4: Função PROCV — Sintaxe da função

Como toda função ou fórmula, devemos iniciar com o sinal de igual para que o Excel reconheça que estamos inserindo um cálculo.

Os parâmetros que estão entre parênteses surgem ao se digitar o nome da função **PROCV**, e são:

1. **Valor procurado**: neste exemplo, o valor procurado **pode ser o nome Alberto**, ou a referência da célula onde o nome se encontra, **ou** seja, **B3**.

2. **Matriz tabela**: a nossa matriz, ou tabela, vai de B2 até E5, ou seja, **B2:E5**.

3. **Núm_índice_coluna**: é a indicação de qual coluna deve ser verificada para retornar o valor que esteja na mesma linha do valor procurado. Neste exemplo, **a coluna é contada a partir de 1, da esquerda para a direita**, ou seja, **a nossa coluna é a coluna 4**.

4. **[procurar intervalo]**: como está entre colchetes, é opcional, mas pode ser utilizado para especificar limites onde os valores devem ser buscados, mais especificamente, qual parte da coluna que contém os dados deve ser pesquisada.

Assim, para o exemplo acima, teríamos a seguinte fórmula:

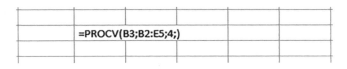

Figura 10.5: Função PROCV — Outro exemplo de uso

Esta Função, com os parâmetros acima, retornaria o nome "Marketing", na célula em que esta função fosse digitada, por exemplo, na célula F1. O sinal de "Ponto e Vírgula" (;) no final é opcional devido à omissão do último parâmetro.

Se mudássemos o índice da coluna para 2 em vez de 4, o resultado seria o número do telefone, ou seja "3296-1520", sendo mostrado na célula F1.

Esta possibilidade é muito útil quando temos tabelas com muitas colunas e precisamos encontrar vários dados em várias colunas diferentes, mas na mesma linha.

Um artifício seria não digitar o número da coluna diretamente na função, como fizemos digitando o valor "4", e sim digitando o endereço de uma célula intermediária, por exemplo "A1", e na célula A1 poderíamos digitar qualquer número de coluna. À medida que o número da coluna fosse mudado na célula A1, o valor retornado na célula F1 refletiria esta mudança.

Exemplos Práticos

A seguir utilizaremos a função **PROCV** em conjunto com outras funções, lembrando que todas as funções utilizadas nos exemplos já foram apresentadas em outros capítulos. Em caso de dúvidas, volte ao capítulo da função de seu interesse e esclareça-as antes de prosseguir.

1. Função **PROCV** em conjunto com a função **DIA.DA.SEMANA** para retornar o dia da semana para determinada data, a fim de automatizar esta informação, evitando-se erros e agilizando o trabalho.

   Para efeitos didáticos, vamos supor que constantemente sejam construídos relatórios, propostas, orçamentos, tabelas ou outros tipos de documentos com o Excel, que incluam a data da criação, ou que façam referência a outras datas, como datas de vencimento, ou outras datas em geral.

   A dica é construir uma tabela adicional, que não precisa estar visível na tabela, podendo estar até mesmo em outra planilha, com duas colunas e sete linhas para os dias da semana de domingo até sábado, e ao lado, estabelecemos uma referência numérica para cada um desses dias da semana.

   O objetivo é obter o preenchimento de uma célula com o dia da semana correspondente à data simplificada, digitada em outra célula, automaticamente.

CAPÍTULO X: FUNÇÕES TÍPICAS DO EXCEL 2016   97

A nossa tabela com os dias da semana seria parecida com a da figura a seguir:

A	B	C	D	E
1				
2		1	Domingo	
3		2	Segunda-feira	
4		3	Terça-feira	
5		4	Quarta-feira	
6		5	Quinta-feira	
7		6	Sexta-feira	
8		7	Sábado	
9				

FIGURA 10.6: FUNÇÃO PROCV — TABELA COM OS DIAS DA SEMANA

Além disto, precisaremos utilizar a função **DIA.DA.SEMANA** para obter uma referência numérica para a data digitada, para a qual queremos associar o dia da semana correspondente.

A função **DIA.DA.SEMANA** tem a seguinte sintaxe:

DIA.DA.SEMANA(núm_série;[retornar_tipo})

Sua configuração oferece as opções listadas na Figura 10.7:

```
21/02/2016 =DIA.DA.SEMANA(F2; )
    1 - Números de 1 (domingo) a 7 (sábado)
    2 - Números de 1 (segunda-feira) a 7 (domingo)
    3 - Números de 0 (segunda-feira) a 6 (domingo)
    11 - Números de 1 (segunda-feira) a 7 (domingo)
    12 - Números 1 (terça-feira) a 7 (segunda-feira)
    13 - Números 1 (quarta-feira) a 7 (terça-feira)
    14 - Números 1 (quinta-feira) a 7 (quarta-feira)
    15 - Números 1 (sexta-feira) a 7 (quinta-feira)
    16 - Números 1 (sábado) a 7 (sexta-feira)
    17 - Números de 1 (domingo) a 7 (sábado)
```

FIGURA 10.7: FUNÇÃO PROCV — SINTAXE DA FUNÇÃO DIA.DA.SEMANA

A opção "retornar tipo" está entre colchetes, sendo, portanto, opcional e pode ser omitida.

Podemos digitar nossa fórmula, por exemplo, na célula G2, utilizando a função **DIA.DA.SEMANA**, com os seguintes parâmetros:

=**DIA.DA.SEMANA**(F2)

E em F2 podemos digitar qualquer data simplificada (dd/mm/aaaa) que o dia da semana correspondente será automaticamente preenchido na célula G2, bastando para isto utilizarmos a função **PROCV** na célula G2 com a seguinte sintaxe:

=**PROCV**(F2,B2:C8;2)

1. Outro exemplo, mesclando funções **PROCV** e **DIA.DA.SEMANA** na mesma fórmula:

Podemos ver os resultados que poderiam ser vistos em planilhas maiores como a da Figura 10.8, a seguir.

Lembramos que o conteúdo da célula F15 mostra a fórmula, e não o resultado, devido ao fato de termos inserido um espaço em branco antes do sinal de igual que precede a fórmula, de maneira que esta ficasse visível. Para obtermos o resultado nesta célula, basta editá-la e remover o sinal de espaço que precede o sinal de igual.

Como seria tedioso e propenso a erros, <u>devemos evitar redigitar as fórmulas das células de H5 até H14, para isto, basta digitar a fórmula uma vez na célula H3 e copiar a fórmula (com o mouse, ou CTRL+C/CTRL+V, ou usando a alça de preenchimento) para as células de H4 até H14</u>. Não vai acontecer de as referências à tabela de dias da semana se perderem, desde que esta referência na função **PROCV** esteja como referências absolutas, ou seja, com sinais de $ antes dos números das linhas.

	A	B	C	D	E	F	G	H	I	J
1										
2		Atividade				Horário	Data	Dia da Semana		
3		Inscrição no grupo de estudos				09:00:00	02/03/2020	Segunda-feira		
4		Primeira reunião				09:00:00	10/03/2020	Terça-feira		
5		Segunda reunião				18:00:00	17/03/2020	Terça-feira		
6		Apresentação do primeiro relatório				08:00:00	24/03/2020	Terça-feira		
7		Terceira reunião				09:00:00	01/04/2020	Quarta-feira		
8		Quarta Reunião				09:00:00	08/04/2020	Quarta-feira		
9		Apresentação do segundo relatório				18:00:00	15/04/2020	Quarta-feira		
10		Pesquisa em campo				08:00:00	24/04/2020	Sexta-feira		
11		Apresentação do terceiro relatório				18:00:00	01/05/2020	Sexta-feira		
12		Exame escrito				09:00:00	18/05/2020	Segunda-feira		
13		Exame oral				08:30:00	05/06/2020	Sexta-feira		
14										
15		1	Domingo			H3=PROCV(DIA.DA.SEMANA(G4);$B$16:$D$22;2)				
16		2	Segunda-feira							
17		3	Terça-feira							
18		4	Quarta-feira							
19		5	Quinta-feira							
20		6	Sexta-feira							
21		7	Sábado							

FIGURA 10.8: Função PROCV — Outro exemplo

A FUNÇÃO ÍNDICE

Esta função retorna um valor, ou a referência da célula na interseção de uma linha e coluna específica, em um dado intervalo de dados.

Há duas formas de função ÍNDICE (ou seja, duas maneiras de construirmos fórmulas com a função ÍNDICE), que são a forma de matriz e a forma de referência. Estas são as principais diferenças entre as duas formas:

1. A forma de matriz pode retornar mais de um valor por vez. A forma de referência retorna a referência da célula na interseção de uma determinada linha e coluna.

2. A forma de matriz, por usar uma fórmula de matriz, é inserida usando **CTRL + SHIFT + ENTER**, em vez de apenas **ENTER, como é feito normalmente na forma de referência**.

100 Fórmulas, Funções e Matrizes no Excel 2016

Existem Duas Sintaxes para esta Função

Primeira Sintaxe para Matriz de Índice

=ÍNDICE(matriz;núm._linha; [núm_coluna])

Em que:

- **Matriz** é a região que contém os dados a serem pesquisados.
- **Núm_linha** é o número da linha contada desde o início da matriz.
- **Núm_coluna** é opcional, e representa o número da coluna contado da esquerda para a direita, se a primeira coluna da matriz ou tabela for a coluna A; a coluna B será representada pelo número 2, a coluna C pelo número 3, e assim por diante.

Vejamos isto na prática, tomando como exemplo a tabela da Figura 10.9:

	A	B	C
1	Vendedor	Cidade	Total de Vendas
2	Ana	Montes Claros	R$ 10.000,00
3	André	Montes Claros	R$ 12.000,00
4	Beatriz	Montes Claros	R$ 14.000,00
5	Bruno	Montes Claros	R$ 16.000,00
6	Cláudia	Montes Claros	R$ 18.000,00
7	Hudson	Montes Claros	R$ 20.000,00
8	João	Montes Claros	R$ 22.000,00
9	José	Montes Claros	R$ 24.000,00
10	Josiel	Montes Claros	R$ 26.000,00
11			
12	Leonardo	Belo Horizonte	R$ 28.000,00
13	Lúcia	Belo Horizonte	R$ 30.000,00
14	Luiza	Belo Horizonte	R$ 32.000,00
15	Márcia	Belo Horizonte	R$ 34.000,00
16	Mauro	Belo Horizonte	R$ 36.000,00
17	Paulo	Belo Horizonte	R$ 38.000,00
18	Rui	Belo Horizonte	R$ 40.000,00
19	Wagner	Belo Horizonte	R$ 42.000,00

Figura 10.9: Função ÍNDICE em tabela com duas áreas distintas

Para isto vamos inserir uma fórmula em uma célula vazia, a célula E3, por exemplo:

=ÍNDICE(A2:C10;2;1)

A2:C10 é a matriz onde existe o valor que desejamos encontrar.

2 representa o número da linha, contado desde a primeira linha da matriz (neste caso não incluímos os cabeçalhos na matriz).

1 é o número da coluna no intervalo onde o valor está. Como há três colunas, este valor poderia ser igual a 1, 2 ou 3, para a coluna A este valor é igual a 1.

Devemos pressionar a sequência CTRL + SHIFT + ENTER para inserir a fórmula como uma fórmula de matriz.

Notaremos que o resultado em **E3** será igual a "André".

Outra Sintaxe para a função ÍNDICE (referência)

=ÍNDICE(ref;núm_linha;[núm_coluna];[núm_area]),

Em que:

- **Ref** é referente às faixas de células que pesquisaremos. Neste caso temos duas faixas, a primeira de A2 até C10, e a segunda de A12 até C19.

- **Núm_área** é necessário, pois temos duas faixas de célula. Se desejarmos procurar no intervalo A2:C10, este valor será igual a 1, mas se desejarmos procurar na faixa A12:C19, este valor deve ser igual a 2.

Portanto, digitaremos a seguinte fórmula em uma célula vazia, E5, por exemplo:

=ÍNDICE((A2:C10;A12:C19);7;1;2)

(A2:C10, A12:C19) são os intervalos onde o valor desejado está localizado.

7 é o número da linha, contado desde a primeira linha do intervalo.

1 é o número da coluna no intervalo onde o valor está. Como há três colunas, este valor poderia ser igual a 1, 2 ou 3. Para a coluna A, este valor é igual a 1.

2 é a área, A2:C10 ou A12:C19, onde o valor está. Como há duas áreas especificadas para o intervalo, o segundo intervalo é A12:C19.

Basta agora pressionar ENTER, o valor encontrado será igual a "Rui".

	A	B	C	D	E	F	G	H
1	Vendedor	Cidade	Total de Vendas					
2	Ana	Montes Claros	R$ 10.000,00					
3	André	Montes Claros	R$ 12.000,00		André	=ÍNDICE(A2:C10;2;1)		
4	Beatriz	Montes Claros	R$ 14.000,00					
5	Bruno	Montes Claros	R$ 16.000,00		Rui	=ÍNDICE((A2:C10;A12:C19);7;1;2)		
6	Cláudia	Montes Claros	R$ 18.000,00					
7	Hudson	Montes Claros	R$ 20.000,00					
8	João	Montes Claros	R$ 22.000,00					
9	José	Montes Claros	R$ 24.000,00					
10	Josiel	Montes Claros	R$ 26.000,00					
11								
12	Leonardo	Belo Horizonte	R$ 28.000,00					
13	Lúcia	Belo Horizonte	R$ 30.000,00					
14	Luiza	Belo Horizonte	R$ 32.000,00					
15	Márcia	Belo Horizonte	R$ 34.000,00					
16	Mauro	Belo Horizonte	R$ 36.000,00					
17	Paulo	Belo Horizonte	R$ 38.000,00					
18	Rui	Belo Horizonte	R$ 40.000,00					
19	Wagner	Belo Horizonte	R$ 42.000,00					

FIGURA 10.10: FUNÇÃO ÍNDICE PARA REFERÊNCIA E PARA MATRIZ.

Exemplo Teórico 1

Vamos considerar uma situação hipotética, com dados fictícios, na qual desejamos encontrar, além do número máximo possível, uma representação em uma tabela de resultados, da quantidade de veículos que poderíamos montar levando em conta as opções de modelos, cores, motores, cilindradas e combustíveis disponíveis.

Vamos considerar, para este exemplo, que tenhamos como opções cinco modelos de veículos diferentes, cinco cores, quatro tipos de motores e quatro valores diferentes de cilindradas, e ainda três tipos diferentes de combustíveis.

A primeira pergunta, quantas combinações exclusivas podemos ter, é facilmente calculável sem o uso de funções, basta uma operação aritmética simples, que cons .te em multiplicar todas as opções. Assim, teríamos uma fórmula igual a:

5*5*4*4*3=1200, ou seja, com os dados oferecidos como opções, seríamos capazes de montar 1.200 veículos diferentes.

Mas para o Excel nos retornar uma tabela com cada combinação possível, teríamos um pouco mais de trabalho, mas é um trabalho recompensador, principalmente porque o princípio lógico do procedimento pode ser alterado e ajustado para atender a fins diversos.

Inicialmente, deveríamos elaborar uma tabela como a da Figura 10.11:

	A	B	C	D	E
1	Modelo	Cores	Motor	Cilindrada	Combustível
2	Conversível	Azul	Ford	1000	Alcool
3	SUV	Branco	Vw	1400	Gasolina
4	Pickup	Prata	Fiat	1600	Fléx
5	Esporte	Preto	Chevrolet	2000	
6	Sedan	Vermelho			
7					

FIGURA 10.11: PREPARANDO PARA UTILIZAR A FUNÇÃO ÍNDICE COMBINADA

A seguir, para facilitar nossa tarefa, utilizaremos o ícone **Gerenciador de Nomes**, na guia **Fórmula**, na faixa de opções, para criar nomes para estas faixas de dados.

Assim teríamos os nomes:

a. **Modelo**; referente à faixa de células **A2:A6**.

b. **Cores**; referente à faixa de células **B2:B6**.

c. **Motor**; referente à faixa **C2:C5**.

d. **Cilindrada**; referente à faixa de células **D2:D5**, e finalmente,

e. **Combustível**; referente à faixa de células **E2:E4**.

Para este exercício, o escopo dos nomes (pasta de trabalho ou planilha) é irrelevante.

Após a primeira tabela, precisamos preencher uma faixa de células auxiliar em uma coluna vazia com uma numeração crescente de 1 até 1200 (o número máximo de combinações exclusivas que sabemos ser possível pela multiplicação dos números de opções).

O processo manual pode ser substituído com um preenchimento automático com uma pequena fórmula matricial, mas abordaremos a utilização das fórmulas matriciais em outro capítulo, portanto, neste exemplo utilizaremos o processo manual.

Para o preenchimento das 1200 células, basta preencher a primeira, digamos, a célula J1, com o valor 1, a célula da linha abaixo (J2) com o valor 2, para estabelecer um padrão lógico entre elas, selecionar as duas células ao mesmo tempo com o mouse e utilizar a alça de preenchimento para arrastar para baixo até atingir a linha 1200 (célula J1200).

A nossa fórmula que utiliza a função **ÍNDICE** combinada com outras funções **ÍNDICE**, a função **MOD** e o operador de concatenar (**&**) ficaria assim:

=**ÍNDICE**(**Modelo;**(J1-1)/240+1) **&**" " **& ÍNDICE**(**Cores;MOD**((J1-1)/48;5)+1) **&**" "**& ÍNDICE**(**Motor;MOD**((J1-1)/12;4)+1) **&**" "**& ÍNDICE**(**Cilindrada;MOD** ((J1-1)/3;4)+1) **&**" "**& ÍNDICE**(**Combustível;MOD**((J1-1);3)+1)

Nós devemos digitar esta célula em outra coluna vazia, geralmente à direita da coluna que utilizamos para a numeração auxiliar, por exemplo na célula K1, e depois de inserida a fórmula em K1, a primeira sequência será mostrada. Basta então, com apenas esta célula preenchida com a fórmula, selecionar a célula K1, **posicionar o mouse no vértice inferior direito** e, quando surgir a alça de preenchimento, **darmos um clique duplo**, e o Excel automaticamente preencherá as células abaixo até a linha 1200, que é a última linha da coluna adjacente (coluna que contém conteúdo), fazendo os ajustes necessários na fórmula e mostrando as sequências linha a linha.

Análise da Fórmula

Primeira Parte

=ÍNDICE(**Modelo;**(J1-1)/240+1).

Nós temos 5 opções de Modelos e um total de 1200 combinações, portanto, cada modelo é capaz de se combinar em 240 opções.

Ao pegarmos o valor da célula J1 (igual a 1) e o utilizarmos na parte matemática da fórmula: (J1 - 1) / 240 + 1, nós obtemos um resultado igual a 1, e este valor é utilizado pela função **ÍNDICE**, como se fosse: =**ÍNDICE**(Modelo;1), que corresponde a "Conversível".

Com o incremento sequencial da numeração nas linhas abaixo, a fórmula retorna os resultados correspondentes.

Segunda Parte

=**ÍNDICE**(Cores;**MOD**((J1-1)/48;5)+1)

Da mesma forma, se para cada modelo nós temos 240 opções, este valor de 240 dividido por 5 tipos diferentes de cores nos oferece 48 cores para cada modelo.

A função **MOD**, como sabemos, retorna o resto de uma divisão, ou seja, primeiro nós temos a divisão de (Jn-1) por 48, e somente depois a função **MOD** calcula o valor do resto da divisão deste resultado dividido por 5 (são 5 as opções de cores). O valor encontrado é acrescido de 1, e isto retorna a cor correspondente, sequencialmente, à medida que o valor de Jn vai aumentando em incrementos de 1 em 1.

Demais Partes

Podemos utilizar a mesma lógica das partes anteriores para analisar as demais partes.

Nossa tabela de resultados seria como a da Figura 10.12:

106   Fórmulas, Funções e Matrizes no Excel 2016

J	K L M N O
1	Conversível Azul Ford 1000 Alcool
2	Conversível Azul Ford 1000 Gasolina
3	Conversível Azul Ford 1000 Fléx
4	Conversível Azul Ford 1400 Alcool
e etc...	
500	Pickup Azul Vw 1600 Gasolina
501	Pickup Azul Vw 1600 Fléx
502	Pickup Azul Vw 2000 Alcool
e etc...	
1192	Sedan Vermelho Chevrolet 1400 Alcool
1193	Sedan Vermelho Chevrolet 1400 Gasolina
1194	Sedan Vermelho Chevrolet 1400 Fléx
1195	Sedan Vermelho Chevrolet 1600 Alcool
1196	Sedan Vermelho Chevrolet 1600 Gasolina
1197	Sedan Vermelho Chevrolet 1600 Fléx
1198	Sedan Vermelho Chevrolet 2000 Alcool
1199	Sedan Vermelho Chevrolet 2000 Gasolina
1200	Sedan Vermelho Chevrolet 2000 Fléx
Final das combinações	

Figura 10.12: Função **ÍNDICE** — Resultado das combinações

Para conseguir o espaçamento entre as opções nas listagens das possibilidades, foram adicionados sinais de espaço em branco, envolvidos por sinais de aspas (para serem tratados como texto em branco a ser inserido), e os sinais de união (**&**).

Também teria sido possível unir os resultados com as funções **CONCAT** e **CONCATENAR**:

=**CONCATENAR**(**ÍNDICE**(Modelo;(J1-1)/240+1); **ÍNDICE**(Cores;**MOD**((J1-1)/48;5)+1); **ÍNDICE**(Motor;**MOD**((J1-1)/12;4)+1);**ÍNDICE**(Cilindrada;-**MOD**((J1-1)/3;4)+1);**ÍNDICE**(Combustível;**MOD**((J1-1);3)+1))

Entretanto, isto não dispensaria a inclusão dos espaços em branco envoltos em aspas e, como resultado final, a fórmula seria:

=**CONCATENAR**(**ÍNDICE**(Modelo;(J1-1)/240+1);" ";**ÍNDICE**(Cores;**MOD**((J1-1)/48;5)+1);" ";**ÍNDICE**(Motor;**MOD**((J1-1)/12;4)+1);" ";**ÍNDICE**(Cilindrada;**MOD**((J1-1)/3;4)+1);" ";**ÍNDICE**(Combustível;**MOD**((J1-1);3)+1))

Outra opção possível seria colocar as cinco partes da fórmula em cinco colunas anexas, assim dispensaríamos os procedimentos de incluir espaços em branco e aspas para afastar as opções na tabela dos resultados.

Exemplo Teórico 2

O exemplo teórico 1 é bem completo, mas um pouco elementar, pois contém algumas limitações inconvenientes, entre elas a necessidade de criar uma lista numerada auxiliar para poder utilizar como referência nos cálculos das funções **ÍNDICE** combinadas.

É possível utilizar mais uma função, a função **LINS**, para contornar este inconveniente.

No exemplo teórico 2, adotaremos o mesmo problema simplificado, vamos considerar que queiramos conhecer todas as combinações possíveis quando tivermos à nossa disposição três tipos de carros, quatro tipos de motores e cinco cores diferentes.

Quanto ao número máximo de combinações exclusivas, permanece a lógica anterior, ou seja, basta multiplicarmos todas as opções entre si, assim, teremos 3 * 4 * 5 = 60 possibilidades de combinações.

Ainda faremos uso de uma tabela inicial na qual colocaremos os dados disponíveis, que serão utilizados pelas funções **ÍNDICE** e **LINS** para montagem da tabela de resultados. Desta maneira, teríamos uma tabela parecida com a da Figura 10.13:

	A	B	C	D
1	Carro	Motor	Cor	
2	Porsh	V6	Branco	
3	Camaro	V8	Azul	
4	Ferrari	V10	Vermelho	
5		V12	Prata	
6			Amarelo	
7				
8	Qt Carros	Qt Motores	Qt Cores	
9	3	4	5	
10				

FIGURA 10.13: FUNÇÕES ÍNDICE E LINS TABELA INICIAL

Acabamos de conhecer a função **ÍNDICE**, e lembramos que a função **LINS** retorna o número da linha de seu parâmetro. Esta função será utilizada na célula mais acima em nossa tabela de resultados, e será copiada para baixo até a última célula, quando fizermos esta operação de cópia com a fórmula e, **devido à referência mista**, o número da linha será ajustado correspondentemente.

Utilizaremos também a função **SE**, que retorna um valor em caso de um critério ser atendido, e outro valor em caso do critério não ser atendido.

Assim como utilizamos uma função auxiliar (a função **MOD**) no exemplo teórico 1, aqui utilizaremos a função **MOD** e a função **INT**, que arredonda o valor de seu parâmetro para baixo até o próximo número inteiro.

Desta maneira, não é necessário utilizar nomes definidos, o que simplifica a elaboração da tabela de resultados, e, baseados na tabela da Figura 10.1, teríamos uma fórmula na célula E2 com a seguinte sintaxe:

=**SE**($A$9*$B$9*$C$9**>=LINS**(E$2:E2);**ÍNDICE**($A$2:$A$4;**INT**((**LINS**(E$2:E2)-1)/($B$9*$C$9))+1);"")

Como sabemos, a função **SE** faz um teste lógico, que corresponde a:

$A$9*$B$9*$C$9**>=LINS**(E$2:E2)

E retorna um valor se o teste lógico for atendido:

ÍNDICE($A$2:$A$4;**INT**((**LINS**(E$2:E2)-1)/($B$9*$C$9))+1)

E outro valor se o teste lógico não for atendido:

""

Ou seja, não retorna nenhum valor, mas é incluído como parâmetro da função **SE** para evitar que a função retorne o valor de **FALSO** quando o teste lógico não é atendido.

A fórmula na célula F2 seria:

=**SE**(E2<>"";**ÍNDICE**($B$2:$B$5;**MOD**(**INT**((**LINS**(F$2:F2)-1)/$C$9);$B$9)+1);"")

A fórmula na célula G2 seria:

=**SE**(F2<>"";**ÍNDICE**($C$2:$C$6;**MOD**((**LINS**(G$2:G2)-1);$C$9)+1);"")

Desta maneira, já temos na linha dois, na faixa de células E2:G2, nossa primeira combinação, e basta selecionar a faixa de células E2:G2 com o mouse e utilizar a alça de preenchimento para arrastar e copiar as fórmulas para as linhas de baixo, até a linha 61 (pois temos 60 combinações possíveis, e iniciamos nossa tabela de resultados não na linha 1, mas na linha 2), assim nossa tabela de resultados ficaria igual à da Figura 10.14:

DICA:

Este procedimento de selecionar e arrastar para baixo também pode ser resolvido mais simplesmente com o uso de uma fórmula matricial, como veremos no capítulo referente a Matrizes, constantes matriciais e fórmulas matriciais.

E	F	G
Carro	Motor	Cor
Porsh	V6	Branco
Porsh	V6	Azul
Porsh	V6	Vermelho
Porsh	V6	Prata
Porsh	V6	Amarelo
Porsh	V8	Branco
Porsh	V8	Azul
Porsh	V8	Vermelho
Porsh	V8	Prata
Porsh	V8	Amarelo
Porsh	V10	Branco
Porsh	V10	Azul
Porsh	V10	Vermelho
Porsh	V10	Prata
Porsh	V10	Amarelo
Porsh	V12	Branco
Porsh	V12	Azul
etc...	etc...	etc...

FIGURA 10.14: RESULTADO DO USO DAS FUNÇÕES **ÍNDICE** E **LINS** COMBINADAS

DICA:

É recomendável montar as tabelas das Figuras 3 e 4, inserir as fórmulas apresentadas e utilizar o recurso de avaliar fórmulas para entender o passo a passo dos cálculos nas fórmulas das células das colunas E, F e G.

DICA:

Mesmo para as partes muito simples de fórmulas, no caso do exemplo 2, na tabela da Figura 10.3, onde temos os totais de carros, motores e cores, seria possível fazer uma contagem visual dos itens e inserir os totais como constantes, ou seja, as constantes 5, 4 e 3 nos campos de totais, mas este tipo de prática não é recomendado, pois futuras alterações implicariam em ajustes manuais destes valores, e por isto são propensas a erros. A alternativa é utilizar funções de totalização para números (**SOMA**, **SUBTOTAL** e outras) e para valores, tais como **CONT. VALORES**, pois assim os totais são automaticamente atualizados para refletirem eventuais atualizações nas tabelas.

O comando **Avaliar Fórmulas**, como sabemos, está disponível na **Faixa de Opções**, na **guia Fórmulas**, no **grupo Auditoria de Fórmulas**, como pode ser visto na Figura 10.15:

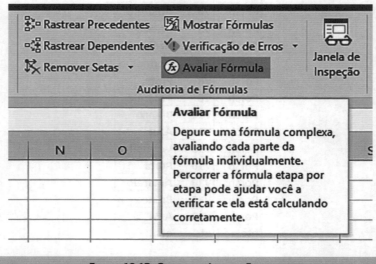

FIGURA 10.15: COMANDO AVALIAR FÓRMULAS

Com o recurso de avaliar fórmulas, é muito mais fácil interpretar e avaliar fórmulas montadas por outras pessoas, pois nem sempre é possível compreender a lógica de execução dos cálculos imediatamente, ou as células envolvidas, apenas com uma avaliação visual.

A FUNÇÃO CORRESP

A função **CORRESP** procura um item especificado em um intervalo de células e retorna a posição relativa desse item no intervalo, ou seja, esta função retorna a posição de determinado item, e não propriamente o item.

A sintaxe desta função é:

=**CORRESP(valor_procurado;matriz_procurada;[tipo_correspondência])**

Em que:

- **Valor procurado** é o item do qual queremos saber a posição. Pode ser um valor, ou texto, ou uma referência a uma célula onde podemos digitar os valores para evitar a edição repetitiva da fórmula.
- **Matriz procurada** é a região que contém o item pesquisado.
- **Tipo correspondência** é opcional. Os valores podem ser iguais a -1, 0 ou 1. O valor padrão, caso este parâmetro seja omitido, é igual a 1, mas:

Utilizamos este valor igual a -1 para localizar o menor valor que é maior ou igual ao valor procurado.

Utilizamos 0 para localizar o primeiro valor exatamente igual ao valor procurado.

Utilizamos igual a 1 para localizar o maior valor que é menor ou igual ao valor procurado.

Esta função não faz distinção entre maiúsculas e minúsculas em valores tipo texto.

Se a função não conseguir localizar um valor coincidente, retornará o erro #N/D.

Se o tipo de correspondência for igual a zero (valor exatamente igual) e o valor procurado for uma cadeia de texto, podemos utilizar os caracteres curinga [ponto de interrogação (?) e asterisco (*)]. Cada ponto de interrogação corresponde a um único caractere simples e o asterisco corresponde a qualquer sequência de caracteres. **Para localizarmos um ponto de interrogação ou asterisco real, devemos digitar um til (~) antes do caractere**.

Vejamos como encontrar qual a posição que os ramais ocupam na listagem.

Inicialmente, montaremos a fórmula na célula F12, e esta fórmula buscará a posição correspondente ao ramal digitado na célula E12.

Vejamos na prática, utilizando a tabela da Figura 10.16:

	A	B	C	D	E	F	G	H
1	Vendedor	ID	Ramal					
2	Ana	R0001	3581					
3	André	R0002	3585					
4	Beatriz	R0003	3589					
5	Bruno	R0004	3593					
6	Cláudia	R0005	3597					
7	Hudson	R0006	3601					
8	João	R0007	3605					
9	José	R0008	3609					
10	Josiel	R0009	3613					
11								
12	Leonardo	R0010	3621		3621	11		
13	Lúcia	R0011	3625			=CORRESP(E12;C2:C19;0)		
14	Luiza	R0012	3629					
15	Márcia	R0013	3633					
16	Mauro	R0014	3637					
17	Paulo	R0015	3641					
18	Rui	R0016	3645					
19	Wagner	R0017	3649					

FIGURA 10.16: TABELA DA FUNÇÃO **CORRESP** LOCALIZANDO POSIÇÃO DE ITENS EM UMA LISTAGEM

Podemos notar que, ao digitar 3621 na célula E12, a nossa fórmula em F12 retorna o número 11, pois esse ramal está na décima primeira linha da tabela, uma vez que a nossa tabela começa na linha 2 da planilha (a linha 1 é a linha do cabeçalho).

Também fica claro que o fato de haver linhas em branco na tabela ou faixa de dados não afeta a localização, pois as linhas são contadas mesmo que estejam vazias.

Lembramos mais uma vez que escolhemos como exemplo tabelas pequenas, nas quais os resultados das fórmulas possam ser checados visualmente, mas as funções analisadas podem ser aplicadas a cenários bem mais complexos, com centenas ou milhares de linhas e colunas.

A FUNÇÃO ESCOLHER

A função escolher contém um número de índice e um ou mais valores. Esta função retorna o valor especificado pelo argumento número de índice.

A sintaxe desta função é:

=**ESCOLHER**(núm_índice; valor1; [valor2]; [valor3]; [valorn]; ...)

Para esta função, a seguinte fórmula retornaria o valor 4:

=**ESCOLHER**(**2**;2;**4**;8;16), pois 4 é o segundo valor da fórmula.

Enquanto a fórmula:

= **ESCOLHER**(**3**;2;4;**8**;16) retornaria o valor 8, que é o terceiro valor da fórmula.

Pode parecer desnecessário utilizar uma fórmula com esta função quando já sabemos qual valor desejamos que seja retornado, mas o argumento núm_índice pode ser uma referência a uma outra célula, cujo valor pode variar de acordo com outras fórmulas ou funções. O argumento núm_índice pode inclusive ser uma matriz e, neste caso, cada valor será analisado quando a função ESCOLHER for avaliada.

Além disto, esta função pode ser utilizada em conjunto com outras funções. Vejamos outro exemplo:

=**SOMA**(**ESCOLHER**(2;A10:A20;B10:B20;C10:C20) resulta em:

=**SOMA**(B10:B20),

pois a faixa de valores **B10:B20** é a **segunda faixa de valores** especificada na função escolher.

Até agora nós utilizamos a função escolher com apenas um argumento núm_índice simples, mas é possível utilizar um argumento duplo, basta colocar os argumentos

114 Fórmulas, Funções e Matrizes no Excel 2016

entre chaves, e separados por uma contra barra. Desta maneira, um argumento é utilizado primeiro, e o outro a seguir.

Se utilizarmos esta técnica com a função soma, uma faixa de células será somada, e o resultado será adicionado à soma do outro intervalo especificado. A soma das duas faixas de células aqui é mostrada na célula C19, como pode ser visto na figura 10.17:

	A	B	C	D	E	F	G
1							
2		10					
3		10					
4		10					
5		10					
6		10					
7		20					
8		20					
9		20					
10		20					
11		20					
12		30					
13		30					
14		30					
15		30					
16		30					
17							
18		Fórmula:	=SOMA(ESCOLHER({1\2};B2:B6;B7:B11;B12:B16))				
19		Resultado:	150				

Figura 10.17: A Função ESCOLHER com dois argumentos núm_índice

É possível utilizarmos um número maior de argumentos núm_índice, como pode ser visto na Figura 10.18:

	A	B	C	D	E	F	G
1							
2		10	10	10	10	10000	10000
3		10	10	10	10	10000	10000
4		10	10	10	10	10000	10000
5		10	10	10	10	10000	10000
6		10	10	10	10	10000	10000
7		10	10	10	10	10000	10000
8		10	10	10	10	10000	10000
9		10	10	10	10	10000	10000
10		10	10	10	10	10000	10000
11		10	10	10	10	10000	10000
12							
13		Fórmula:	=SOMA(ESCOLHER({1\2\3\4};B2:B11;C2:C11;D2:D11;E2:E11))
14		Resultado:	400

Figura 10.18: Função ESCOLHER com 4 argumentos núm _ índice associada à função SOMA

Como podemos notar, as faixas F2:F11 e G2:G11 não foram somadas, pois elas representam a quinta e a sexta faixas de células. Mas utilizamos apenas os índices 1,2,3 e 4 (que representam as colunas B, C, D e E), e o resultado de nossa fórmula, portanto, é igual a 400, que representa a soma das dez linhas nas quatro colunas, todas com suas células contendo o valor numérico igual a dez (10*10*4=400).

A FUNÇÃO PROCV PARA A ESQUERDA

Limitações da Função PROCV e como Contorná-las

A função **PROCV**, embora seja muito poderosa e útil, possui algumas limitações. No entanto, é possível superar estas limitações com algumas manobras às vezes não muito difundidas.

1. Limitação de só efetuar buscas em colunas, e não em linhas:

    A primeira limitação é a mais simples. A função se destina a fazer pesquisa e busca de valores em colunas determinadas, ou seja, o valor que desejamos buscar deve estar dentro de uma faixa que alcance uma coluna, ou parte de uma coluna, ou seja, o **V** de **PROCV** significa vertical.

Se precisarmos fazer uma busca de dados que se estenda por uma linha abrangendo várias colunas, a função **PROCV** não funcionaria, mas o Excel nos oferece uma função similar, que é a função **PROCH** (**H** de horizontal).

A função **PROCH** é tratada em outra seção neste capítulo.

2. Limitação de sentido da busca:

A função **PROCV**, quando usada isoladamente, só busca dados em células que estejam à direita da célula de referência, ou seja, é como procurar dados em um catálogo telefônico: os nomes ficam à esquerda e os números de telefones ficam à direita. Assim, utilizando a função **PROCV** podemos fornecer um nome que fica em uma coluna à esquerda e a função nos retorna um número de telefone que está em uma coluna à direita da célula de referência (nome do assinante).

Mas se precisarmos partir tendo como referência a coluna da direita que contém os números de telefone para encontrarmos o nome do assinante correspondente, a função **PROCV** tem que ser complementada com outras funções, por exemplo, sendo associada à função **ESCOLHER.**

Vamos tomar como exemplo a tabela da Figura 10.19, que representa um pequeno catálogo de nomes, telefones e ramais, e veremos como fazer a função **PROCV** procurar dados à esquerda da coluna de referência:

	A	B	C	D	E	F	G
1							
2		Departamento	Nome	Prédio	Ramal	Cidade	Turno
3		Compras	Alfredo	1	4325	Campinas	Matutino
4		Compras	Patrich	1	4324	Campinas	Matutino
5		Compras	Marcos	2	4323	Campinas	Vespertino
6		Marketing	Afonso	2	4322	Campinas	Matutino
7		Marketing	Beatriz	1	4321	Campinas	Vespertino
8		Financeiro	Márcia	1	4320	Campinas	Diurno
9		Operacional	Suzana	1	4319	Campinas	Diurno
10		Manutenção	Elias	2	4318	Campinas	Diurno
11		Portaria	Mateus	1	4317	Campinas	Diurno
12		Portaria	Marcos	1	4316	Campinas	Noturno
13		Segurança	Sonia	2	4315	Campinas	Diurno
14		Segurança	Marta	2	4314	Campinas	Noturno

FIGURA 10.19: A FUNÇÃO PROCV — BUSCA À ESQUERDA DA COLUNA DE REFERÊNCIA

Em uma célula vazia, podemos entrar com o número do ramal para o qual queremos encontrar o atendente, e em outra célula podemos entrar com nossa fórmula, que combina as funções **PROCV** e **ESCOLHER**, com algumas observações:

1. Utilizar uma célula diferente da que contém uma fórmula é mais seguro, pois evita que erros de digitação, ou distrações, danifiquem a fórmula. Assim, nós não editamos a fórmula em todo momento. Quando quisermos encontrar o nome do dono do ramal, nós entraríamos com o número do ramal em outra célula e o valor desta célula é lida pela fórmula.

2. Por questões didáticas e por limitações físicas de exposição de ideias e procedimentos em livros, nós estamos utilizando uma tabela pequena, da linha 2 até a Linha 14, e seria suficiente para os dados que já temos digitados até o momento. Assim, na fórmula, poderíamos fazer referência às faixas C3:C14 para a busca dos nomes e E3:E14 para os ramais, que seriam a origem dos dados que utilizarmos nas buscas. Mas é possível omitir os números das linhas nas faixas em questão, assim fazemos referências às faixas C:C, que representa toda a coluna C, e à faixa E:E, que representa toda a coluna E, e desta forma nosso catálogo pode crescer sem que precisemos efetuar alterações nas faixas especificadas na fórmula. Observe o uso de parênteses e chaves, e barras invertidas na fórmula.

A fórmula que combina as funções **PROCV** e **ESCOLHER** que devemos utilizar, na célula vazia, para retornar o resultado poderia ser:

=**PROCV**($H$3;**ESCOLHER**({1\2};E:E;C:C);2;0)

Em que:

PROCV é a própria função **PROCV**.

$H$3 é uma célula vazia que definimos para digitar o ramal desejado para nossa pesquisa.

ESCOLHER é a própria função **ESCOLHER**.

1 e 2 são os números de índice, ou seja, são os argumentos da função **ESCOLHER**, que são inseridos entre chaves, e separados por uma contra barra invertida, e por este motivo, a função **ESCOLHER** utiliza primeiramente o índice 1 e a seguir o índice 2.

E:E é a faixa de células que contém o ramal que conhecemos. Em verdade, representa toda a coluna E, e é um argumento da função **ESCOLHER**.

C:C é a faixa de células que contém o nome do atendente que desejamos encontrar, também é um argumento da função **ESCOLHER**. Esta faixa de células está em uma coluna à esquerda da coluna de referência, ou seja, daquela que contém o ramal.

2 é o número de índice da coluna na matriz, ou seja, o número da coluna que contém os dados desejados contados a partir da coluna que contém os dados conhecidos. É um argumento da função **PROCV**, que, no nosso caso, é a coluna que contém os nomes. Se trocarmos apenas este parâmetro na fórmula dada, por exemplo, para 1, que é a coluna com o nome dos departamentos, a fórmula retornaria o nome do departamento onde este ramal está instalado.

0 é utilizado para a definição de uma correspondência exata. Em outras situações, o valor deste argumento pode ser igual a 1, que representa correspondência aproximada. Também é um argumento (opcional) da função **PROCV**.

Recomendamos que o leitor reproduza esta tabela com a estrutura exposta e que faça uma busca dos ramais utilizando a estrutura desta fórmula, e depois efetue alterações na fórmula para compreender as mudanças correspondentes dos resultados.

15			
16	**Fórmula para ser utilizada na célula B21:**		
17	=PROCV($B$20;ESCOLHER({1\2};E:E;C:C);2;0)		
18			
19			
20	4325	Digite aqui o número do ramal cujo atendente desejamos encontrar	
21	Alfredo	Veja aqui o nome do atendente relacionado ao número do ramal	

Figura 10.20: Função PROCV — Busca à esquerda da coluna de referência

3. Ainda quanto à limitação do sentido de busca, outra solução é a substituição da função **PROCV** pela combinação das funções Índice e **Corresp**, de maneira a possibilitarmos a busca de valores que estejam à esquerda da coluna de referência, de forma similar ao uso combinado das funções **PROCV** e **ESCOLHER**.

As Funções ÍNDICE e CORRESP Combinadas

Vamos novamente comparar com um catálogo telefônico com 8 colunas. Seria semelhante a retornar o nome do assinante após fornecermos o número telefônico.

Vamos neste caso utilizar a tabela da Figura 10.21 – Alternativa com ÍNDICE e **CORRESP**:

	A	B	C	D	E	F	G	H
1	Funcionários	ID	Prédio	Estado	Departamento	Ramal	Horário	País
2	Ana	R201	Prédio 1	MG	Marketing	3581	Manhã	Brasil
3	André	R202	Prédio 1	MG	Marketing	3582	Tarde	Brasil
4	Fernanda	R203	Prédio 1	MG	Compras	3583	Manhã	Brasil
5	Beatriz	R204	Prédio 1	MG	Compras	3584	Tarde	Brasil
6	Bruno	R205	Prédio 1	MG	Manutenção	3585	Tarde	Brasil
7	Wagner	R206	Prédio 2	SP	Diretoria	3586	Manhã	Brasil
8	Hudson	R207	Prédio 2	SP	Diretoria	3587	Tarde	Brasil
9	Leonardo	R208	Prédio 3	RJ	Diretoria	3588	Tarde	Brasil
10	Josiel	R209	Prédio 3	RJ	Marketing	3589	Tarde	Brasil
11	Lúcia	R210	Prédio 4	RS	Diretoria	3590	Manhã	Brasil
12	Luiza	R211	Prédio 4	RS	Compras	3591	Manhã	Brasil
13	Márcia	R212	Prédio 4	RS	Marketing	3592	Tarde	Brasil
14	Simone	R213	Prédio 4	RS	Vendas	3593	Tarde	Brasil

Figura 10.21: Alternativa ao uso de **PROCV** substituir pelas funções ÍNDICE e CORRESP

Para facilitar a edição da fórmula, utilizaremos uma célula vazia, a A19, por exemplo, para armazenar temporariamente os números dos ramais que utilizaremos na fórmula. Desta maneira, bastará que utilizemos em nossa fórmula uma referência a esta célula (A19, neste caso), para encontrar o ramal correspondente.

Agora basta construirmos nossa fórmula segundo a sintaxe a seguir:

=ÍNDICE(coluna_que_contém_o_dado_a_ser_encontrado;CORRESP(valor_de_origem; coluna_da_tabela_que_contém_o_valor_de_origem;zero_para_correspondência_exata))

Depois de inserirmos os parâmetros, nossa fórmula ficaria assim:

=ÍNDICE(A2:A14;CORRESP(A19;F2:F14;0))

Ao inserirmos esta fórmula em uma célula vazia, a A20, por exemplo, notaremos que o Excel retornará uma mensagem de erro, pois estamos incluindo a célula A19 na fórmula, e esta célula ainda está vazia, como podemos ver na Figura 10.22:

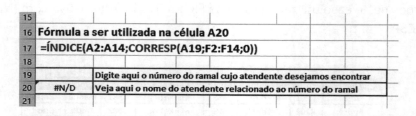

FIGURA 10.22: ERRO EM BUSCA À ESQUERDA UTILIZANDO ÍNDICE E CORRESP

O Excel retornará este mesmo código de erro se utilizarmos um número de ramal que não conste na coluna da tabela que contém os valores de origem.

Basta agora inserir qualquer um dos números de ramal na célula A19, que o nome da pessoa relacionada a este ramal será mostrado na célula A20, como pode ser visto na Figura 10.23:

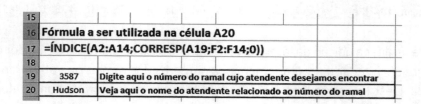

FIGURA 10.23: RESULTADO DE BUSCA À ESQUERDA COM ÍNDICE E CORRESP COMBINADAS

Nas situações em que utilizamos uma célula para armazenamento temporário de dados, pode ser conveniente utilizarmos a validação de dados em listas para facilitar o trabalho com a tabela, as opções de validação de dados são mostradas em um capítulo dedicado a este assunto.

Lembramos apenas que a validação de dados para este tipo de aplicação pode ser validação de listas de dados, ou de valores inseridos diretamente na caixa de diálogos da função **Validação de Dados**, seja via interface gráfica ou via VBA, e assim limitar a entrada de dados de forma a atender apenas as opções permitidas, e evitando-se erros, por exemplo, neste tipo de exemplo de ramais inexistentes, como pode ser visto na Figura 10.24:

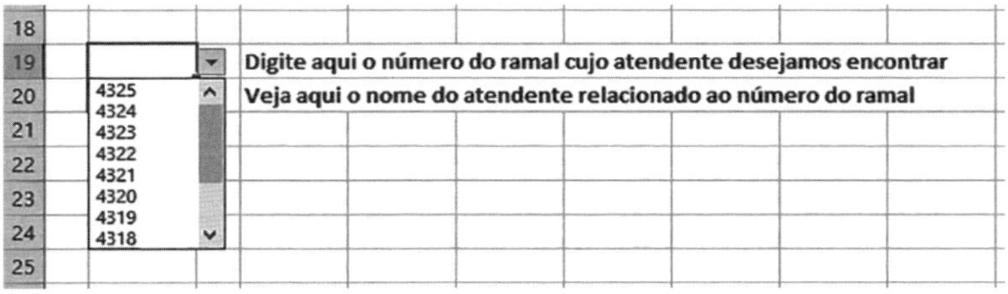

Figura 10.24: Buscando informações com validação de dados

A FUNÇÃO SE

Esta função verifica se uma condição foi satisfeita. Se a condição tiver sido satisfeita, retorna um valor_se_verdadeiro. Caso contrário, retorna um valor_se_falso.

A **sintaxe** desta função pode ser vista na Figura 10.25:

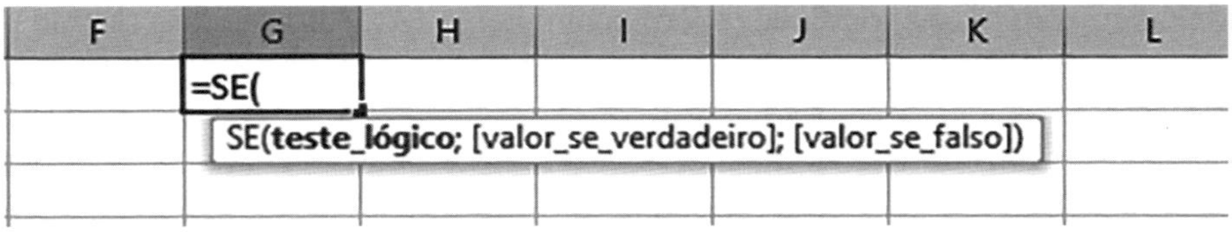

Figura 10.25: Função SE — Sintaxe da Função

Exemplo Teórico

Podemos utilizar esta função para mostrar qual equipe conseguiu o maior número de medalhas durante uma competição.

Devemos notar que, a medida que o número de medalhas variar entre uma e outra equipe, o resultado da função **SE** também variará.

	A	B	C	D	E
1	Japão	Portugal	Islândia	País	
2	12	8	6	Medalhas	
3					
4	Japão	=SE(A2>B2;"Japão";"Portugal")			
5					
6	Japão	Portugal	Islândia	País	
7	5	8	6	Medalhas	
8					
9	Portugal	=SE(A7>B7;"Japão";"Portugal")			

Figura 10.26: Função SE Isolada — utilizando um teste lógico e duas opções de resposta

Limitações da Função SE

Uma das limitações da função **SE** é o fato de ela ser limitada a um único teste lógico.

Portanto, nas versões anteriores ao Excel 2016, para efetuarmos mais de um teste lógico com a função **SE**, deveríamos aninhá-la. Mas isto se torna dispensável porque o Excel 2016 oferece uma nova função, a função **SES**, que efetua vários testes lógicos.

A Função **SES** é analisada em um capítulo separado.

Uma maneira de contornar a limitação da função **SE** de efetuar apenas um teste lógico consiste, em alguns casos, em usá-la combinada com outra ou outras funções.

No exemplo da Figura 10.1, devido a características inerentes da função, só conseguimos escolher um entre dois países, mas, combinando esta função, poderíamos efetuar três testes lógicos envolvendo os três países.

A nossa fórmula poderia ficar parecida com a fórmula da Figura 10.27:

	A	B	C	D	E	F	G	H	I	J	K
1	Japão	Portugal	Islandia	País							
2	30	20	10	Medalhas		Japão					
3	19	20	19	Medalhas		Portugal					
4	9	9	10	Medalhas		Islandia					
5											
6	=SE((MAIOR(A2:C2;1))=A2;$A$1;"")&SE((MAIOR(A2:C2;1))=B2;$B$1;"")&SE((MAIOR(A2:C2;1))=C2;$C$1;"")										
7											
8	=SE((MAIOR(A3:C3;1))=A3;$A$1;"")&SE((MAIOR(A3:C3;1))=B3;$B$1;"")&SE((MAIOR(A3:C3;1))=C3;$C$1;"")										
9											
10	=SE((MAIOR(A4:C4;1))=A4;$A$1;"")&SE((MAIOR(A4:C4;1))=B4;$B$1;"")&SE((MAIOR(A4:C4;1))=C4;$C$1;"")										
11											

Figura 10.27: Função SE combinada e três testes lógicos

Na Figura 10.27, podemos notar que as células F2, F3 e F4 refletem o maior escore de cada linha.

A fórmula em F2 refletirá as alterações de escore na linha dois, não havendo necessidade de copiar a fórmula para as células abaixo, mas o fizemos apenas para efeitos didáticos.

As células A8 e A10 mostram como a fórmula em F2 foi ajustada pelo Excel após a operação de copiar para baixo, em F3 e F4, apenas para visualização dos efeitos dos resultados, devido à alteração dos escores de medalhas.

E a nossa fórmula está completa, pois, quando o placar mostrar dois ou três países empatados em primeiro lugar, precisaremos apenas alterar um pouco a fórmula para que haja espaçamento entre os nomes dos países empatados em primeiro lugar, bastando acrescentar **sinais de aspas**, **espaços em branco** e mais **sinais de união (&)** entre cada parte SE da fórmula. Poderíamos fazer algo como:

Mudar

De:

=**SE((MAIOR**(A4:C4;1))=A4;$A$1;**"")&SE((MAIOR**(A4:C4;1))=B4;$B$1;**"")** ...

Para:

=**SE((MAIOR**(A4:C4;1))=A4;$A$1;**"")&"** "**&SE((MAIOR**(A4:-C4;1))=B4;$B$1;**"")** ...

Para finalizar, basta mesclar e centralizar as células de resultado para acomodar os 2 ou 3 países de maneira organizada, como as células F2, F3 e F4 na Figura 10.28:

	A	B	C	D	E	F	G	H
1	Japão	Portugal	Islandia	País				
2	20	10	10	Medalhas		Japão		
3	20	20	10	Medalhas		Japão Portugal		
4	20	20	20	Medalhas		Japão Portugal Islandia		
5								

Figura 10.28: Função SE mostrando empates

Alternativas para Nossas Fórmulas

Quando trabalhamos com fórmulas em nossas planilhas, devemos ter dois objetivos em mente, ou seja, as nossas fórmulas têm que ser abrangentes o suficiente para cobrir todas as possibilidades e, ao mesmo tempo, devem ser o mais simples possível, a fim de obtermos nossos resultados com operações de cálculos mais simples possíveis.

Devemos tomar cuidado ao escolher entre funções que têm funcionamento às vezes semelhantes, por exemplo, não confundir as funções **MAIOR** e **MÁXIMO**, pois dependendo dos parâmetros utilizados, elas podem gerar os mesmos resultados para um dado conjunto de células, mas com as variações naturais dos valores de células em nossas planilhas, elas podem gerar valores diferentes ou erros.

O importante é buscar a simplicidade e o menor número de funções, ou combinações que sejam de fato indispensáveis para nossos cálculos, evitando fórmulas incompletas que não atendam completamente às variações que possam ocorrer nas planilhas.

Nas fórmulas utilizadas no exemplo para mostrar as limitações da função **SE**, não seria viável apenas repetir as combinações da função **MAIOR**, pois ela apenas identifica qual é **o maior**, ou **o k-ésimo maior** valor em uma dada faixa de células, ou neste caso, faixa de escores de medalhas, mas é exatamente a função **SE** que **faz a associação do placar com o país correspondente**, sendo portanto uma parte indispensável da fórmula.

A FUNÇÃO SOMASE

A função **SOMASE** adiciona as células especificadas por um determinado critério ou condição.

É importante, ao digitarmos nossa tabela, onde futuramente poderemos utilizar a função SomaSe, observar a exatidão da grafia dos termos que desejaremos somar com a função SomaSe. Por exemplo, se estivermos digitando uma parte de uma lista de despesas, devemos evitar a diferença de grafia de termos idênticos, tais como "gasolina" em algumas células e "gasosa" em outras, ou "gasolina" em algumas células e "gasolina para a moto", em outras, pois o Excel entenderá que estas células são diferentes em conteúdo e a função SomaSe não fornecerá os resultados desejados. As diferenças podem ser mais sutis, tais como apenas a digitação de um ponto final após um texto, pois mesmo este ponto final será interpretado pelo Excel como diferença de conteúdo nas células.

EXEMPLO DE USO TEÓRICO

Na seguinte tabela, temos dez linhas e três colunas.

Podemos utilizar a função **SOMASE** para somar todas as células da terceira coluna que correspondam a uma célula da primeira coluna, e mostrar o resultado em qualquer célula na qual inserimos a fórmula com a função **SOMASE**:

126 Fórmulas, Funções e Matrizes no Excel 2016

	A	B	C	D
1	Piloto	Data	Km rodado	
2	Juarez	22/06/2020	54,3	
3	Fátima	22/06/2020	48,3	
4	Juarez	22/06/2020	90,2	
5	Jonatan	23/06/2020	25,8	
6	Juarez	23/06/2020	85,7	
7	Fátima	23/06/2020	45,5	
8	Jonatan	23/06/2020	70,9	
9	Juarez	23/06/2020	58,4	
10	Fátima	24/06/2020	23,2	
11	Fátima	24/06/2020	80,7	
12				

Figura 10.29: Função SOMASE

Como podemos observar, é difícil, em uma análise visual, calcular quantos Km foram rodados por determinado piloto ou em determinada data. Para obtermos nossos resultados rapidamente e sem erros, devemos utilizar a função SOMASE.

Devemos digitar a fórmula em uma célula Vazia, D2, por exemplo, vejamos como fazer:

- Primeiro vamos observar a sintaxe da função

Figura 10.30: Função SOMASE — Sintaxe da função

Como toda função ou fórmula, devemos iniciar com o sinal de igual para que o Excel reconheça que estamos inserindo um cálculo.

Os parâmetros que estão entre parênteses surgem ao se digitar o nome da função **SOMASE**, e são:

1. **Intervalo**: é a faixa, ou intervalo que contém as células com o conteúdo ou critérios que desejamos somar.

2. **Critérios**: é o que queremos encontrar. Neste caso pode ser o nome de um piloto, ou uma data

3. **[Intervalo Soma]**: indica onde os valores a serem somados se encontram.

Assim, para o exemplo acima, teríamos a seguinte fórmula, para saber o total de quilômetros rodados pelo piloto Juarez, em toda a tabela (o resultado encontra-se na célula D3):

Note também que na célula D6 repetimos a fórmula sem a indicação dos números de linha, assim, à medida que a tabela crescer com o uso, os resultados seriam automaticamente ajustados:

	A	B	C	D	E	F
1	Piloto	Data	Km rodado			
2	Juarez	22/06/2020	54,3	=SOMASE(A2:A11;A2;C2:C11)		
3	Fátima	22/06/2020	48,3	288,6		
4	Juarez	22/06/2020	90,2			
5	Jonatan	23/06/2020	25,8			
6	Juarez	23/06/2020	85,7	=SOMASE(A:A;A2;C:C)		
7	Fátima	23/06/2020	45,5	288,6		
8	Jonatan	23/06/2020	70,9			
9	Juarez	23/06/2020	58,4			
10	Fátima	24/06/2020	23,2			
11	Fátima	24/06/2020	80,7			
12						

Figura 10.31: Função **SOMASE** — Exemplo de uso

Evitando Erros

No exemplo oferecido, o critério foi o conteúdo da célula A2, ou seja, o texto "Juarez", se em alguma célula da mesma coluna, em outra linha tenhamos digitado o texto com uma grafia diferente, "Joarez", ou "Juares", os resultados mostrados nas células D3 e D7 não incluiriam os quilômetros indicados nas linhas que contivessem o conteúdo diferente do conteúdo da célula de referência, que no nosso exemplo é a célula A2, como pode ser visto na Figura 10.32:

	A	B	C	D	E	F	G
1	Piloto	Data	Km rodado				
2	Juarez	22/06/2020	54,3	=SOMASE(A2:A11;A2;C2:C11)			
3	Fátima	22/06/2020	48,3	198,4			
4	Juares	22/06/2020	90,2				
5	Jonatan	23/06/2020	25,8				
6	Juarez	23/06/2020	85,7	=SOMASE(A:A;A2;C:C)			
7	Fátima	23/06/2020	45,5	198,4			288,6
8	Jonatan	23/06/2020	70,9			-	90,2
9	Juarez	23/06/2020	58,4			=	198,4
10	Fátima	24/06/2020	23,2				
11	Fátima	24/06/2020	80,7				
12							

Figura 10.32: Função SOMASE — Exemplo de uso

Um contador pode facilmente encontrar a soma de valores pagos por um determinado cliente em planilhas extensas, que englobem centenas ou milhares de linhas ao longo de grandes períodos de tempo de forma rápida e precisa. Mas, para isso, é preciso haver padronização da descrição dos critérios, evitando-se grafias diferentes para itens idênticos.

Outro Exemplo Prático

Poderíamos utilizar a mesma fórmula em células diferentes para mostrar os resultados das somas utilizando-se o nome dos outros pilotos, ou seja, alterando-se apenas o "critério", como pode ser visto na Figura 10.33:

CAPÍTULO X: FUNÇÕES TÍPICAS DO EXCEL 2016   129

	A	B	C	D	E	F
1	Piloto	Data	Km rodado			
2	Juarez	22/06/2020	54,3	=SOMASE(A$2:A$11;A2;C$2:C$11)	Juarez	288,6
3	Fátima	22/06/2020	48,3	=SOMASE(A$2:A$11;A3;C$2:C$11)	Fátima	197,7
4	Juarez	22/06/2020	90,2			
5	Jonatan	23/06/2020	25,8	=SOMASE(A$2:A$11;A5;C$2:C$11)	Jonatan	96,7
6	Juarez	23/06/2020	85,7			
7	Fátima	23/06/2020	45,5		Soma	583
8	Jonatan	23/06/2020	70,9			
9	Juarez	23/06/2020	58,4			
10	Fátima	24/06/2020	23,2			
11	Fátima	24/06/2020	80,7			
12						
13						
14		Soma	583			

FIGURA 10.33: FUNÇÃO SOMASE — EXEMPLO DE USO

A FUNÇÃO SOMASES

A função **SOMASES** localiza células específicas em uma tabela, desde que atendam **simultaneamente** a vários critérios, e retorna a soma dos dados correspondentes a estas células **que estejam localizados em outro intervalo da tabela, denominado intervalo_soma**.

Resumindo, **a diferença entre esta função e a função SOMASE** é o fato de a função **SOMASES trabalhar com 2 ou mais critérios simultaneamente**, enquanto **a função SOMASE utiliza apenas um critério**.

Quanto à sintaxe da função SOMASES, devemos observar que a ordem dos argumentos é diferente da função SOMASE, pois o argumento intervalo_soma aqui é o primeiro argumento.

A **sintaxe** desta função pode ser vista na Figura 10.34:

	A	B	C	D	E	F	G
1							
2		=SOMASES(					
3		SOMASES(**intervalo_soma**; intervalo_critérios1; critérios1; ...)					
4							

FIGURA 10.34: FUNÇÃO SOMASES — SINTAXE DA FUNÇÃO

Em que:

- **Intervalo_soma** é a faixa de dados que terá suas células somadas desde que todos os critérios tenham sido atendidos.

- **Intervalo_critérios1** é o intervalo de dados que contém o primeiro critério da função.

- **Critério1** é o primeiro critério da função.

- **Intervalo_critério2** é o intervalo de dados que contém o segundo critério da função.

- **Critério2** é o segundo critério da função.

Exemplo Teórico

Vejamos a alocação dos termos da função no exemplo da loja de frutas representado pela Figura 10.35:

	A	B	C	D	E	F
1						
2		Produto	Vendedor	Quantidade	Unitário	Total
3		Peras	Roberto	120	R$ 2,00	R$ 240,00
4		Melancias	Rui	150	R$ 7,00	R$ 1.050,00
5		Uvas	Marina	100	R$ 7,00	R$ 700,00
6		Abacaxis	Marina	80	R$ 9,00	R$ 720,00
7		Maçãs	Roberto	150	R$ 3,00	R$ 450,00
8		Bananas	Rui	300	R$ 2,00	R$ 600,00
9		Peras	Roberto	50	R$ 2,00	R$ 100,00
10		Uvas	Solange	40	R$ 7,00	R$ 280,00
11		Abacaxis	Rui	100	R$ 9,00	R$ 900,00
12		Bananas	Solange	100	R$ 2,00	R$ 200,00
13		Melancias	Rui	120	R$ 7,00	R$ 840,00
14		Peras	Rui	80	R$ 2,00	R$ 160,00
15						

Figura 10.35: Tabela da Loja de Frutas

Neste exemplo, podemos encontrar vários vendedores que efetuaram vendas de vários produtos, inclusive com algumas repetições. **Se estivéssemos buscando apenas um critério, poderíamos utilizar a função SOMASE,** mas se buscarmos dois critérios, por exemplo, o total de peras (critério 1) vendidas pelo vendedor Roberto (critério 2), deveríamos então utilizar a função **SOMASES,** pois ela aceita vários argumentos simultaneamente.

Desta maneira, antes de montar nossa fórmula, devemos escolher os argumentos da função. Como teremos dois critérios, dois intervalos de critérios e um intervalo de soma, precisamos identificar 5 argumentos.

1. De acordo com a sintaxe da função, o primeiro argumento é o intervalo_soma, que possui as células que serão somadas. Neste caso, estes dados estão na coluna F, entre as células F3 e F14, pois possui o valor total de vendas das frutas. O intervalo neste caso seria **F3:F14**.

2. O intervalo_critérios1 é a faixa de células que possui o primeiro critério. Neste caso, pode ser a faixa de células que contém os nomes dos vendedores, portanto este argumento será **C3:C14**.

3. O critério1 é o nome de um dos vendedores. Escolheremos o primeiro (Roberto). Este argumento pode ser digitado como texto entre aspas, ou podemos incluir a célula **C3**, pois seu conteúdo é o critério escolhido.

4. O intervalo_critérios2 é a faixa de células que contém o segundo critério a ser buscado. Neste caso, podemos escolher a faixa de células de **B3:B14** para podermos a seguir escolher um dos tipos de frutas como sendo o segundo critério.

5. Para finalizar, neste nosso exemplo, basta escolher o critério2, que seria um dos tipos de frutas. Peras, por exemplo. Neste caso, também podemos digitar o argumento como texto entre aspas ("Peras") ou digitar uma célula qualquer, na coluna C, que tenha este conteúdo, a célula **C14**, por exemplo.

Podemos escolher uma célula em branco, fora da tabela, e inserir nossa fórmula com a função **SOMASES** e os argumentos.

Desta forma, teríamos a seguinte fórmula:

=SOMASES(F3:F14;B3:B14;B3;C3:C14;C3),

Ou:

=**SOMASES**(F3:F14;B3:B14; "Peras";C3:C14; "Roberto")

Com os dados da tabela da Figura 10.2, obteremos um resultado igual a R$340,00.

Podemos observar que as vendas de maçãs do vendedor Roberto não foram consideradas, pois atendiam ao critério nome do vendedor Roberto, mas não atendiam ao do tipo de fruta (Peras).

Da mesma forma, podemos ver que as vendas de Peras efetuadas pelo vendedor Rui também não foram consideradas, pois atendiam a um critério (tipo de fruta) e ao outro não (nome do vendedor).

Diferenças Práticas de Uso entre as Funções SOMASE e SOMASES

Na hora de escolhermos uma função que faça a soma de dois critérios diferentes, devemos estar atentos não apenas à quantidade de argumentos a serem utilizados, mas também à disposição dos argumentos em nossa tabela.

Desta forma, se tentarmos utilizar a função **SOMASES** para encontrar a soma de dois critérios que estejam na mesma coluna, por exemplo, como na Figura 10.1 da função **SOMASE**, tentando somar os quilômetros rodados por dois pilotos diferentes, tais como Fátima e Jonatan (ambos na coluna A) não obteremos sucesso.

Neste caso, a solução seria montar uma fórmula com duas partes, ambas com a função **SOMASE**, uma utilizando o critério Fátima, e somá-la a outra com o critério Jonatan.

A nossa fórmula seguiria a seguinte forma para quantos critérios desejássemos incluir, de acordo com a tabela da Figura 10.36:

CAPÍTULO X: FUNÇÕES TÍPICAS DO EXCEL 2016   133

	A	B	C
1	Piloto	Data	Km rodado
2	Juarez	22/06/2020	54,30
3	Fátima	22/06/2020	48,30
4	Juarez	22/06/2020	90,20
5	Jonatan	23/06/2020	25,80
6	Juarez	23/06/2020	85,70
7	Fátima	23/06/2020	45,50
8	Jonatan	23/06/2020	70,90
9	Juarez	23/06/2020	58,40
10	Fátima	24/06/2020	23,20
11	Fátima	24/06/2020	80,70
12			

FIGURA 10.36: TABELA DOS QUILÔMETROS RODADOS PELOS PILOTOS

	A	B	C	D E F G	H	I
1	Piloto	Data	Km rodado			
2	Juarez	22/06/2020	54,30			
3	Fátima	22/06/2020	48,30	SOMASE(A$2:A$11;A3;C$2:C$11)	Fátima =	197,70
4	Juarez	22/06/2020	90,20		+	
5	Jonatan	23/06/2020	25,80	SOMASE(A$2:A$11;A5;C$2:C$11)	Jonatan =	96,70
6	Juarez	23/06/2020	85,70		Soma =	294,40
7	Fátima	23/06/2020	45,50			
8	Jonatan	23/06/2020	70,90			
9	Juarez	23/06/2020	58,40			
10	Fátima	24/06/2020	23,20			
11	Fátima	24/06/2020	80,70			
12						
13						
14	=SOMASE(A$2:A$11;A3;C$2:C$11)+SOMASE(A$2:A$11;A5;C$2:C$11)				=	294,40

FIGURA 10.37: DIFERENÇAS ENTRE A FUNÇÃO SOMASES E A FUNÇÃO SOMASE COMBINADA

A FUNÇÃO CONT.SE

Esta função conta com qual frequência um único valor ocorre em uma faixa de dados.

A **sintaxe** desta função é: **=CONT.SE(intervalo;critérios)**

Intervalo corresponde à faixa de células que serão analisadas na busca da ocorrência dos critérios, pode ser, por exemplo, uma faixa de células tal como B3:B15.

Critérios são as condições que procuramos saber se são atendidas dentro da faixa especificada pelo intervalo, pode ser algo como: "<1500", ou =D4, ou ">=100".

Quando os critérios incluirem operadores matemáticos tais como ">", eles deverão vir entre aspas, como indicado aqui.

Devemos ter sempre em mente que os critérios especificados devem constar na faixa denominada intervalo, caso contrário, o valor retornado pela função será igual a zero.

Exemplo Prático 1

Para exemplificarmos o uso desta função, utilizaremos a tabela da Figura 10.38, que representa o total de passagens vendidas no segundo semestre de 2016 por uma empresa de turismo fictícia. Vamos considerar que a direção desta empresa de turismo queira encontrar a quantidade de destinos na qual a cota de vendas de passagens ultrapassou a meta de 30 passagens vendidas, em cada mês.

Tabela da empresa de turismo

	A	B	C	D	E	F	G	H
1		Quantidade de passageiros em escurções nacionais no primeiro semestre de 2016						
2								
3		Destino	Julho	Agosto	Setembro	Outubro	Novembro	Dezembro
4		Abaeté	30	20	15	28	14	22
5		Amapá	35	29	34	30	21	28
6		Belém	35	18	14	12	19	26
7		Bragança Paulista	32	30	20	26	21	31
8		Cuiabá	30	25	27	33	21	23
9		Fernando de Noronha	28	25	17	19	14	23
10		Florianópolis	30	17	18	19	23	25
11		Governador Valadares	35	32	26	25	22	28
12		Guarujá	30	35	28	20	20	40
13		Manaus	20	40	22	26	28	34
14		Ourinhos	38	30	18	15	15	34
15		Pantanal	40	35	30	21	27	38
16		Porto de Galinhas	25	20	26	23	27	20
17		Porto Seguro	55	80	20	22	20	45
18		Recife	40	45	25	23	28	30
19		Rio de Janeiro	25	35	28	23	29	32
20		São João da Ponte	25	74	20	20	22	35

FIGURA 10.38: TABELA DA EMPRESA DE TURISMO

Como podemos visualizar na tabela, esta pesquisa pode ser efetuada mês a mês, ou de forma geral dentro do segundo semestre.

Nós utilizaremos as duas abordagens com o objetivo de mostrar de forma clara a utilização da função.

Inicialmente, analisaremos o mês de **julho** e, portanto, definiremos nosso intervalo limitado à faixa de células de **C4:C20**.

O critério que utilizaremos será: **">=30"**.

Escolheremos uma célula vazia, C21, por exemplo, para inserirmos a função com estes parâmetros, e a nossa fórmula ficaria assim:

=**CONT.SE(C4:C20; ">=30")**

O resultado encontrado nesta tabela de exemplos é igual a **12**.

Para conhecermos o resultado do mês de **agosto**, nesta nossa tabela, basta alterarmos o intervalo para que corresponda à faixa de células **D4:D20**, e a nossa fórmula ficaria assim:

=**CONT.SE(D4:D20; ">=30")**

O resultado encontrado nesta tabela de exemplos é igual a 10.

Mas, se preferirmos, podemos alterar o intervalo para que ele abranja **todos os destinos e todos os meses do semestre ao mesmo tempo**, e nossa fórmula ficaria assim:

=CONT.SE(C4:H20; ">=30")

O resultado encontrado nesta tabela de exemplos é igual a **35**.

Com este último exemplo, deixamos claro que o intervalo da função **CONT.SE** não é limitado a uma coluna, ou linha, pois podemos selecionar faixas de células que abranjam várias linhas e várias colunas ao mesmo tempo.

Devemos observar que os critérios desta função não necessitam ser exclusivamente numéricos, pois podemos utilizar textos, ou parte de textos como critérios.

Podemos, por exemplo, utilizar o critério "Porto de Galinhas" (que só ocorre uma vez na coluna B, que é a coluna de destinos). Além disto, podemos utilizar os caracteres curinga para especificar textos que tenham letras em comum, tal como "A*", que ocorre duas vezes na coluna B (Abaeté e Amapá).

Neste caso, teríamos a seguinte fórmula:

=CONT.SE(B4:B20; "A*")

O resultado encontrado nesta tabela de exemplos é igual a **2**.

DICA:

Devemos sempre observar que o critério tem que estar presente na faixa intervalo, caso contrário, a fórmula retorna um valor numérico igual a zero.

EXEMPLO PRÁTICO 2

Função **CONT.SE** com vários argumentos.

Já sabemos que a função **CONT.SE** pode trabalhar de forma independente para encontrar o número de ocorrências de situações que atendam aos critérios especificados. Mas até agora a definição da função e sua sintaxe mostram que devemos utilizar apenas um critério para efetuar as pesquisas no intervalo, que também deve ser único (diferentemente da função **CONT.SES**).

Mas, pelo recurso de combinação, podemos obter resultados muito interessantes, e ao mesmo tempo contornar algumas limitações das propriedades das funções.

Neste exemplo, combinaremos as funções **SOMA** e **CONT.SE** para encontrar a quantidade de passagens vendidas, conforme consta na tabela da Figura 10.1, que estejam acima e também abaixo da faixa média das vendas para todos os destinos durante o segundo semestre do ano.

Inicialmente descobriremos qual é a média simples das vendas com a seguinte fórmula:

=MÉDIA(**C4:H20**)

O resultado encontrado é igual a 27,46078.

Vamos então descobrir quantas ocorrências de número de vendas de passagens estão **acima de 35**, ou **abaixo de 20**, de uma só vez, e com uma só fórmula. Para isto, usaremos as funções **SOMA** e **CONT.SE** combinadas, conforme pode ser visto a seguir:

=SOMA(CONT.SE(C4:H20; {">=35";"<=20"}))

O resultado encontrado é igual a **44**.

Os argumentos (">=30" e "<=20") são envoltos por colchetes, para que ambos sejam utilizados pelas funções **CONT.SE** e **SOMA**.

Neste caso, o que ocorre é que, para um único intervalo (**C4:H20**), a função **CONT.SE** é executada duas vezes (devido aos critérios estarem entre colchetes), e cada resultado é somado pela função **SOMA**.

Esta foi uma maneira de simplificarmos a fórmula, que de outra maneira, para efetuar o mesmo cálculo, deveria ser inserida com a seguinte sintaxe:

=SOMA((CONT.SE(C4:H20;">=35"));(CONT.SE(C4:H20;"<=20")))

Podemos antecipar que o recurso de utilizar múltiplos critérios, envoltos em colchetes, na função **CONT.SE**, associada à função **SOMA**, simplifica bastante a elaboração da fórmula. Basta imaginar uma situação na qual tenhamos que somar o resultado de 10 ou mais critérios para um mesmo intervalo. O grande número de seleção de dados, por si, já é mais propenso a erros.

Exemplo Prático 3

Função **CONT.SE** usando caracteres curinga e manipulando valores em branco.

Como sabemos, os caracteres curinga substituem outros caracteres, e eles são representados pelo "*" (asterisco) e pela "?" (interrogação).

O caractere "*" (asterisco) substitui qualquer sequência de caracteres, de qualquer tamanho. Ou seja, se eu digitar "**os**", estarei identificando qualquer sequência de caracteres que termine com "**os**". Assim, teremos jatos, motos, vasos, e qualquer outra sequência de caracteres terminados em "os", pois a parte inicial das sequências de dados pode variar de qualquer forma, pois o caractere curinga "*" faz esta substituição.

Já o caractere "?" (Interrogação) substitui apenas um caractere, seja ele qual for. Neste caso, se tivermos a sequência "**and?**", esta sequência poderá ser identificada por textos tais como ando, ande e anda. Isto porque o caractere curinga "?" substitui apenas o último caractere da sequência. Vale a pena notar que o caractere "?" pode ser repetido para efetuar a substituição de vários caracteres em uma sequência, e assim, se tivermos "rápi??", a sequência seria atendida por textos como rápido, rápito e rápida, por exemplo.

Vejamos o uso destes caracteres na função **CONT.SE** aplicado aos dados da tabela da Figura 10.39:

▲	A	B	C	D	E	F	G	H	I
1									
2		Frutas	Medidas						
3		Açai	Quilo		Número de frutas terminadas com "os"				
4		Acerola	Quilo		=CONT.SE(B3:B17;"*os")				
5		Amoras	Gramas		=1 (Morangos)				
6		Panan	Unidade						
7		Fruta Pão	Unidade		Número de frutas com 7 letras				
8		Grape Fruit	Unidade		=CONT.SE(B3:B17;"*???????")				
9		Graviola			=2 (Acerola, e Pitomba)				
10		Jabuticabas	Litro						
11		Jaca	Quilo		Número de células sem definição da unidade				
12		Laranjas			=CONT.SE(C3:C17;"<>*")				
13		Limão	Dúzias		=2 (para Graviola e Laranjas não há)				
14		Maracujá	Unidade						
15		Morangos	Caixas		Número de células com definição de unidade				
16		Uvas	Quilo		=CONT.SE(C3:C17;"*")				
17		Pitomba	Litro		=13 (Todas menos para Graviola e Laranjas)				

FIGURA 10.39: A FUNÇÃO **CONT.SE** E OS CARACTERES CURINGA

Em outros capítulos, veremos como realizar a contagem das células que não contêm nenhum conteúdo com a opção da função **CONTAR.VAZIO**, e também como realizar a contagem das células não vazias com a função **CONT.VALORES**, que nos retornariam contagens idênticas às duas últimas da Figura 10.39.

A FUNÇÃO CONT.SES

Esta função avalia a ocorrência de critérios em vários intervalos e conta o número de vezes que todos os critérios são atendidos.

A **sintaxe** desta função é:

=**CONT.SES(intervalo_critérios1;critérios1;[intervalo_critérios2;critérios2]**,

Em que:

- **Intervalo_critérios1** é necessário, e representa o primeiro intervalo no qual os critérios serão avaliados.

- **Critérios1** é necessário e representa números, expressões, referência a uma célula, ou texto, que define quais células serão contadas.

- **Intervalo_critérios2; critérios2**... são opcionais, sendo permitida a inclusão de até 127 pares de intervalos/critérios.

Importante: Cada intervalo adicional deve ter o mesmo número de linhas e colunas que o argumento intervalo_critérios1, mas não é necessário que os intervalos sejam adjacentes entre si.

Dica:

Os critérios de cada intervalo são aplicados a uma célula de cada vez. Se todas as primeiras células atenderem a seus critérios, a contagem aumentará em 1. Se todas as segundas células atenderem aos seus critérios associados, a contagem aumentará em 1 novamente, e este processo continua até que todas as células dos intervalos sejam avaliadas.

Se o argumento de qualquer célula avaliada for vazio, a função **CONT.SES** tratará desta célula vazia como um valor zero.

É permitido o uso de caracteres curingas, em que o caractere "?" representa um caractere qualquer único, e o caractere "*" representa qualquer tipo de sequência de caracteres. **Para encontrar um ponto de interrogação, ou um asterisco real, basta digitar um til(~) antes do caractere.**

O resultado é condicional, portanto, em uma fórmula com mais de um conjunto de intervalos/critérios, só é contado 1 na condição de haver sido atendido o primeiro critério no primeiro intervalo, e também o segundo critério no segundo intervalo, para as células de uma mesma posição, ou seja, para as primeiras, ou segundas, ou k-esimas células do intervalo ao mesmo tempo, e assim por diante.

Exemplo Prático 1

Para exemplificar o uso desta função, vamos tomar uma tabela de uma central de atendimentos de TV por assinatura, que possui vários vendedores, e que deseja saber quantos vendedores ultrapassaram as cotas de vendas de assinaturas, atendimentos e upgrades. Podemos notar antecipadamente que assinaturas, atendimentos e upgrades serão três critérios distintos, e cada coluna de metas será um intervalo distinto, de acordo com os dados mostrados na tabela da Figura 10.40:

	A	B	C	D	E	F	G	H
2								
3		**Desempenho nas Vendas**						
4								
5		VENDEDOR	Ultrapassou cotas de assinaturas		Ultrapassou cotas de atendimentos		Ultrapassou cotas de upgrade	
6								
7		Patrich	Sim		Sim		Sim	
8		Marcos	Sim		Sim		Não	
9		Keyla	Sim		Não		Sim	
10		Alexandre	Sim		Não		Não	
11		Denilton	Não		Sim		Sim	
12		Magnus	Não		Sim		Não	
13		Roque	Não		Não		Sim	
14		Luiz	Não		Não		Não	

FIGURA 10.40: TABELA DA CENTRAL DE ATENDIMENTOS DE TV POR ASSINATURA

Iniciaremos a análise do funcionamento da função **CONT.SES** com a utilização de uma fórmula simples, com apenas um intervalo e apenas um critério. Desta maneira, montaremos nossa fórmula em uma célula vazia, a célula B16, por exemplo, e avaliaremos quantos vendedores ultrapassaram a cota de vendas de assinaturas. Para isto, teremos em B16:

=CONT.SES(C7:C14;"sim")

O resultado encontrado será igual a quatro, que representa as 4 primeiras células da coluna C, e que correspondem à primeira meta.

Agora analisaremos nossa tabela novamente, para descobrir quantos vendedores ultrapassaram **tanto a cota de venda de assinaturas, quanto a cota de atendimentos**, com a seguinte fórmula:

=CONT.SES(C7:C14;"sim";D7:D14;"sim")

O resultado será igual a dois, que representam os vendedores das linhas 7 e 8, pois eles foram os únicos que atenderam aos dois critérios simultaneamente.

De maneira similar, pesquisaremos em nossa tabela se ocorreu alguma situação em que um ou mais vendedores **tenham ultrapassado todas as 3 cotas**, com a seguinte fórmula:

=CONT.SES(C7:C14;"sim";D7:D14;"sim";E7:E14;"sim")

O resultado será igual a um, pois apenas o vendedor da linha 7 (Patrich) ultrapassou as 3 cotas simultaneamente.

Exemplo Prático 2

Uma boa aplicação da função **CONT.SES** é encontrar valores dentro de faixas especificadas. Desta maneira, podemos encontrar quantos valores estão abaixo de um valor máximo, acima de um valor mínimo, ou entre dois limites.

Podemos observar na tabela da Figura 10.41 que existe uma listagem com duas colunas, na coluna B encontramos datas, e na coluna C encontramos o número de visitantes em uma rede de cinemas em um shopping fictício. Utilizando a função **CONT.SES,** podemos analisar o volume de visitantes durante vários períodos de tempo, ou dias em que os critérios foram atendidos.

	A	B	C	D	E	F	G	H	I	J
1		02/01/2016	200							
2		03/01/2016	250							
3		04/01/2016	300			Número de dias com **menos de 400** visitantes				
4		05/01/2016	350		4	=CONT.SES(C1:C19;"<400")				
5		06/01/2016	400							
6		07/01/2016	450							
7		08/01/2016	500							
8		09/01/2016	550			Número de dias **entre 450 e 750** visitantes				
9		10/01/2016	600		7	=CONT.SES(C1:C19;">=450";C1:C19;"<=750")				
10		11/01/2016	650							
11		12/01/2016	700							
12		13/01/2016	750							
13		14/01/2016	800							
14		15/01/2016	850							
15		16/01/2016	900			Número de dias com **800 ou mais** visitantes				
16		17/01/2016	950		7	=CONT.SES(C1:C19;">=800")				
17		18/01/2016	1000							
18		19/01/2016	1050							
19		20/01/2016	1100							

Figura 10.41: Função CONT.SES analisando dados entre limites

Neste exemplo, para facilitar a confirmação visual dos resultados das fórmulas, utilizamos valores para representar os números de visitantes em ordem crescente e constante, mas nem sempre as nossas planilhas apresentam dados ordenados nesta maneira, mas, como podemos comprovar, a função **CONT.SES** soma quantas células atendem a todos os critérios inseridos nas fórmulas.

É possível notar que na primeira parte da tabela existem 5 células (C1:C5), mas como a última célula da faixa (**C5**) **não atende ao critério de menor que 400**, ela não é contabilizada, e, por esta razão, temos um resultado igual a quatro, e não cinco.

A FUNÇÃO MÉDIASE

A função **MÉDIASE** obtém a média aritmética de todas as células de um dado intervalo, desde que atendam a um determinado critério.

Sintaxe da Função **MÉDIASE**:

=MÉDIASE(intervalo;critérios;[intervalo_média])

Em que os argumentos são:

1. **Intervalo:** é um parâmetro obrigatório. Refere-se a uma faixa de células a serem usadas para o cálculo da média, incluindo números ou nomes, matrizes ou referências que contêm números.

2. **Critérios:** é um parâmetro obrigatório. Os critérios podem ser inseridos na forma de um número, uma expressão, uma referência de célula ou um texto que define quais células serão usadas para o cálculo da média. Por exemplo, os critérios podem ser expressos como 25, "25", "<90", "carros" ou F14.

3. **Intervalo_média:** é um parâmetro opcional. É o conjunto real de células que será usado para calcular a média. Se for omitido, será usada a faixa especificada pelo parâmetro intervalo.

Observações:

1. As células do intervalo cujo conteúdo for **VERDADEIRO** ou **FALSO** são **ignoradas**.

2. As células **vazias** também são **ignoradas**, e não é assumido um valor igual a zero.

3. Se **todo o intervalo estiver vazio**, ou em branco, ou se contiver texto, a função retorna um valor de erro, igual a: **#DIV0!**

4. Quanto às células dos critérios, se estiverem vazias serão tratadas como zero.

5. Se os **critérios não forem atendidos** por nenhuma célula no intervalo, a função retornará um valor de erro, igual a **#DIV0!**

6. É possível utilizar os caracteres curinga * (asterisco) e **?** (interrogação).

7. Para encontrar um asterisco e um sinal de interrogação reais, basta precedê-los de um sinal de til, ex., " ~*", e "~?".

8. Relação entre as definições dos parâmetros intervalo, e intervalo_média:

    - O parâmetro **intervalo_média** não precisa ser idêntico ao parâmetro **intervalo**. Para a seleção das células que de fato serão utilizadas nos cálculos, utiliza-se como referência, ou ponto de partida, a célula imediatamente superior e à esquerda do **intervalo_média**, para a seguir adicionar as células que correspondam ao **intervalo**. Vejamos os exemplos destas combinações na Tabela 1:

Intervalo	Intervalo _ média	Quais células são avaliadas
C1:C10	D1:D10	D1:D10
C1:C10	D1:D4	D1:D10
A1:B10	C1:D10	C1:D10
A1:B4	C1:D2	C1:D4

Tabela 1: Função MÉDIASE — Intervalos efetivos

9. A função **MÉDIASE** mede a tendência central de um grupo de números em uma distribuição estatística, que é o local de centro de um grupo de números.

Existem três medidas de tendência central que são mais comuns:

- **Média:** é a média aritmética, que é obtida pela soma dos números da sequência dividida pela quantidade de números somados.

- **Mediana:** é o número no centro de um grupo de números, ou seja, existe um número central e números maiores e menores que ele em dada sequência, se tivermos os números: 2, 3, 3, 5, 7 e 10, a mediana é 4.

- **Modo:** é o número que se repete com maior frequência em determinada sequência de números. Assim, se tivermos os números: 4, 5, 5, 10, 15, 21 e 23, o modo será 5 (pois ele ocorre mais vezes que os outros números nesta sequência).

Exemplo Teórico

Vejamos alguns exemplos, como se estivéssemos analisando a oportunidade de comprar um carro esporte importado, baseado em seus preços a partir dos dados apresentados na tabela da Figura 10.42 (os preços nesta tabela são fictícios e têm intuito meramente didático):

	A	B	C
1	Carro	Valor de mercado para um modelo 2025/2026	
2			
3	Porshe Carrrera	R$ 350.000,00	
4	Lamborguine	R$ 700.000,00	
5	Corvette	R$ 1.050.000,00	
6	Ferrari	R$ 1.400.000,00	

Figura 10.42: Função MÉDIASE — Exemplos de uso 1

Se em uma longa lista fizéssemos como nesta lista, poderíamos utilizar a função **MÉDIASE** para calcular a média dos preços dos veículos que custassem menos de R$1.000.000,00 com a seguinte fórmula:

=**MÉDIASE**(B3:B6;"<1000000")

Os veículos das linhas 3 e 4 atendem ao nosso critério, pois custam menos de R$1.000.000,00 e a soma de seus valores é R$1.050.000,00 e a média é: R$525.000,00.

Se preferíssemos encontrar o valor médio de todos os veículos com preços até R$1.100.000,00, bastaria alterar nosso critério, e a fórmula seria:

=**MÉDIASE**(B3:B6;"<1100000")

Os veículos das linhas 3, 4 e 5 atendem ao nosso critério, a soma de seus valores é R$2.100.000,00 e a média é R$700.000,00.

Exemplo Prático

Vejamos a análise da população do Brasil dividida por regiões e mostrada na Figura 10.43:

	A	B
1	Região	População
2	Norte	16.000.000
3	Sul	27.000.000
4	Nordeste	53.000.000
5	Sudeste	80.000.000
6	Centro-Oeste	14.000.000
7	Brasil	190.000.000

FIGURA 10.43: Função MÉDIASE — Exemplos de uso 2

Se desejarmos conhecer a média da população nas regiões Sul e Sudeste somadas, poderíamos utilizar um caractere curinga e teríamos uma fórmula assim:

=**MÉDIASE**(A2:A7;**"=Su*"**;B2:B7) = 53.000.000

A soma da população das duas regiões é igual a 27.000.000 + 80.000.000 = 107.000.000 e a média é igual a 53.000.000.

Mas se desejássemos saber a média de quatro regiões apenas, não incluindo a região Sul, por exemplo, poderíamos ter uma fórmula assim:

=**MÉDIASE**(A2:A6;**"<>Sul"**;B2:B6) = 38.000.000

A soma das outras regiões é igual a 163.000.000, que dividida por 4 é igual a 38.000.000, ou seja, a média aritmética da população das quatro regiões somadas.

A FUNÇÃO MÉDIASES

A função **MÉDIASES** obtém a média aritmética de todas as células de um dado intervalo, desde que atendam a um determinado número de condições ou critérios.

Sintaxe da função **MÉDIASES**:

=**MÉDIASES**(intervalo_média;intervalo_critérios1;critério1; ...)

Em que os argumentos são:

A sintaxe da função **MÉDIASES** tem os seguintes argumentos:

1. **Intervalo_média** é um parâmetro obrigatório. Refere-se a uma célula, ou células, ou faixa de células a serem usadas para o cálculo da média, incluindo números ou nomes, matrizes ou referências que contêm números.

2. **Intervalo_critérios1, intervalo_critérios2, ...** apenas o intervalo_critérios1 é obrigatório, e os intervalo_critérios subsequentes são opcionais. Podemos utilizar de 1 a 127 intervalos para avaliar os critérios correspondentes.

3. **Critério1, critério2, ...** apenas o critério1 é obrigatório, os critérios subsequentes são opcionais. Os critérios (de 1 a 127) podem estar na forma de um número, uma expressão, uma referência de célula ou um texto que define quais células serão usadas para calcular a média.

Observações:

1. O **intervalo_média** não pode ser um valor em branco, nem texto. Caso contrário, a função retorna um valor de erro igual a #DIV0!

2. Se uma célula no **intervalo_critérios** estiver vazia, é assumido o valor igual a zero.

3. Nos intervalos, os valores VERDADEIRO são avaliados como 1 e os valores FALSO são avaliados como zero.

4. Cada célula do **intervalo_média** é utilizada no cálculo apenas quando todos os critérios correspondentes são verdadeiros para a célula.

5. Cada **intervalo_critérios** necessariamente deve ser da mesma forma e tamanho do **intervalo_média**.

6. Se o conteúdo do **intervalo_média** contiver células que não puderem ser interpretadas ou traduzidas, como números, a função retorna um valor de erro igual a #DIV0!

7. Se os critérios não forem satisfeitos por nenhuma célula, a função retorna um valor de erro igual a #DIV0!

8. Assim como na função MÉDIASE, podemos utilizar os caracteres curinga, com as mesmas regras.

Exemplo Teórico 1

Vejamos o processo de seleção de candidatos, a POP STAR em uma academia de artes, segundo o desempenho de cada candidato nas modalidades de canto, dança e habilidades com instrumentos musicais.

Nós podemos utilizar a função **MÉDIASES** para elaborar um parecer sobre o desempenho dos candidatos, em referência às médias de performance do grupo.

	A	B	C	D
1	Candidatos	Teste de Canto	Teste de Dança	Teste de Instrumento
2	Judy	72	Ausente	78
3	Garry	82	90	95
4	Sam	Ausente	85	80
5	Petter	75	85	80
6	Melinda	85	80	82
7	Tom	95	90	70

Figura 10.44: Função **MÉDIASES** — Exemplo de uso

Podemos considerar que a banca examinadora não está interessada em encontrar um candidato que obtenha a nota máxima em apenas uma modalidade, pois os artistas, além de competentes, devem ser versáteis, e, por esta razão, a banca deve tentar localizar os candidatos que se mantenham dentro de uma faixa tida como ótima no maior número de categorias, e, para isto, é necessário identificar a média que os candidatos alcançam em cada modalidade.

Digamos que a banca queira, antes de identificar os melhores candidatos, ter uma visão mais abrangente do grupo, e assim, utilizar a função **MÉDIASES** para saber a performance média dos candidatos em cada modalidade, descartando os valores muito elevados e os valores muito baixos, utilizando, por exemplo, uma fórmula que avalie a média da pontuação dos candidatos que obtiveram notas entre 70 e 90 pontos. Para a modalidade Canto, poderíamos ter uma fórmula assim:

=**MÉDIASES**(B2:B7;B2:B7,">70";B2:B7;"<90")

O resultado seria igual a 76,33, que corresponde à média aritmética das notas 72, 82 e 75, somadas e divididas por 3.

Para a mesma avaliação nas outras categorias, bastaria mudar os parâmetros para corresponder às colunas C e D.

Outra possibilidade seria encontrar a média das notas de todos os candidatos que tivessem obtido notas superiores a 95 na categoria Canto, por exemplo. A nossa fórmula poderia ser assim:

=**MÉDIASES**(B2:B7;B2:B7">95")   =   **#DIV0!**

Como podemos ver na tabela, não houve nenhum candidato com nota superior a 95 na categoria Canto, ou seja, nenhuma célula avaliada atendeu ao critério, portanto a função retorna o valor de erro **#DIV0!**

Exemplo Teórico 2

Até agora, utilizamos a função **MÉDIASES** para avaliar apenas uma coluna de cada vez, mas é possível fazer cálculos mais elaborados.

Vamos considerar uma pesquisa de preços médios de carros segundo alguns critérios de nossa escolha (todos os dados são fictícios, utilizados de forma didática apenas), e para isto tomaremos como base os dados da Figura 10.45:

	A	B	C	D	E	F
1	Carro	Preço	Combustível	Câmbio	Portas	Freios ABS
2	Golf	R$ 35.000,00	Flex	automático	2	Sim
3	Audi	R$ 45.000,00	Flex	manual	2	Sim
4	Focus	R$ 55.000,00	Flex	automático	2	Sim
5	Prisma	R$ 65.000,00	Flex	manual	2	Não
6	Voyage	R$ 75.000,00	Flex	automático	4	Sim
7	Toyota	R$ 85.000,00	Diesel	manual	4	Sim
8	Honda	R$ 95.000,00	Diesel	automático	2	Sim
9	Mercedes	R$ 105.000,00	Elétrico	manual	4	Não
10	HB20	R$ 115.000,00	Elétrico	automático	4	Não
11	Passat	R$ 115.000,00	Elétrico	manual	4	Não

Figura 10.45: Função **MÉDIASES** — Utilizando vários critérios

Como fazer para encontrar o preço médio de um carro que utilize combustível do tipo Flex, com câmbio automático, duas portas e freios ABS? Vamos ver uma fórmula possível:

=MÉDIASES(B2:B11; C2:C11;"Flex";D2:D11;"automático";E2:E11;"2";F2:F11;"Sim")

Em B2:B11, temos a faixa de células com todos os preços dos carros, incluindo os que atendem aos nossos critérios e os que não atendem. Depois, nós temos para cada coluna um critério adequado, e assim podemos comprovar que apenas as linhas 2 e 4 possuem os automóveis com todas as características inseridas na fórmula, portanto, apenas as células B2 e B4 serão computadas. Ou seja, estas duas células serão somadas e o resultado será dividido por 2, o que nos dá o valor médio de R$45.000,00.

A FUNÇÃO MAIOR

Esta função retorna o maior número entre uma faixa de células, podendo, de acordo com a indicação de um parâmetro, retornar o segundo, terceiro, ...k-ésimo maior número da faixa de células.

A **sintaxe** desta função pode ser vista na Figura 10.46:

	A	B	C	D	E
1	0,05	5		=MAIOR(	
2	0,10	10		MAIOR(matriz; k)	
3	0,15	15			
4	0,20	20			
5	0,25	25			
6	0,30	30			
7	0,35	35			
8	0,40	40			
9	0,45	45			
10	0,50	50			

FIGURA 10.46: Função MAIOR — Sintaxe da Função

EXEMPLO TEÓRICO

Podemos utilizar esta função para calcular o maior e o segundo maior número da faixa de células A1:B10, com as seguintes fórmulas:

=**MAIOR**(A1:B10;1) que nos fornece o resultado igual a 50 (o maior número da matriz),

e

=**MAIOR**(A1:B10;2) que nos fornece o resultado igual a 45 (o segundo maior número).

Vejamos o exemplo na Figura 10.47:

	A	B	C	D	E	F
1	0,05	5		50	=MAIOR(A1:B10;1)	
2	0,10	10				
3	0,15	15		45	=MAIOR(A1:B10;2)	
4	0,20	20				
5	0,25	25				
6	0,30	30				
7	0,35	35				
8	0,40	40				
9	0,45	45				
10	0,50	50				

Figura 10.47: Resultado dos cálculos utilizando a Função MAIOR

A FUNÇÃO MÁXIMO

Esta função retorna o valor máximo de uma sequência de argumentos, ou matriz. Caso existam argumentos lógicos ou textos, eles serão ignorados.

A **sintaxe** desta função pode ser vista na Figura 10.48:

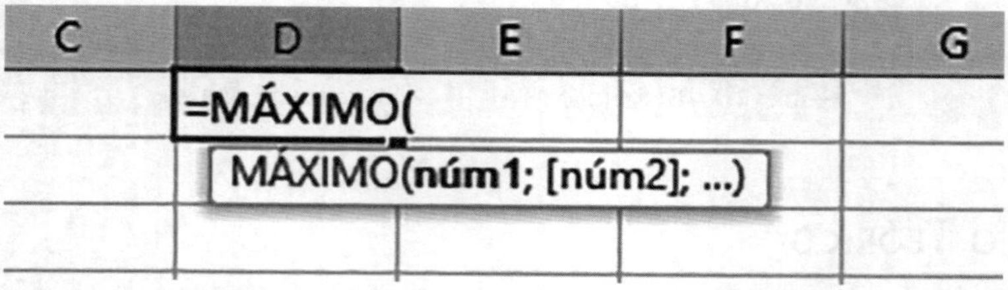

C	D	E	F	G
	=MÁXIMO(			
	MÁXIMO(**núm1**; [núm2]; ...)			

Figura 10.48: Função MÁXIMO — Sintaxe da Função

Exemplo Teórico

Podemos utilizar esta função para calcular o valor máximo da faixa de células A1:B10, como mostrado na Figura 10.49:

	A	B
1	0,529142513287314	1,662350232445470
2	0,529142413287315	1,662349918286200
3	0,529242513284215	1,662664391701090
4	0,529242513284213	1,662664391701080
5	0,529142513284215	1,662350232435730
6	0,529142413184332	1,662349917962670
7	0,529142413184224	1,662349917962330
8	0,529142413184337	1,662349917962690
9	0,529242413284421	1,662664077542470
10	0,529143413284422	1,662353059869770
11		
12	1,662664391701090	=MÁXIMO(A1:B10)

Figura 10.49: Função MÁXIMO encontrando o valor máximo entre números muito próximos

A FUNÇÃO MÁXIMOA

Esta função retorna o valor máximo de uma sequência de argumentos ou matriz. Caso existam argumentos lógicos ou textos, <u>eles não serão ignorados</u>.

A **sintaxe** desta função pode ser vista na Figura 10.50:

	A	B	C	D	E
1		=MÁXIMOA(			
2		MÁXIMOA(**valor1**; [valor2]; ...)			
3					

Figura 10.50: Função MÁXIMOA — Sintaxe da Função

Exemplo Prático

Podemos utilizar esta função para calcular o valor máximo da faixa de células A1:A10, onde existe uma célula com texto (cem), como mostrado na Figura 10.51:

	A	B	C	D	E	F
1	1	10	B2=MÁXIMOA(A1:A10)			
2	2					
3	3	0	B3=MÍNIMOA(A1:A10)			
4	4					
5	5	1	B5=MÍNIMO(A1:A10)			
6	6					
7	cem	Célula A7 formatada como texto				
8	8					
9	9					
10	10					

Figura 10.51: Função **MÁXIMOA** encontrando o valor máximo entre células com texto

Dica:

Diferenças entre as funções **MÍNIMO** e **MÁXIMO** e **MÍNIMOA** e **MÁXIMOA**:

Na Figura 10.51 podemos notar que a célula formatada como texto não é ignorada pela função **MÁXIMOA**, entretanto, seu valor corresponde a zero, assim notamos que a função **MÍNIMOA**, que tem comportamento semelhante à função **MÁXIMOA**, apresenta resultado diferente da função **MÍNIMO**, pois para a função **MÍNIMOA** o menor valor é o da célula formatada como texto, que corresponde a zero, enquanto para a função **MÍNIMO**, o menor valor é o da célula A1, igual a um, pois ela desconsidera a célula A7 que está formatada como texto (e que por acaso também contém um texto). Podemos ver os mesmos resultados na Figura 10.52, na qual a célula A7 continua formatada como texto, mas contém um número:

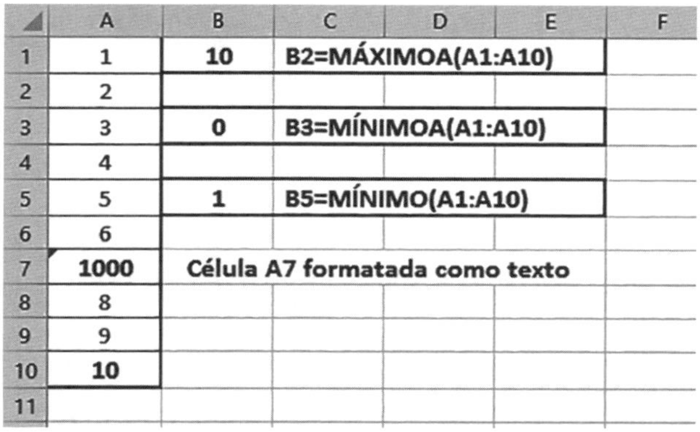

CAPÍTULO X: FUNÇÕES TÍPICAS DO EXCEL 2016   155

	A	B	C	D	E	F
1	1	10	B2=MÁXIMOA(A1:A10)			
2	2					
3	3	0	B3=MÍNIMOA(A1:A10)			
4	4					
5	5	1	B5=MÍNIMO(A1:A10)			
6	6					
7	1000	Célula A7 formatada como texto				
8	8					
9	9					
10	10					
11						

FIGURA 10.52: DIFERENÇAS ENTRE MÍNIMO E MÍNIMOA ENTRE CÉLULAS QUE CONTÉM TEXTO.

A FUNÇÃO MÍNIMO

Esta função retorna o valor mínimo de uma sequência de argumentos ou matriz. Caso existam argumentos lógicos ou textos, eles serão ignorados.

A **sintaxe** desta função pode ser vista na Figura 10.53:

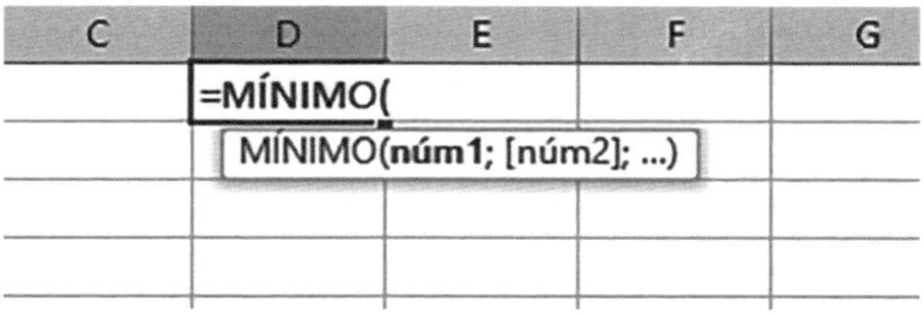

C	D	E	F	G
	=MÍNIMO(			
	MÍNIMO(núm1; [núm2]; ...)			

FIGURA 10.53: FUNÇÃO MÍNIMO — SINTAXE DA FUNÇÃO

EXEMPLO TEÓRICO

Podemos utilizar esta função para calcular o valor mínimo da faixa de células A1:B10, como mostrado na Figura 10.54:

	A	B
1	0,529142513287314	0,529116744148772
2	0,529142413287779	0,529116639428774
3	Valor não informado	
4	0,529242513284213	0,529221463900774
5	0,529142513284776	0,529116744145243
6	0,529142413184778	0,529116639320775
7		0,529116639320775
8	0,529142413184337	0,529116639320896
9	0,529242413284421	Valor não informado
10	0,529143413284422	0,529117686623256
11		
12	0,529116639320775	=MÍNIMO(A1:B10)

FIGURA 10.54: FUNÇÃO MÍNIMO ENCONTRANDO O VALOR MÍNIMO ENTRE NÚMEROS MUITO PRÓXIMOS

Podemos notar que as células vazias e as com texto são ignoradas.

A FUNÇÃO MÉDIA

Esta função retorna a média aritmética dos argumentos, que podem ser números ou nomes, matrizes, ou referências que contenham números.

A **sintaxe** desta função pode ser vista na Figura 10.55:

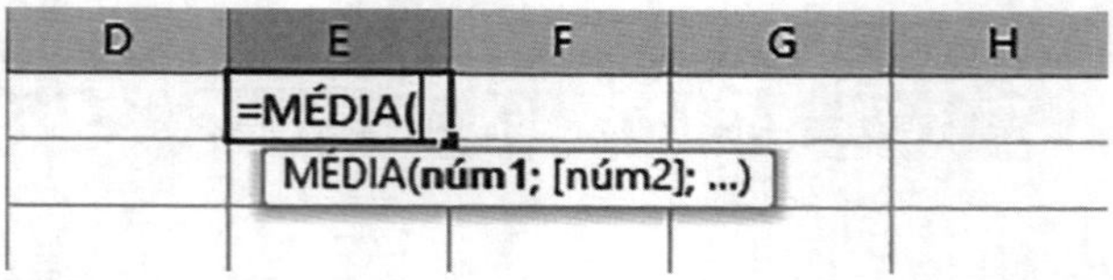

D	E	F	G	H
	=MÉDIA(			
	MÉDIA(núm1; [núm2]; ...)			

FIGURA 10.55: FUNÇÃO MÉDIA — SINTAXE DA FUNÇÃO

Exemplo Teórico

Podemos utilizar esta função para calcular o valor médio da faixa de células A1:B10, como mostrado na Figura 10.56:

	A	B
1	5,141592653589790	-0,858407346410207
2	3,641592653589790	-15,858407346410200
3	3,091592653589790	2,941592653589790
4	21,141592653589800	3,441592653589790
5	-14,858407346410200	2,841592653589790
6	5,684802653589790	1,141592653589790
7	-2,290507346410210	3,841592653589790
8	7,141592653589790	6,480482653589740
9	22,141592653589800	2,241592653589790
10	3,341592653589790	2,441592653589790
11		
12	3,141592653589790	=MÉDIA(A1:B10)

Figura 10.56: Função MÉDIA encontrando o valor médio de uma matriz

A FUNÇÃO SOMA

Esta função soma todos os números em um ou mais intervalos de células.

A **sintaxe** desta função pode ser vista na Figura 10.57:

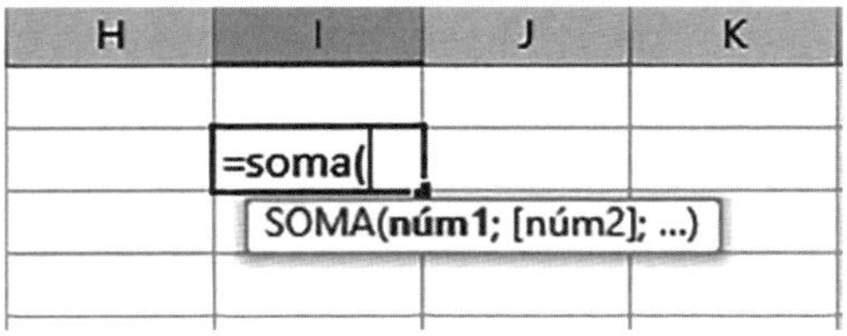

H	I	J	K
	=soma(		
	SOMA(**núm1**; [núm2]; ...)		

Figura 10.57: Função SOMA — Sintaxe da Função

Observações

Podemos utilizar esta função de diversas maneiras. Vejamos alguns exemplos:

=**SOMA**(35,84+42,27+3+9,75)

Para somar dois ou mais valores de constantes

=**SOMA**(A1+F2)

Para somar duas ou mais células distintas

=**SOMA**(A1+25)

Para somar uma ou mais células distintas a um ou mais valores de constantes

=**SOMA**(A1:A10)

Para somar uma faixa contínua de células

=**SOMA**(A1:A10;B1:B10;C1:C30)

Para somar várias faixas de células

=**SOMA**(A1:F20;B1:B6)

Para somar uma ou mais matrizes

Esta função é muito útil em fórmulas para somar valores em tabelas que se estendam por várias linhas e/ou colunas, de maneira que, quando as células inseridas na fórmula sofrerem alterações, o valor da soma é atualizado.

Vejamos o exemplo da Figura 10.58:

	A	B	C	D	E	F
1				R$ 3.060,63	=SOMA(D3:D12)	
2	Vendedores	jan/19	fev/19	mar/19		
3	André	R$ 200,00	R$ 250,00	R$ 295,00		
4	Júlio	R$ 150,00	R$ 187,50	R$ 221,25		
5	André	R$ 230,00	R$ 287,50	R$ 339,25		
6	Márcia	R$ 190,00	R$ 237,50	R$ 280,25		
7	Márcia	R$ 195,00	R$ 243,75	R$ 287,63		
8	André	R$ 250,00	R$ 312,50	R$ 368,75		
9	Roberto	R$ 300,00	R$ 375,00	R$ 442,50		
10	Kátia	R$ 200,00	R$ 250,00	R$ 295,00		
11	Elisa	R$ 170,00	R$ 212,50	R$ 250,75		
12	André	R$ 190,00	R$ 237,50	R$ 280,25		

Figura 10.58: Função SOMA para totalizar linhas em uma coluna

No exemplo da Figura 10.58, a função SOMA está totalizando as linhas de 3 até 12 na coluna D.

Desde que não apliquemos filtros nas células, esta função funciona adequadamente para este fim. Mas há um inconveniente ao trabalharmos com a função **SOMA** em tabelas com filtros, ou seja, após aplicados os filtros, algumas linhas podem não estar visíveis, mas a função soma continuará a exibir a soma da faixa de células contida na fórmula, independente de as células estarem ou não visíveis.

Vejamos a função **SOMA** da Figura 10.58 com um filtro aplicado para selecionar as vendas apenas dos vendedores André e Elisa, conforme mostrado na Figura 10.59:

	A	B	C	D	E	F
1				R$ 3.060,63	=SOMA(D3:D12)	
2	Vendedor	jan/	fev/	mar/		
3	André	R$ 200,00	R$ 250,00	R$ 295,00		
5	André	R$ 230,00	R$ 287,50	R$ 339,25		
8	André	R$ 250,00	R$ 312,50	R$ 368,75		
11	Elisa	R$ 170,00	R$ 212,50	R$ 250,75		
12	André	R$ 190,00	R$ 237,50	R$ 280,25		
13						
14						

Figura 10.59: Função SOMA utilizada em tabelas com filtros

Como podemos perceber, a função **SOMA** não alterou seu resultado quando alteramos os valores mostrados na tabela com a aplicação de critérios de filtro, isto é normal, e característico desta função.

Quando desejarmos que a soma das células reflita os valores exibidos após a aplicação dos filtros, devemos utilizar a função **SUBTOTAL** no lugar da Função **SOMA**.

A FUNÇÃO SUBTOTAL

Esta função retorna um subtotal de uma lista ou de um banco de dados.

A função **SUBTOTAL** requer um parâmetro (ou número de função) que especifique qual tipo de subtotal ela deve retornar, além da indicação da lista de células ou do banco de dados sobre os quais ela efetuará os cálculos.

Entre os parâmetros disponíveis, os mais utilizados são:

a. 1 para cálculo da média

b. 2 para contar números

c. 3 para contar valores

d. 4 para encontrar o valor máximo

e. 5 para encontrar o valor mínimo

f. 6 para multiplicar todos os números

g. 7 para calcular o desvio padrão a partir de uma amostra

h. 8 para calcular o desvio padrão em toda a série

i. 9 para cálculo da soma

j. 10 para estimar a variação com base em uma amostra

k. 11 para calcular a variação em toda a série

A sintaxe desta função pode ser vista na Figura 10.60:

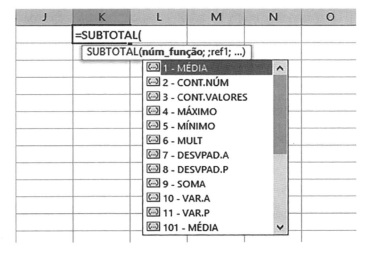

FIGURA 10.60: Função **SUBTOTAL** — Sintaxe da Função

EXEMPLO PRÁTICO

Neste exemplo, utilizaremos a mesma tabela utilizada para demonstrar o uso da função **SOMA**, mas no lugar dessa função utilizaremos a função **SUBTOTAL**, sem filtro e com filtro, para podermos visualizar a diferença entre as duas funções a este respeito.

FIGURA 10.61: Função **SUBTOTAL** CALCULANDO A SOMA SEM FILTROS

Na Figura 10.62 poderemos ver o resultado da aplicação de filtros para exibir as vendas dos vendedores André e Elisa apenas, e o resultado calculado pela função **SUBTOTAL**:

	A	B	C	D	E
1				R$ 1.534,00	=SUBTOTAL(9;D3:D12)
2	Vendedores	jan/19	fev/19	mar/19	
3	André	R$ 200,00	R$ 250,00	R$ 295,00	
5	André	R$ 230,00	R$ 287,50	R$ 339,25	
8	André	R$ 250,00	R$ 312,50	R$ 368,75	
11	Elisa	R$ 170,00	R$ 212,50	R$ 250,75	
12	André	R$ 190,00	R$ 237,50	R$ 280,25	

FIGURA 10.62: Função **SUBTOTAL** CALCULANDO A SOMA COM APLICAÇÃO DE FILTROS

Como podemos observar após a aplicação do filtro, o valor da soma foi ajustado para refletir o cálculo apenas sobre os valores visíveis na tabela.

Podemos notar na numeração das linhas que várias delas foram suprimidas, e o total encontrado pela função **SUBTOTAL** reflete este aspecto do cálculo.

A FUNÇÃO CONVERTER

Esta função converte um número de um sistema de medidas para outro.

A **sintaxe** desta função pode ser vista na Figura 10.63:

	A	B	C	D	E	F
1	=CONVERTER(					
2	CONVERTER(núm; de_unidade; para_unidade)					
3						

FIGURA 10.63: Função **CONVERTER** — SINTAXE DA FUNÇÃO

Observações:

Podemos utilizar esta função para converter vários números, como valores de distâncias em milhas para distâncias em metros, ou medidas em polegadas para medidas em metros, graus Celsius para graus Fahrenheit, ou Kelvin, ou vice-versa, entre muitas outras opções.

Ao utilizarmos esta função, devemos inserir o número a ser convertido e as unidades de medidas de origem e de destino, observando-se a sintaxe da função, como pode ser visto na Figura 10.64:

Figura 10.64: Como selecionar as unidades de medidas

Podemos ver alguns exemplos na Figura 10.65:

	A	B	C	D	E	F	G
1	1	Milha terrestre		=	1609	metros	
2	1/4	Polegadas		=	0,006	metros	
3	30	Graus Célcius		=	86	Graus Fahrenheit	

Figura 10.65: Exemplos de conversão de valores entre sistemas diferentes

Em algumas fórmulas, deveremos efetuar cálculos adicionais, por exemplo, se desejarmos converter Milhas por hora para Quilômetros por hora, não havendo a possibilidade de conversão direta de milhas para quilômetros, devemos utilizar esta função e dividir o resultado em metros por mil, a fim de obtermos o valor em quilômetros.

O mesmo tipo de procedimento deve ser observado para a conversão de medidas em Polegadas para Milímetros.

Estes cálculos adicionais não são necessários para todas as conversões, mas apenas para algumas, pois, em sua maioria, tais como as conversões de valores de pressão em psi para pressão em atmosferas, o cálculo é obtido de maneira direta.

> **Dica:**
>
> Para inserirmos os valores em polegadas, ou qualquer valor em formato de fração, devemos inicialmente formatar a célula com o formato de porcentagem.

A FUNÇÃO MULT

Esta função multiplica todos os números em um ou mais intervalos de células.

A **sintaxe** desta função pode ser vista na Figura 10.66:

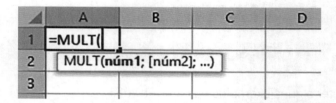

Figura 10.66: Função MULT — Sintaxe da Função

Observações:

Podemos utilizar esta função de diversas maneiras. Vejamos alguns exemplos:

=**MULT**(2;PI();F1)

Para multiplicar o valor de PI por 2 e por outro valor (valor do raio de uma circunferência, que pode ser armazenado em uma célula separada, neste caso, a célula F1, que pode ter seu valor ajustado) para encontrar o valor da circunferência de um círculo com raio igual ao valor da célula F1.

=**MULT**(A1;F2)

Para multiplicar duas ou mais células distintas

=**MULT**(A1.25)

Para multiplicar uma ou mais células distintas a um ou mais valores de constantes

=**MULT**(A1:A10)

Para multiplicar uma faixa contínua de células

=**MULT**(A1:A10;B1:B10;C1:C30)

Para multiplicar várias faixas de células

=**MULT**(A1:F20;B1:B6)

Para multiplicar uma ou mais matrizes

Esta função é muito útil em fórmulas para multiplicar valores em tabelas que se estendam por várias linhas e/ou colunas, de maneira que, quando as células inseridas na fórmula sofrerem alterações, o valor da multiplicação é atualizado.

Vejamos o exemplo de multiplicação de duas matrizes na Figura 10.67:

	A	B	C	D	E	F
1	1	2				
2	1	1				
3	1	1				
4						
5	1	3				
6	1	1				
7						
8	1	4				
9	1	1				
10						
11		**24**				
12		**B11=MULT(A1:B3;A5:B6;A8:B9)**				
13		**B11=(1*1*1*2*1*1)*(1*1*3*1)*(1*1*4*1)**				

Figura 10.67: Função **MULT** — Multiplicando todas as células de 3 matrizes

A FUNÇÃO SOMARPRODUTO

Esta função retorna a soma do produto de intervalos ou matrizes correspondentes.

A **sintaxe** desta função pode ser vista na Figura 10.68:

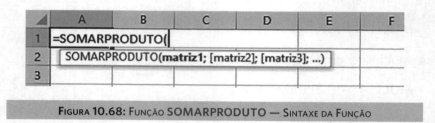

FIGURA 10.68: Função SOMARPRODUTO — Sintaxe da Função

DICA:
As matrizes ou intervalos não necessitam ter o mesmo tamanho ou forma.

Se tivermos os valores iguais a 1 na célula A1 e o valor de 1 na célula B1, o produto de A1 por B1 será igual a 1, e se em A2 tivermos o valor de 10 e em B2 tivermos o valor de 1, o produto de A2 por B2 será igual a 10. Se montarmos a fórmula a seguir, teremos o seguinte resultado:

=**SOMARPRODUTO(F1:F2.G1:G2)** = (1*1)+(10*1) = 1 + 10 = 11

Exemplos:

Na Figura 10.69 podemos ver alguns exemplos de uso:

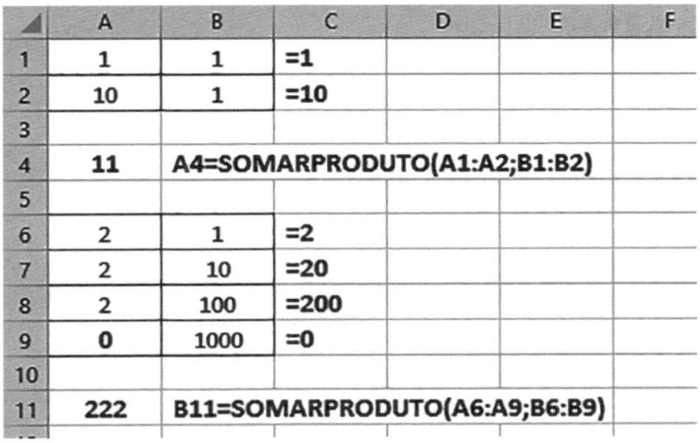

	A	B	C	D	E	F
1	1	1	=1			
2	10	1	=10			
3						
4	11	A4=SOMARPRODUTO(A1:A2;B1:B2)				
5						
6	2	1	=2			
7	2	10	=20			
8	2	100	=200			
9	0	1000	=0			
10						
11	222	B11=SOMARPRODUTO(A6:A9;B6:B9)				

Figura 10.69: Função SOMARPRODUTO — Exemplos de uso

Dica:

Se utilizarmos esta função em matrizes com tamanhos ou formas diferentes, será retornado o código de erro **#Valor!**, como pode ser visto na Figura 10.70:

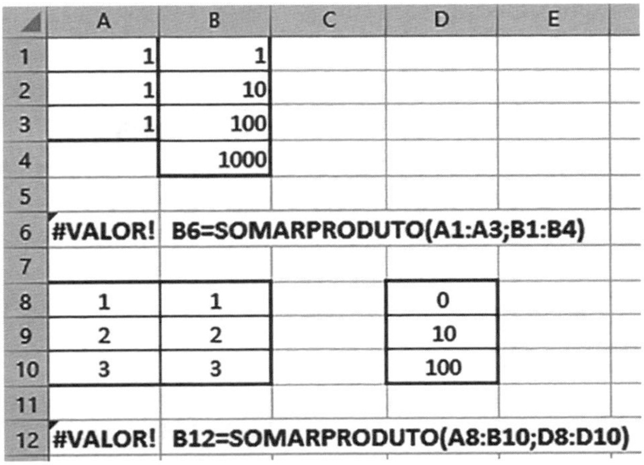

	A	B	C	D	E
1	1	1			
2	1	10			
3	1	100			
4		1000			
5					
6	#VALOR!	B6=SOMARPRODUTO(A1:A3;B1:B4)			
7					
8	1	1		0	
9	2	2		10	
10	3	3		100	
11					
12	#VALOR!	B12=SOMARPRODUTO(A8:B10;D8:D10)			

Figura 10.70: Função SOMARPRODUTO — Erros devido a matrizes diferentes

A FUNÇÃO MMC

Esta função retorna o Mínimo Múltiplo Comum entre dois ou mais números.

A **sintaxe** desta função pode ser vista na Figura 10.71:

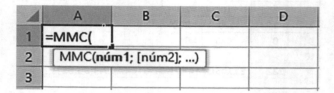

FIGURA 10.71: Função MMC — Sintaxe da Função

Para obtermos o Mínimo Múltiplo Comum de dois ou mais números, basta inserir esta função e os números separados por sinais de ponto e vírgula (;).

EXEMPLOS DE USO

Na Figura 10.72 temos alguns exemplos de uso comum:

	A	B	C	D
1	5	16	80	C1=MMC(A1;B1)
2				
3	5	16	80	C3=MMC(5;16)
4				
5	3			
6	5			
7	7			
8	11		1155	C8=MMC(A5:A8)
9			1155	C9=MMC(3;5;7;11)

FIGURA 10.72: Função MMC — Exemplos de uso

> **Dica:**
>
> Os números podem ser digitados diretamente na fórmula, ou podemos incluir referências às células que contêm os números para os quais queremos conhecer o MMC.

A FUNÇÃO LN

Esta função retorna o Logaritmo Natural de um número.

A **sintaxe** desta função pode ser vista na Figura 10.73:

	A	B	C	D
1	=LN(			
2	LN(núm)			
3				

FIGURA 10.73: Função LN — Sintaxe da Função

O **logaritmo natural** é o logaritmo **de base e**, em que **e** é um número irracional aproximadamente igual a 2,718281828459045... chamado de **número de Euler**. É, portanto, a função inversa da função exponencial.

Em outros termos, o logaritmo natural é uma função que é o expoente de uma potência de **e,** que aparece frequentemente nos processos naturais (o que explica o nome "logaritmo natural"). Esta função possibilita o estudo de fenômenos que evoluem de maneira exponencial.

> **Dica:**
>
> Existe uma função, a Função **EXP**, que retorna o número **e**, ou o número de Euler, elevado à potência especificada como parâmetro (**núm**).
>
> Se **A1=EXP(1)**, obtemos em A1 o valor do número de Euler, pois todo número elevado à potência de 1 é o próprio número.

Exemplos de Uso

Na Figura 10.74 temos alguns exemplos de uso comum das funções **LN** e **EXP**:

	A	B	C	D
1	2,718281828459	A1=EXP(1)		
2	1	A2=EXP(0)		
3				
4	0	A4 =LN(1)		
5	1	A5=LN(A1)		
6				

Figura 10.74: Funções LN e EXP — Exemplos de uso

A FUNÇÃO LOG10

Esta função retorna o Logaritmo de Base 10 de um número.

A **sintaxe** desta função pode ser vista na Figura 10.75:

	A	B	C	D
1	=LOG10(			
2	LOG10(núm)			
3				

Figura 10.75: Função LOG10 — Sintaxe da Função

O logaritmo de um número é o expoente a que outro valor fixo, a base, deve ser elevado para produzir este número. Por exemplo, o logaritmo de 1000 na base 10 é 3 porque 10 ao cubo é 1000 **(1000 = 10 x 10 x 10 = 10³)**.

O logaritmo da base 10 (b = 10) é chamado de logaritmo comum (ou decimal) e tem diversas aplicações na ciência e engenharia.

Dica:

Além dos logaritmos de base 10 e de base 2, o Excel possui uma função específica para calcular o logaritmo de números em qualquer base. Esta função é abordada separadamente. Assim como nas demais funções do Excel, os números podem ser inseridos diretamente nas fórmulas ou por meio de referências a células que contenham os números.

Exemplos de Uso

Na Figura 10.76 temos alguns exemplos de uso comum da função **LOG10**:

	A	B	C	D	E	F	G	H
1	100	2	B1=LOG10(A1)		=2, pois 10 * 10 = 100			
2	1000	3	B2=LOG10(1000)		=3, pois 10 * 10 * 10 = 1000			
3								

Figura 10.76: Função LOG10 — Exemplos de uso

A FUNÇÃO LOG

Esta função retorna o Logaritmo de um número em qualquer base, que deve ser especificada na elaboração da fórmula.

A **sintaxe** desta função pode ser vista na Figura 10.77:

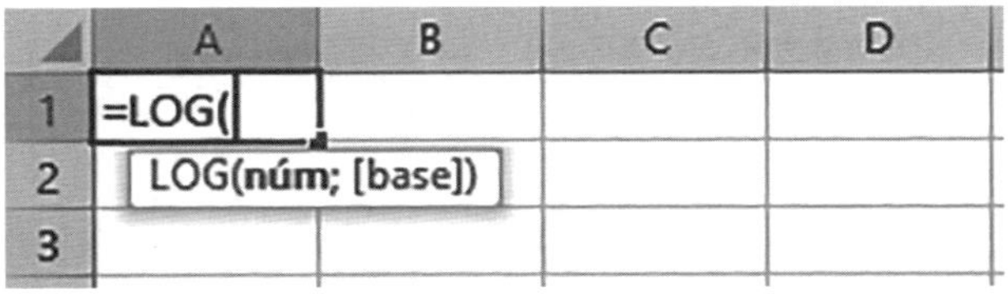

	A	B	C	D
1	=LOG(			
2	LOG(núm; [base])			
3				

Figura 10.77: Função LOG — Sintaxe da Função

O logaritmo de um número é o expoente a que outro valor fixo, a base, deve ser elevado para produzir este número. Por exemplo, o logaritmo de 8 na base 2 é 3 porque 2 ao cubo é igual a 8 **(8 = 2x2x2 = 2³)**.

Da mesma maneira, o Logaritmo de 100 na base 10 é igual a 2, pois 10² = 100.

Assim, o Logaritmo de 4096 na base 8 é igual a 4, pois 8*8*8*8 = 8⁴ = 4096.

Exemplos de Uso

Na Figura 10.78 temos alguns exemplos de uso comum da função **LOG:**

	A	B	C	D	E	F
1	625	=5^4	então	=LOG(625;5)	=	4
2	81	=3^4		=LOG(81;3)	=	4
3	16	=4^2		=LOG(16;4)	=	2
4	9	=3^2		=LOG(9;3)	=	2
5						
6	Lembramos que o operador de exponenciação é o					
7	sinal de circunflexo (^).					

Figura 10.78: Função LOG — Exemplos de uso

A FUNÇÃO MOD

Esta função retorna o resto de uma divisão após um número ser dividido por um divisor.

A **sintaxe** desta função pode ser vista na Figura 10.79:

	A	B	C	D
1	=MOD(			
2	MOD(núm; divisor)			
3				

Figura 10.79: Função MOD — Sintaxe da Função

O resto de operações de divisões tem muitas aplicações práticas. Entre elas, podem ser utilizadas para calcular dígitos de verificação de uma sequência numérica, tais como os números de CPF, por exemplo, ou dígitos verificadores de números de contas bancárias, apenas para citar duas aplicações entre milhares de outras.

EXEMPLOS DE USO

Na Figura 10.80 temos alguns exemplos de uso comum da função **MOD**:

	A	B	C	D	E	F
1	11	2		MOD(A1;B1)	=	1
2	14	3		MOD(A2;B2)	=	2
3	14	4		MOD(A3;B3)	=	2
4	11	2		MOD(A4;B4)	=	1
5	77	3		MOD(A5;B5)	=	2
6	23	4		MOD(A6;B6)	=	3
7	15	5		MOD(A7;B7)	=	0
8	16	4		MOD(A8;B8)	=	0
9	10	2		MOD(A9;B9)	=	0

FIGURA 10.80: FUNÇÃO MOD — EXEMPLOS DE USO

A FUNÇÃO QUOCIENTE

Esta função retorna a parte inteira de uma divisão.

A **sintaxe** desta função pode ser vista na Figura 10.81:

	A	B	C	D
1	=Quociente(			
2	QUOCIENTE(**numerador**; denominador)			
3				

FIGURA 10.81: FUNÇÃO QUOCIENTE — SINTAXE DA FUNÇÃO

Esta função tem muitas aplicações práticas, como encontrar a quantidade ótima de disposição de caixas de mercadorias sobre pallets, dadas as medidas das caixas e dos pallets, assim podemos escolher entre uma disposição horizontal ou vertical, a fim de aproveitarmos o espaço nos pallets ao máximo.

Exemplos de Uso

Na Figura 10.82 temos alguns exemplos de uso comum da função **QUOCIENTE**:

	A	B	C	D	E	F
1	11	2		=QUOCIENTE(A1;B1)	=	5
2	15	3		=QUOCIENTE(A2;B2)	=	5
3	16	4		=QUOCIENTE(A3;B3)	=	4
4	16	5		=QUOCIENTE(A4;B4)	=	3
5	21	5		=QUOCIENTE(A5;B5)	=	4
6	22	5		=QUOCIENTE(A6;B6)	=	4
7	23	5		=QUOCIENTE(A7;B7)	=	4
8	30	6		=QUOCIENTE(A8;B8)	=	5
9	35	6		=QUOCIENTE(A9;B9)	=	5

Figura 10.82: Função QUOCIENTE — Exemplos de uso

A FUNÇÃO NÃO

Esta função inverte os valores lógicos VERDADEIRO para FALSO, e FALSO para VERDADEIRO.

A **sintaxe** desta função pode ser vista na Figura 10.83:

	A	B	C	D
1	=NÃO(			
2	NÃO(lógico)			
3				

Figura 10.83: Função NÃO — Sintaxe da Função

Podemos utilizar esta função para inverter os resultados de outras funções, tais como a função SE.

Exemplos de Uso

Na Figura 10.84 temos alguns exemplos de uso comum da função **NÃO:**

	A	B	C	D
1	1	0	FALSO	=SE(A1=B1;1)
2			VERDADEIRO	=NÃO(SE(A1=B1;1))
3				
4	10	5	VERDADEIRO	=SE(A4>B4;VERDADEIRO;FALSO)
5			FALSO	=NÃO(SE(A4>B4;VERDADEIRO;FALSO))

Figura 10.84: Função NÃO — Exemplos de uso

A FUNÇÃO ÍMPAR

Esta função arredonda um número positivo para cima e arredonda um número negativo para baixo, até o número ímpar inteiro mais próximo.

A **sintaxe** desta função pode ser vista na Figura 10.85:

	A	B
1	=ÍMPAR(	
2	ÍMPAR(núm)	
3		

Figura 10.85: Função ÍMPAR — Sintaxe da Função

Exemplos de Uso

Na Figura 10.86 temos alguns exemplos de uso comum da função **ÍMPAR:**

	A	B	C
1	2,1	3	=ÍMPAR(A1)
2	2,5	3	=ÍMPAR(A2)
3	2,9	3	=ÍMPAR(A3)
4	3,9	5	=ÍMPAR(A4)
5	-2	-3	=ÍMPAR(A5)
6	-2,1	-3	=ÍMPAR(A6)
7	-4,4	-5	=ÍMPAR(A7)
8	-6,3	-7	=ÍMPAR(A8)

Figura 10.86: Função ÍMPAR — Exemplos de uso

A FUNÇÃO PI

Esta função retorna o valor de PI com 15 dígitos de precisão.

A **sintaxe** desta função pode ser vista na Figura 10.87:

	A	B	C	D
1	=PI(			
2	PI()			
3				

Figura 10.87: Função PI — Sintaxe da Função

Exemplo de Uso

Na Figura 10.88 temos um exemplo de uso comum da função **PI:**

	A	B	C	D	E	F
1	Para calcular a circunferência de um círculo com raio iguala 10 cm.					
2						
3	C = 2 * PI * r					
4	C = 2 * PI() * 10					
5	C=62,8318530717959	cm				

Figura 10.88: Função PI — Exemplo de uso

A FUNÇÃO ALEATÓRIO

Esta função retorna um número aleatório, maior ou igual a zero e menor que um.

A **sintaxe** desta função pode ser vista na Figura 10.89:

	A	B	C	D
1	=ALEATÓRIO(			
2	ALEATÓRIO()			
3				

FIGURA 10.89: Função ALEATÓRIO — Sintaxe da Função

DICA:

Existe uma função similar, a Função **ALEATÓRIOENTRE**, que permite escolher o limite inferior e superior do número aleatório, ou seja, podemos escolher um número aleatório entre 20 e 29, ou entre 10 e 15, por exemplo.

Na Figura 10.90 temos alguns exemplos de uso comum das funções **ALEATÓRIO** e **ALEATÓRIOENTRE**:

	A	B
1	0,612481579	=ALEATÓRIO()
2		
3	14	=ALEATÓRIOENTRE(10;15)
4	25	=ALEATÓRIOENTRE(20;29)

FIGURA 10.90: Funções ALEATÓRIO e ALEATÓRIOENTRE — Exemplos de uso

DICA:

Os resultados destas funções são recalculados sempre que a planilha é atualizada, por exemplo, quando inserimos dados e pressionamos a tecla ENTER em qualquer célula da planilha, ou quando fechamos e reabrimos a pasta de trabalho.

A FUNÇÃO POTÊNCIA

Esta função retorna o resultado de um número elevado a uma potência.

A **sintaxe** desta função pode ser vista na Figura 10.91:

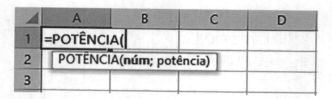

FIGURA 10.91: Função POTÊNCIA — Sintaxe da Função

Exemplo de Uso

Na Figura 10.92 temos um exemplo de uso comum da função **POTÊNCIA**:

	A	B	C	D
1	Números	Potência	Resultado	Fórmulas
2	10	2	100	=POTÊNCIA(A2;B2)
3	2	3	8	=POTÊNCIA(A3;B3)
4	7	4	2401	=POTÊNCIA(A4;B4)
5	1	0	1	=POTÊNCIA(A5;B5)
6	0	1	0	=POTÊNCIA(A6;B6)
7	8		64	=POTÊNCIA(A7;2)
8		4	10000	=POTÊNCIA(10;B8)
9			16	=POTÊNCIA(4;2)
10			121	=POTÊNCIA(11;2)

FIGURA 10.92: Função POTÊNCIA — Exemplo de uso

A FUNÇÃO XOR

Esta função retorna uma lógica Exclusivo OU, de todos os argumentos.

A **sintaxe** desta função pode ser vista na Figura 10.93:

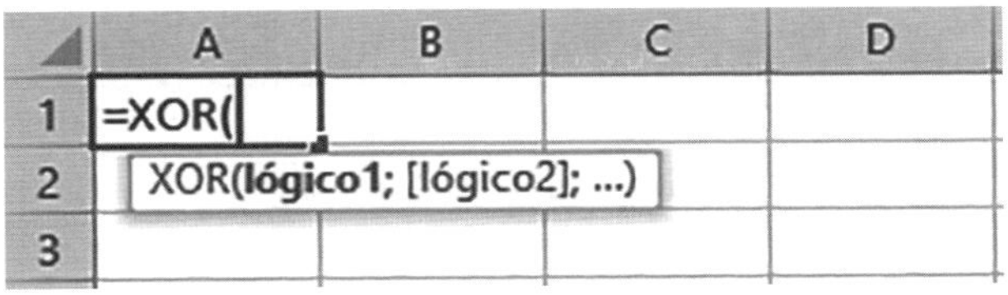

Figura 10.93: Função XOR — Sintaxe da Função

Exemplo de Uso

Esta função é muito utilizada em computação. Na Figura 10.94 temos um exemplo de uso comum da função **XOR**:

	A	B	C	D
1	1	1	FALSO	=XOR(A1;B1)
2	1	0	VERDADEIRO	=XOR(A2;B2)
3	0	1	VERDADEIRO	=XOR(A3;B3)
4	0	0	FALSO	=XOR(A4;B4)

Figura 10.94: Função XOR — Exemplo de uso

Dica:

O resultado da função **XOR** para duas entradas será **sempre VERDADEIRO** quando as **entradas forem diferentes**, e **FALSO** quando as **entradas forem do mesmo valor**, diferente da **função lógica OU**, que somente retorna o valor Falso se não houver nenhum valor igual a um, ao passo que a **função lógica E** somente retorna o resultado verdadeiro se todos os argumentos forem iguais a 1.

Estas funções são utilizadas em **lógica booleana**.

A FUNÇÃO CONT.NÚM

Esta função calcula o número de células em um intervalo que contenham números.

A **sintaxe** desta função pode ser vista na Figura 10.95:

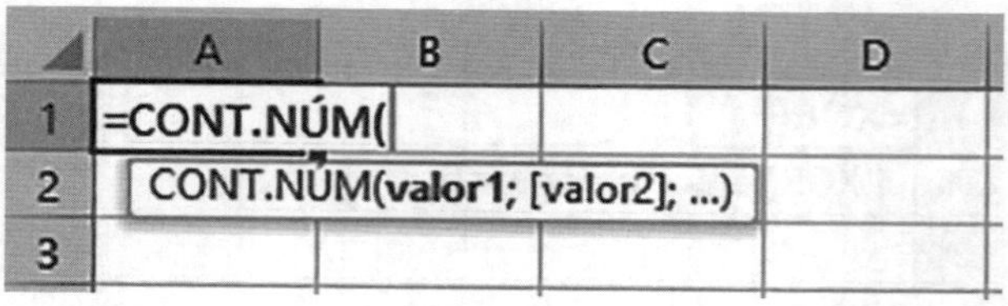

180 FÓRMULAS, FUNÇÕES E MATRIZES NO EXCEL 2016

	A	B	C	D
1	=CONT.NÚM(			
2	CONT.NÚM(valor1; [valor2]; ...)			
3				

FIGURA 10.95: Função CONT.NÚM — Sintaxe da Função

EXEMPLO DE USO

Na Figura 10.96 temos exemplos de usos comuns da função **CONT.NÚM**:

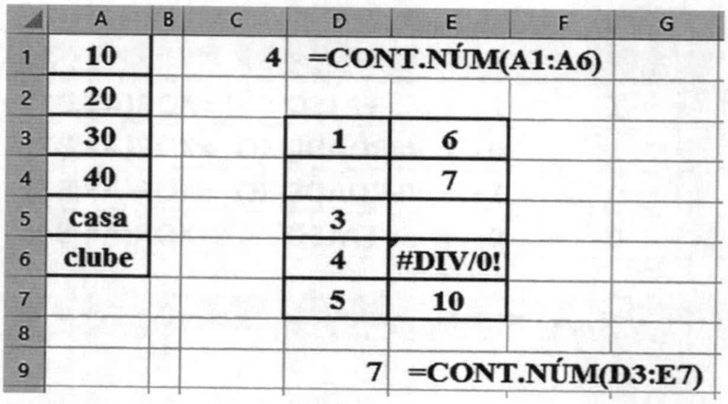

	A	B	C	D	E	F	G
1	10			4	=CONT.NÚM(A1:A6)		
2	20						
3	30			1	6		
4	40				7		
5	casa			3			
6	clube			4	#DIV/0!		
7				5	10		
8							
9				7	=CONT.NÚM(D3:E7)		

FIGURA 10.96: Função CONT.NÚM — Exemplos de uso

DICA:

Esta função ignora textos, código de erros, e células vazias. Podemos selecionar faixas de células, contínuas ou não, e matrizes.

A FUNÇÃO CONT.VALORES

Esta função calcula o número de células em um intervalo que contenham valores, e não apenas números.

A **sintaxe** desta função pode ser vista na Figura 10.97:

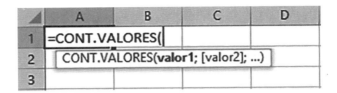

FIGURA 10.97: Função CONT.VALORES — Sintaxe da Função

Exemplo de Uso

Na Figura 10.98 temos exemplos de usos comuns da função **CONT.VALORES:**

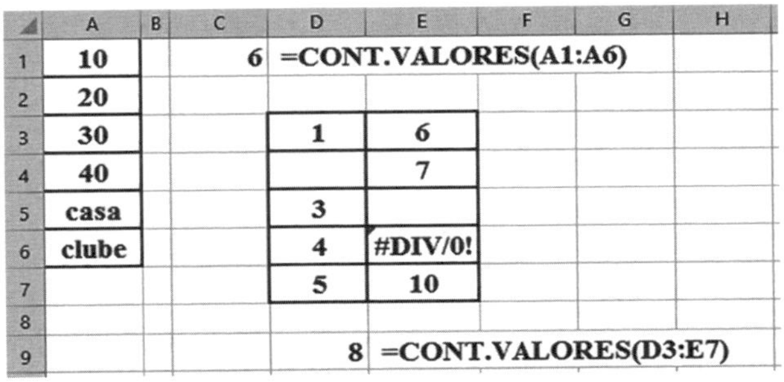

FIGURA 10.98: Função CONT.VALORES — Exemplos de uso

DICA:

Esta função só ignora as células vazias. Podemos selecionar faixas de células, contínuas ou não, e matrizes.

A FUNÇÃO CONT.VAZIO

Esta função calcula o número de células em um intervalo que estejam vazias.

A **sintaxe** desta função pode ser vista na Figura 10.99:

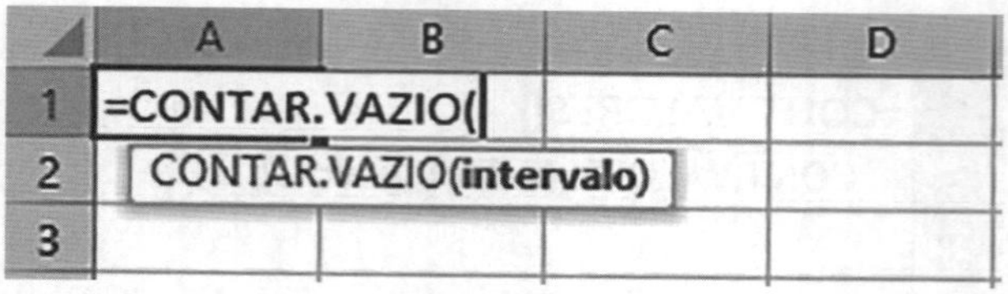

FIGURA 10.99: Função CONT.VAZIO — Sintaxe da Função

Exemplo de Uso

Na Figura 10.100 temos exemplos de usos comuns da função **CONT.VAZIO**:

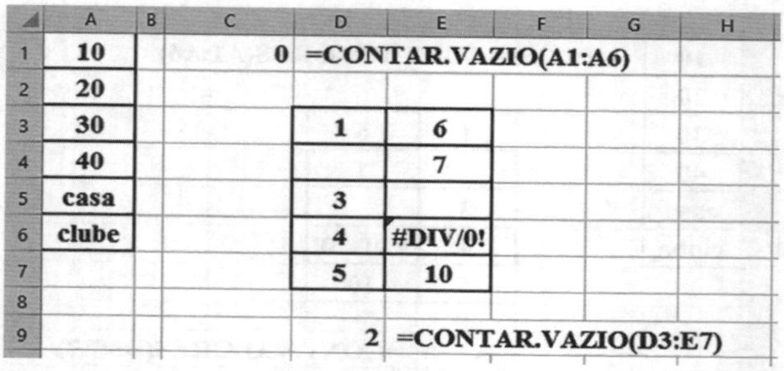

FIGURA 10.100: Função CONT.VAZIO — Exemplos de uso

DICA:

Esta função só conta as células vazias. Podemos selecionar faixas de células, contínuas ou não, e matrizes.

A FUNÇÃO ARREDONDAR.PARA.BAIXO

Esta função arredonda um número para baixo, eliminando as casas decimais (estando essas visíveis ou não).

A **sintaxe** desta função pode ser vista na Figura 10.101:

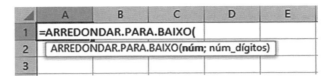

Figura 10.101: Função ARREDONDAR.PARA.BAIXO — Sintaxe da Função

Exemplo de Uso

A Figura 10.102 mostra exemplos de usos da função **ARREDONDAR.PARA.BAIXO**:

	A	B	C	D	E	F
1	Número original:	=PI()	=	3,14159265358979		
2						
3	3,14159000000000	=ARREDONDAR.PARA.BAIXO(D1;5)				
4	3,14100000000000	=ARREDONDAR.PARA.BAIXO(D1;3)				
5	3,10000000000000	=ARREDONDAR.PARA.BAIXO(D1;1)				
6	3,00000000000000	=ARREDONDAR.PARA.BAIXO(D1;0)				

Figura 10.102: Função ARREDONDAR.PARA.BAIXO — Exemplos de uso

Dica:

Após arredondar um número, ao utilizar o resultado desta operação em uma fórmula, o valor a ser considerado nos cálculos será o valor do número depois de arredondado, independente de quantas casas decimais estiverem visíveis. É uma situação diferente de formatar um número com uma quantidade de casas decimais menor, pois, neste caso, o Excel continua utilizando a precisão de cálculos padrão que corresponde a 15 dígitos de precisão.

A FUNÇÃO ARREDONDAR.PARA.CIMA

Esta função arredonda um número para cima afastando-o de zero.

A **sintaxe** desta função pode ser vista na Figura 10.103:

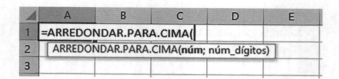

Figura 10.103: Função ARREDONDAR.PARA.CIMA — Sintaxe da Função

Exemplo de Uso

A Figura 10.104 mostra exemplos de usos da função **ARREDONDAR.PARA.CIMA**:

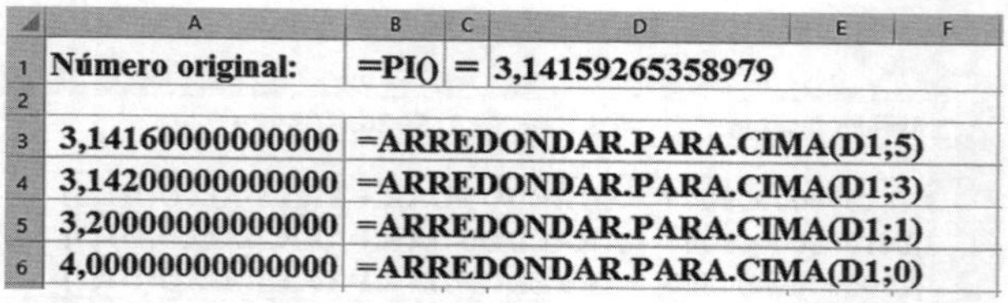

	A	B	C	D	E	F
1	Número original:	=PI()	=	3,14159265358979		
2						
3	3,14160000000000	=ARREDONDAR.PARA.CIMA(D1;5)				
4	3,14200000000000	=ARREDONDAR.PARA.CIMA(D1;3)				
5	3,20000000000000	=ARREDONDAR.PARA.CIMA(D1;1)				
6	4,00000000000000	=ARREDONDAR.PARA.CIMA(D1;0)				

Figura 10.104: Função ARREDONDAR.PARA.CIMA — Exemplos de uso

Dica:

Após arredondar um número, ao utilizar o resultado desta operação em uma fórmula, o valor a ser considerado nos cálculos será o valor do número depois de arredondado, independente de quantas casas decimais estiverem visíveis. É uma situação diferente de formatar um número com uma quantidade de casas decimais maior, pois, neste caso, o Excel continua utilizando a precisão de cálculos padrão que corresponde a 15 dígitos de precisão. Esta função arredonda cada dígito decimal para cima de acordo com a quantidade de casas decimais desejadas. Assim, 3,14 é arredondado para 3,2 através de =ARREDONDAR.PARA.CIMA(3,14;1), o que contraria as regras matemáticas para arredondamento de números.

A FUNÇÃO TRANSPOR

Esta função transforma um intervalo de células contínuo horizontal em vertical, e vice-versa.

A **sintaxe** desta função pode ser vista na Figura 10.105:

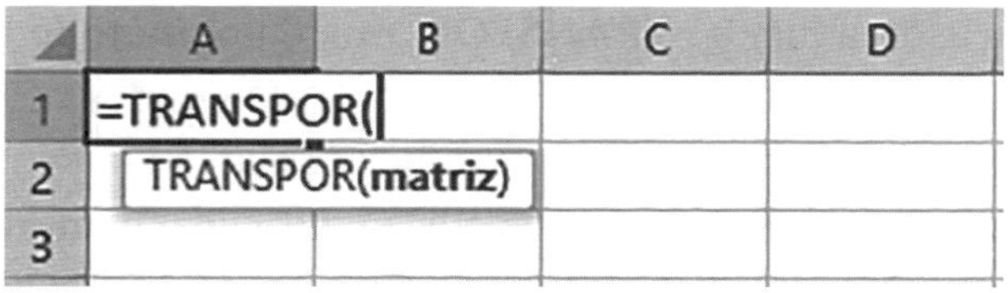

FIGURA 10.105: Função **TRANSPOR** — Sintaxe da Função

Exemplo de Uso

Vamos considerar que tenhamos uma coluna (vertical) de A1 até A12 com os nomes dos meses do ano, e que desejemos transferir, ou transpor, esta estrutura vertical para uma estrutura horizontal, em que, neste caso, escolheríamos dispor os nomes dos meses na linha 1 das células D1 até O1, como mostra a figura:

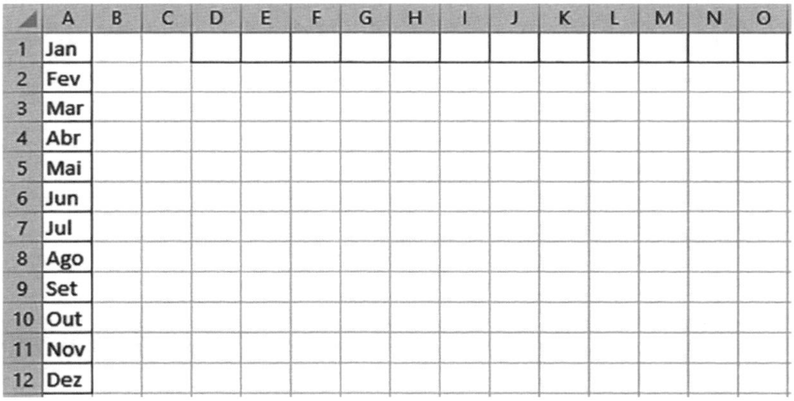

FIGURA 10.106: Função **TRANSPOR** — Dados em disposição vertical

Dica:

A partir do momento que possuímos os dados originais na posição vertical e desejamos transpor para a posição Horizontal, ou vice-versa, podemos utilizar a Função **TRANSPOR**, que **é uma função matricial**, selecionando uma área com tamanho equivalente, e na barra de fórmulas digitando a fórmula com a função **TRANSPOR**, e confirmando com **um clique simultâneo nas teclas CONTROL, SHIFT e ENTER**, como é explicado em detalhes no capítulo sobre as fórmulas **matriciais**.

Mas, para o caso da função **TRANSPOR**, existe um **método alternativo**, que consiste em selecionar a faixa de células que contém os dados na posição original, clicar com o botão direito do mouse e **escolher copiar**, e em seguida, **após selecionar uma área horizontal** de tamanho equivalente, **clicar com o botão direito do mouse, clicar em colar especial** e **escolher a opção TRANSPOR**. Os resultados destas duas operações são semelhantes, embora, se adotarmos a opção da fórmula matricial, não conseguiremos alterar partes da matriz criada após pressionarmos CONTROL, SHIFT e ENTER.

Os resultados do uso da Função **TRANSPOR** podem ser vistos na Figura 10.107:

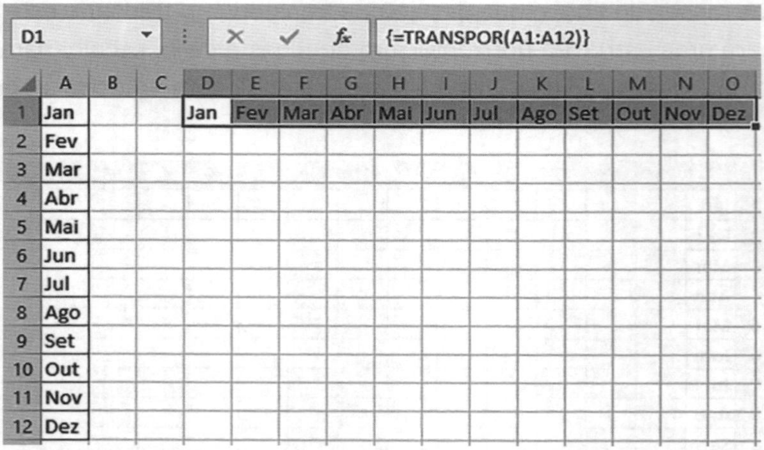

FIGURA 10.107: FUNÇÃO TRANSPOR — RESULTADO DA APLICAÇÃO DA FÓRMULA MATRICIAL

DICA:

Lembramos que as fórmulas matriciais têm que ser digitadas diretamente na barra de fórmulas e **confirmadas com o acionamento simultâneo das teclas** CONTROL, SHIFT e ENTER, e que **não podemos inserir os sinais de abre e fecha chaves manualmente**, pois são inseridos automaticamente pelo Excel em todas as fórmulas matriciais.

A FUNÇÃO ÉERRO E A FUNÇÃO ÉERROS

A função **ÉERRO** verifica se o valor de uma célula é um erro (#VALOR!, #REF!, #DIV/0!, #NÚM!, NOME?, e #Nulo!) **excluindo-se #N/D!** e retornando os valores VERDADEIRO ou FALSO.

A **sintaxe** desta função pode ser vista na Figura 10.108:

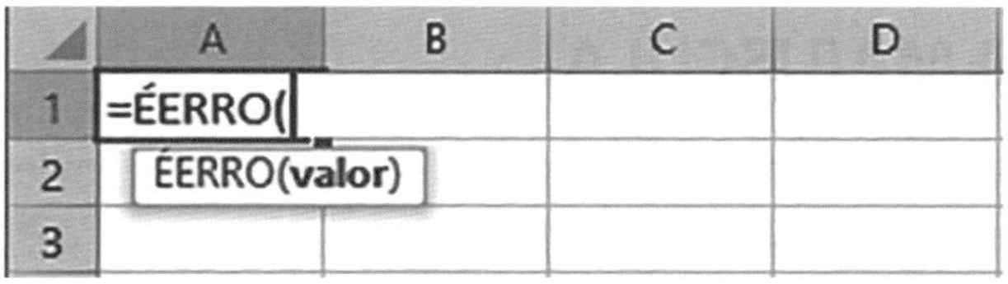

	A	B	C	D
1	=ÉERRO(			
2	ÉERRO(valor)			
3				

FIGURA 10.108: Função ÉERRO — Sintaxe da Função

EXEMPLO DE USO

Na Figura 10.109 nós podemos verificar o funcionamento desta função quando avaliamos duas células, em que encontramos o erro #DIV/0! na primeira e o erro #N/D! na outra:

	A	B	C
1	#DIV/0!		
2	#N/D!		
3			
4	VERDADEIRO	=ÉERRO(A1)	
5	FALSO	=ÉERRO(A2)	

FIGURA 10.109: Função ÉERRO — Detectando códigos de erro

DICA:

A função **ÉERROS** funciona de maneira similar, entretanto, **detecta o erro #N/D!** como pode ser visto na Figura 10.110:

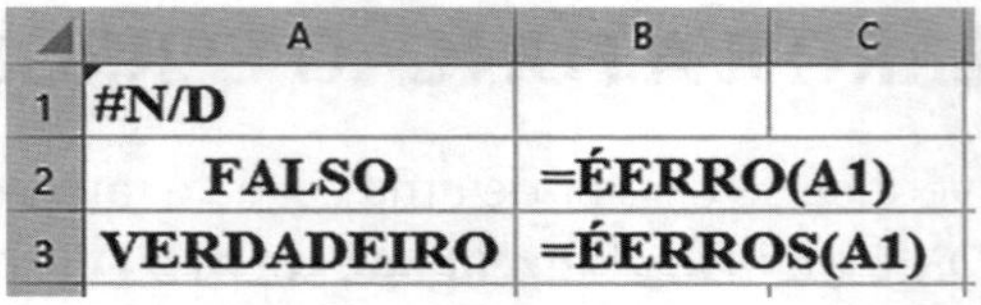

	A	B	C
1	#N/D		
2	FALSO	=ÉERRO(A1)	
3	VERDADEIRO	=ÉERROS(A1)	

FIGURA 10.110: Função ÉERROS — Detectando o código de erro #N/D!

A FUNÇÃO MAIÚSCULA

Esta função converte uma sequência de texto para grafia em letras maiúsculas, desde palavras isoladas, até textos longos.

A **sintaxe** desta função pode ser vista na Figura 10.111:

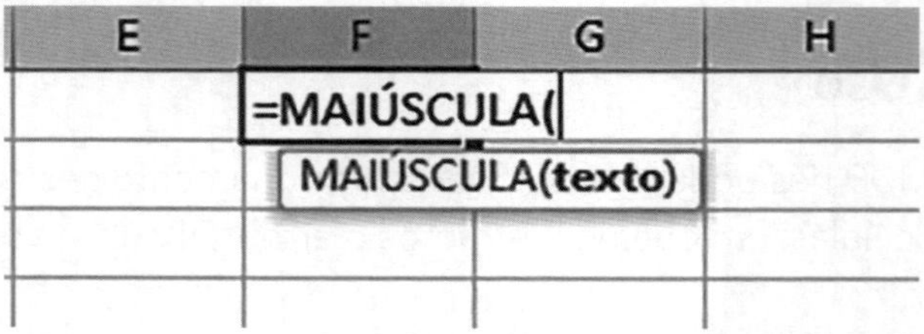

	E	F	G	H
		=MAIÚSCULA(		
		MAIÚSCULA(texto)		

FIGURA 10.111: Função MAIÚSCULA — Sintaxe da Função

EXEMPLO TEÓRICO

Podemos utilizar esta função para mudar a grafia das palavras das células A1, A2 e A3, e o texto que se inicia na célula A5 para letras maiúsculas, como visto na Figura 10.112:

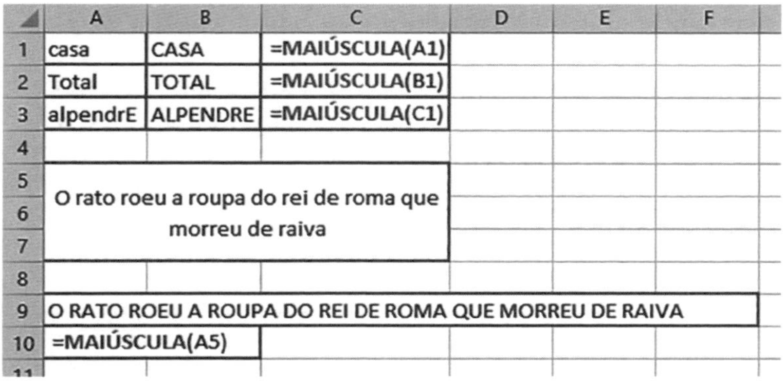

	A	B	C	D	E	F
1	casa	CASA	=MAIÚSCULA(A1)			
2	Total	TOTAL	=MAIÚSCULA(B1)			
3	alpendrE	ALPENDRE	=MAIÚSCULA(C1)			
4						
5	O rato roeu a roupa do rei de roma que morreu de raiva					
6						
7						
8						
9	O RATO ROEU A ROUPA DO REI DE ROMA QUE MORREU DE RAIVA					
10	=MAIÚSCULA(A5)					

Figura 10.112: Exemplos de uso da Função MAIÚSCULA

A FUNÇÃO MINÚSCULA

Esta função converte uma sequência de texto para grafia em letras minúsculas, desde palavras isoladas até textos longos.

A **sintaxe** desta função pode ser vista na Figura 10.113:

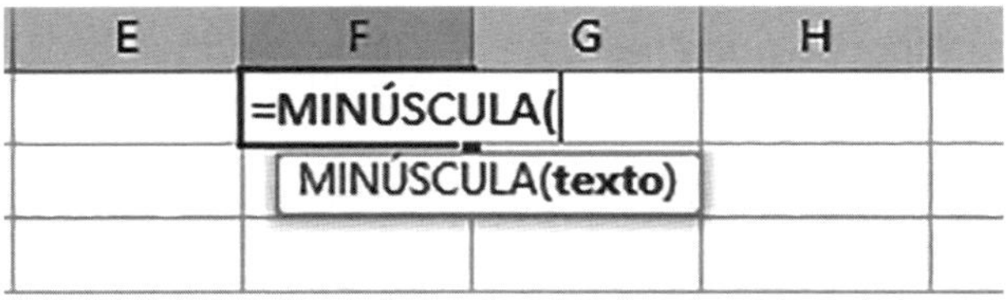

	E	F	G	H
		=MINÚSCULA(		
		MINÚSCULA(**texto**)		

Figura 10.113: Função MINÚSCULA — Sintaxe da Função

Exemplo Prático

Podemos utilizar esta função para mudar a grafia das palavras das células A1 para letras minúsculas, como visto na Figura 10.114:

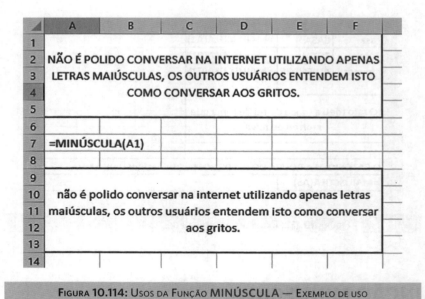

Figura 10.114: Usos da Função MINÚSCULA — Exemplo de uso

A FUNÇÃO ARÁBICO

Esta função converte um numeral romano em um numeral arábico.

A **sintaxe** desta função pode ser vista na Figura 10.115:

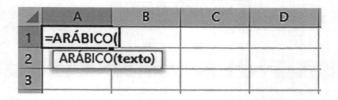

Figura 10.115: Função ARÁBICO — Sintaxe da Função

Exemplo de Uso

Na Figura 10.116 temos exemplos de usos comuns da função **ARÁBICO**:

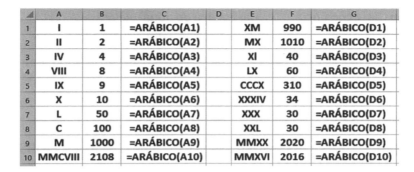

Figura 10.116: Função ARÁBICO — Exemplo de uso

A FUNÇÃO SUBSTITUIR

Esta função substitui um texto antigo por um texto novo em uma cadeia de texto.

A **sintaxe** desta função pode ser vista na Figura 10.117:

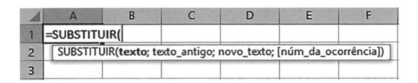

Figura 10.117: Função SUBSTITUIR — Sintaxe da Função

Parâmetros:

- **texto**: é um **parâmetro obrigatório**. Geralmente utilizamos a referência de uma célula que contém o texto que desejamos modificar.

- **texto_antigo**: é um **parâmetro obrigatório**. É a porção de texto que queremos remover. Podemos utilizar um texto ou uma referência a uma célula que contenha o texto.

- **texto_novo**: é um **parâmetro obrigatório**. É a porção de texto que queremos inserir, em substituição à porção do texto antigo.

- **núm_da_ocorrência**: é um **parâmetro opcional**. Refere-se à primeira, segunda ou demais ocorrências do texto que desejamos substituir. Se este parâmetro for omitido, todas as ocorrências do texto antigo serão substituídas pelo texto novo.

EXEMPLO DE USO

Na Figura 10.118, temos um exemplo de uso comum da função **SUBSTITUIR:**

	A	B	C	D
1	B1 contém texto:	O cão mordeu o osso		
2	B2:B4 contém o texto antigo	mordeu	roeu	
3	C2:C4 contém o texto novo	mordeu	pegou	
4		cão	leão	
5				
6	O cão roeu o osso	=SUBSTITUIR(B1;B2;C2)		
7	O cão pegou o osso	=SUBSTITUIR(B1;B3;C3)		
8	O leão pegou o osso	=SUBSTITUIR(A7;"cão";"leão")		

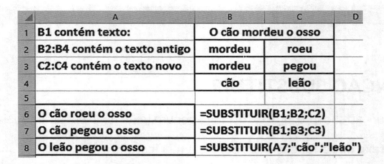

FIGURA 10.118: FUNÇÃO SUBSTITUIR — EXEMPLO DE USO

A FUNÇÃO CONCATENAR

Esta função agrupa várias cadeias de texto em uma única sequência de texto.

A **sintaxe** desta função pode ser vista na Figura 10.119:

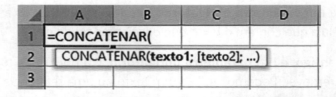

FIGURA 10.119: FUNÇÃO CONCATENAR — SINTAXE DA FUNÇÃO

Parâmetros:

- **texto1**: é um **parâmetro obrigatório**. Geralmente utilizamos a referência de uma célula que contém o texto que desejamos modificar.

- **[texto2] é um argumento, ou parâmetro opcional**. É a porção de texto que queremos concatenar, ou unir, ao texto1. Podemos especificar vários textos adicionais (texto3, texto4, e etc.).

EXEMPLO DE USO

Na Figura 10.120 temos um exemplo de uso comum da função **CONCATENAR**:

	A	B	C	D	E	F	G
1	Eraumacasamuitoengraçadanãotinhaportanãotinhanada						
2	A1=CONCATENAR(A5;A6;A7;A8;A9;A10;A11;A12;A13;A14;A15)						
3							
4	Era uma casa muito engraçada não tinha porta não tinha nada						
5	A4=CONCATENAR(C7;C8;C9;C10;C11;C12;C13;C14;C15;C16;C17)						
6							
7	Era		Era				
8	uma		uma				
9	casa		casa				
10	muito		muito				
11	engraçada		engraçada				
12	não		não				
13	tinha		tinha				
14	porta		porta				
15	não		não				
16	tinha		tinha				
17	nada		nada				
18							
19	Os textos na coluna C são precedidos de espaços em branco						

FIGURA 10.120: Função **CONCATENAR** — Exemplo de uso

DICA:

É aconselhável incluir espaços em branco, antes ou depois dos textos, em cada célula, a fim de evitar que os textos sejam uma sequência de dados difíceis de serem lidos.

Em outros momentos, principalmente com o trabalho com dados numéricos, é aconselhável exatamente o contrário, evitando-se a inclusão de espaços em branco.

A FUNÇÃO ESQUERDA

Esta função retorna o número de caracteres especificados à esquerda de uma cadeia de texto.

A **sintaxe** desta função pode ser vista na Figura 10.121:

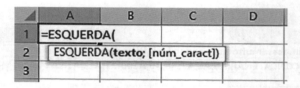

FIGURA 10.121: Função ESQUERDA — Sintaxe da Função

Parâmetros:

- **texto1**: é um **parâmetro obrigatório**. Geralmente utilizamos a referência de uma célula que contém o texto que desejamos modificar.

- **[núm_caract] é um argumento, ou parâmetro opcional**. É a porção de texto que queremos obter, ou seja, quantos caracteres contados desde o primeiro à esquerda do início do texto queremos obter.

EXEMPLO DE USO

Na Figura 10.122 temos um exemplo de uso comum da função **ESQUERDA**:

	A	B	C
1	Compras de veículos	Compras	=ESQUERDA(A1;7)
2	Tendência de vendas	Tendência	=ESQUERDA(A2;9)
3	3,141592654	3,141	=ESQUERDA(A3;5)
4	31-3226-1418	31	=ESQUERDA(A4;2)

FIGURA 10.122: Função ESQUERDA — Exemplo de uso

> **Dica:**
> Devemos observar que os sinais de vírgulas e sinais de espaço também são considerados.

A FUNÇÃO DIREITA

Esta função retorna o número de caracteres especificados à direita de uma cadeia de texto.

A **sintaxe** desta função pode ser vista na Figura 10.123:

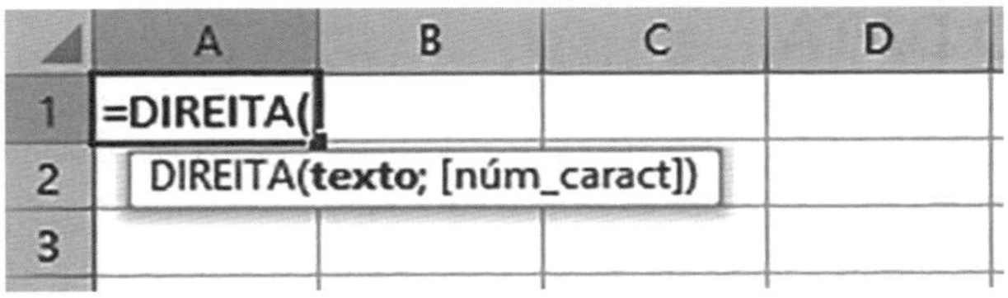

Figura 10.123: Função DIREITA — Sintaxe da Função

Parâmetros:

- **texto1**: é um **parâmetro obrigatório**. Geralmente utilizamos a referência de uma célula que contém o texto que desejamos modificar.

- **[núm_caract] é um argumento, ou parâmetro opcional**. É a porção de texto que queremos obter, ou seja, quantos caracteres contados desde o último à direita do final do texto que queremos obter.

Exemplo de Uso

Na Figura 10.124 temos um exemplo de uso comum da função **DIREITA:**

	A	B	C
1	Compras de veículos	veículos	=DIREITA(A1;8)
2	Tendência de vendas	vendas	=DIREITA(A2;6)
3	31-3226-1418	3226-1418	=DIREITA(A3;9)

Figura 10.124: Função DIREITA — Exemplo de uso

Dica:

Devemos observar que os sinais de vírgulas e sinais de espaço também são considerados.

A FUNÇÃO DATA

Esta função retorna o número que representa a data no código Data-Hora do Microsoft Excel.

A **sintaxe** desta função é: **=DATA(ano;mês;dia)**

Os parâmetros são autoexplicativos, referentes à data escolhida e são obrigatórios.

Esclarecimentos Adicionais

O resultado obtido na célula onde a função **DATA** foi inserida depende da formatação da célula.

Se a célula estiver formatada para o conteúdo do tipo Número, ou Geral, de fato o resultado retornado será o número correspondente à data conforme o código data-hora do Microsoft Excel. Mas se o formato da célula for para conteúdo do tipo Data Abreviada, ou Data Completa, o resultado estará de acordo com a formatação correspondente, e não de acordo com o código data-hora.

Exemplo Teórico

Na Figura 10.128 temos uma data de referência, escolhida aleatoriamente: 16/04/2020 digitada na célula A1.

A célula A2 está formatada como número, a célula A3 está com o formato Geral, a célula A4 está com o formato Data Abreviada e a célula A5 está com o formato Data Completa.

As células de A2 até A5 receberam a mesma Função DATA, com os mesmos parâmetros, e os resultados estão visíveis na Figura 10.125.

	A	B	C	D	E	F
1	16/04/2020	Data escolhida aleatoriamente em A1:A4			
2	44690,00	Formato de A2: **Número**			
3	09/05/2022	Formato de A3: **Geral**			
4	09/05/2022	Formato de A4: **Data Abreviada**			
5	segunda-feira, 9 de maio de 2022	Formato de A5: **Data Completa**			
6						
7	O conteúdo digitado em A2, A3, A4, e A5 é idêntico (=DATA(2020;04;16))				
8						
9-10	Podemos alterar a quantidade das casas decimais ou eliminálas em A2 facilmente, bastando formatar as células.				

Figura 10.125: Função **DATA**

Esclarecimentos referentes ao Código Data-Hora do Microsoft Excel

Ao clicarmos no nome de qualquer função, após digitarmos o sinal de igual e o nome da função, surge o menu de Ajuda do Microsoft Excel 2016.

Veja abaixo parte do texto informando quando efetuamos este procedimento, clicando no nome da função **DATA**:

"A função **DATA** é bastante útil em situações nas quais o ano, o mês e o dia são fornecidos como fórmulas ou referências de células. Por exemplo, você pode ter uma planilha contendo datas em um formato não reconhecido pelo Excel como AAAAMMDD. É possível usar a função **DATA** junto com outras funções para converter as datas em um número de série que o Excel reconheça."

Exemplo Prático

Podemos tomar como exemplo uma cadeia de texto presente na célula A1 no formato AAAAMMDD, por exemplo, 20251225.

Podemos combinar a função **DATA** com as funções **ESQUERDA**, **DIREITA** e **ESCOLHER** para converter esta cadeia de caracteres para uma data no formato DD/MM/AAAA, como mostrado na Figura 10.126:

	A	B	C	D	E	F	G	H	I	J
1	20251225	25/12/2025	=DATA(ESQUERDA(A1;4);ESCOLHER(2;2025;12;25);DIREITA(A1;2))
2										
3			Alcançamos o mesmo objetivo com a fórmula abaixo
4										
5			=DATA(ESQUERDA(A1;4);12;DIREITA(A1;2))
6										
7			A função ESCOLHER foi substituída pelo mês 12
8										
9			Mas a primeira fórmula tem mais detalhe didático, embora com o mesmo resultado
10										
11			Alternativa utilizando-se a combinação das funções DATA e ESCOLHER:
12										
13		=DATA(ESCOLHER(1;2025;12;25);ESCOLHER(2;2025;12;25);ESCOLHER(3;2025;12;25))
14										
15	Se tivermos os dados de Ano, Mês, e Dia em células separadas poderíamos ter uma fórmula assim:
16										
17	2015									
18	12		=DATA(A17;A18;A19)		=		25/12/2015			
19	25									

FIGURA 10.126: FUNÇÃO DATA COMBINADA COM OUTRAS FUNÇÕES

Lembramos que há vantagens em separar dados diferentes, tais como dia, mês e ano, em células separadas, pois, assim, podemos efetuar mudanças individuais, digamos alterando apenas o mês, ou apenas o dia no mesmo mês e avaliar o resultado.

Desta maneira, podemos incluir as funções **PROCV** e **DIA.DA.SEMANA** para encontrar o dia da semana para cada data avaliada, como é demonstrado na seção da função **PROCV**.

A FUNÇÃO DIA

Esta função retorna o dia de uma data representado por uma série. O dia é dado como um inteiro que varia de 1 a 31.

A **sintaxe** desta função é: **=DIA(núm_serial)**

O parâmetro **núm_serial** é necessário, e representa a data do dia que tentamos encontrar.

Observação: o parâmetro núm_serial pode ser obtido com a função **DATA**.

Esclarecimentos Adicionais

As datas podem ser inseridas utilizando-se a função **DATA**, ou como resultado de outras fórmulas ou funções. Podem ocorrer erros se as datas forem inseridas como texto.

O Microsoft Excel armazena datas como números de série sequenciais, e podem ser utilizadas em cálculos. Por padrão, 1º de Janeiro de 1900 é o número de série 1, e 1º de Janeiro de 2008 é o número de série 39448, porque está 39448 dias após 1º de Janeiro de 1900.

Desta maneira, podemos compreender que o código Data-Hora do Microsoft Excel inicia com o número serial 1, equivalente à data de 01/01/1900, e termina com o número serial 2958465, equivalente aos números de dias corridos entre 01/01/1900 e 31/12/9999, que é o limite superior de datas manipuláveis pelo Microsoft Excel.

Na Figura 10.127 temos estas datas representadas por números seriais obtidos com a função **DATA**, e uma prova obtida com a subtração da data inicial 01/01/1900 da data final 31/12/9999, como pode ser visto:

	A	B	C	D	E	F	G	H
1		01/01/1900		1		=DATA(1900;1;1)		
2		31/12/9999		2958465		=DATA(9999;12;31)		
3								
4		31/12/9999	Célula B4 formatada com o formato Geral
5	-	01/01/1900	Célula B5 formatada com o formato Geral
6	=	2958464	Célula B6 formatada com o formato número e sem casas decimais
7			=Total de dias do Código Data Hora do Excel 2016

FIGURA 10.127: FAIXA DO CÓDIGO DATA-HORA DO MICROSOFT EXCEL

A FUNÇÃO MÊS

Esta função retorna o mês de uma data representado por uma série. O mês é dado como um inteiro que varia de 1 a 12.

A **sintaxe** desta função é: **=MÊS(núm_serial)**

O parâmetro **núm_serial** é necessário, e representa a data do mês que tentamos encontrar.

Observação: o parâmetro núm_serial pode ser obtido com a função **DATA**.

A FUNÇÃO ANO

Esta função retorna o ano de uma data representado por uma série. O ano é dado como um inteiro que varia de 1900 a 9999.

A **sintaxe** desta função é: **=ANO(núm_serial)**

O parâmetro **núm_serial** é necessário, e representa a data do ano que tentamos encontrar.

Observação: o parâmetro núm_serial pode ser obtido com a função **DATA**.

Exemplo Teórico

Na Figura 10.128 temos uma data de referência, escolhida aleatoriamente: 07/10/2019.

Em A1 temos a Função **DIA** associada à Função **DATA**. Com referência a essa data, podemos ver que o **resultado** é o número de série 7, equivalente ao dia 7, da data 07/10/2019.

Na célula A4 temos a Função **DIA** utilizando o parâmetro **núm_série** com o valor de **39449**, que é correspondente à data de 02/01/2008 (porque 02/01/2008 está 39449 dias após 01/01/1900), portanto, obtemos como resultado o número 2, correspondente ao dia dessa data.

Em A7, A8 e A9, temos as Funções **DIA**, **MÊS** e **ANO**, todas com o parâmetro **núm_série** igual a **43099**, que é correspondente à data de **30/12/2017** (que está 43099 dias após 01/01/1900).

Os resultados podem ser vistos na Figura 10.128:

	A	B	C	D	E	F	G	H	I	J
1	7	=DIA(DATA(2019;10;7))				Correspondente à 07/10/2019				
2										
3										
4	2	=DIA(39449)				Correspondente à 02/01/2018				
5										
6										
7	30	=DIA(43099)								
8	12	=MÊS(43099)				Ambos correspondentes à 30/12/2017				
9	2017	=ANO(43099)								

Figura 10.128: Funções DIA, MÊS e ANO

Lembramos que os dias, meses, anos e datas podem ser utilizados em cálculos porque o Microsoft Excel armazena estas informações como números sequenciais, e, desta maneira, são válidos para a utilização em operações de cálculo, seja de forma isolada ou com o uso em fórmulas e funções.

A FUNÇÃO DIAS

Esta função retorna o número de dias entre duas datas.

A **sintaxe** desta função é: **=DIAS(data_final;data_inicial)**

Exemplo Teórico

Podemos utilizar esta função para calcular o tempo decorrido entre o vencimento de uma prestação e a data de pagamento, por exemplo, para termos uma base para o cálculo para juros ou descontos, como pode ser visto na Figura 10.129:

	A	B	C	D	E	F	G	H
1	01/04/2022	data final						
2	18/06/2022	data inicial						
3								
4	78	diferença em dias entre as duas datas					=DIAS(A2;A1)	
5								

Figura 10.129: Tabela da Função DIAS para determinar a quantidade de dias entre duas datas

Observação:

A função **DIAS** calcula o número total de dias entre duas datas, inclusive Sábados, Domingos e Feriados. Para calcularmos apenas os dias úteis devemos utilizar outra função, ou seja, a função **DIATRABALHOTOTAL**.

Na prática, a função **DIAS** é utilizada em fórmulas quando queremos inserir de forma automática e ajustável a quantidade de dias entre duas datas, pois para um cálculo simples de dias entre duas datas, podemos efetuar um cálculo aritmético simples, tal como **=A2-A1**, que nos oferece o mesmo resultado, ou seja, 18/06/2022-01/04/2022, igual a 78.

A FUNÇÃO DIA.DA.SEMANA

Esta função retorna um número entre 1 e 7 (ou de 0 e 6) identificando o dia da semana.

A **sintaxe** desta função pode ser vista na Figura 10.130:

	A	B	C	D
1	=DIA.DA.SEMANA(			
2		DIA.DA.SEMANA(núm_série; [retornar_tipo])		
3				

Figura 10.130: Função DIA.DA.SEMANA — Sintaxe da Função

Parâmetros:

- **núm_série:** é um **parâmetro obrigatório**, pode ser uma data no formato dd/mm/aaaa.

- **retornar_tipo**: é um **parâmetro opcional**, mas **permite vincular um dia para o início da contagem** dos dias da semana, como pode ser visto na Figura 10.131:

FIGURA 10.131: Função **DIA.DA.SEMANA** — Opções de tipo de numeração dos dias

EXEMPLO DE USO

Entre as diversas opções de combinações de fórmulas, podemos associar esta função às outras, tais como a Função **PROCV** para obtermos um dia de semana em uma célula (A3) ao digitarmos uma data no formato dd/mm/aaaa em outra célula (A2).

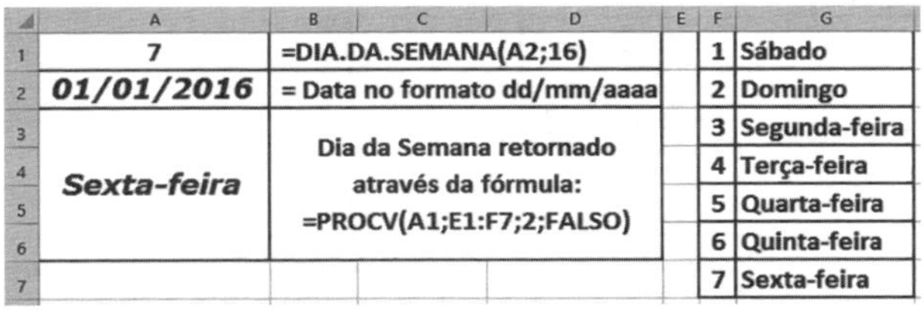

FIGURA 10.132: Função **DIA.DA.SEMANA** — Exemplo de uso

A FUNÇÃO DIATRABALHOTOTAL

Esta função retorna o número de dias úteis entre duas datas. Nós devemos fornecer as datas inicial e final e também os feriados entre estas datas.

A **sintaxe** desta função pode ser vista na Figura 10.133:

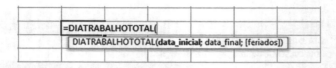

FIGURA 10.133: Função **DIATRABALHOTOTAL** — Sintaxe da Função

EXEMPLO TEÓRICO

Podemos utilizar esta função para calcular a quantidade de dias entre duas datas, incluindo ou não os feriados nacionais, como o dia 7 de setembro, ou eventualmente qualquer feriado municipal ou estadual, por exemplo.

Vejamos o exemplo na Figura 10.134:

	A	B	C	D	E	F	G
1	01/09/2020	3	Terça	1		1	Domingo
2	02/09/2020	4	Quarta	2		2	Segunda
3	03/09/2020	5	Quinta	3		3	Terça
4	04/09/2020	6	Sexta	4		4	Quarta
5	05/09/2020	7	Sábado	Fim de semana		5	Quinta
6	06/09/2020	1	Domingo	Fim de semana		6	Sexta
7	07/09/2020	2	Segunda	Feriado		7	Sábado
8	08/09/2020	3	Terça	5			
9	09/09/2020	4	Quarta	6			
10	10/09/2020	5	Quinta	7			
11	11/09/2020	6	Sexta	8			
12	12/09/2020	7	Sábado	Fim de semana			
13	13/09/2020	1	Domingo	Fim de semana			
14	14/09/2020	2	Segunda	9			
15	15/09/2020	3	Terça	10			
17	Conteúdo da célula A1 = 01/09/2020					(valor constante)	
18	Conteúdo da célula B1 =DIA.DA.SEMANA(A1;1)					(fórmula)	
19	Conteúdo da célula C1 =PROCV(B1;$E$1:$F$7;2;FALSO)					(fórmula)	
20	Conteúdo da célula D1 = 1 coluna com contagem dos dias úteis					(valor constante)	
21	Conteúdo da célula F1 = 1					(valor constante)	
22	Conteúdo da célula G1 = Domingo					(valor constante)	

FIGURA 10.134: Calendário entre 01/09/2020 e 15/09/2020

Vamos entender a Figura 10.134:

Na coluna A temos os dias do mês entre 01/09/2020 e 15/09/2020. Sabemos que, além dos Sábados e Domingos, temos no Brasil o dia 7 de setembro como feriado.

Na coluna B utilizamos a função **DIA.DA.SEMANA** para fazer uma correspondência entre os dias do mês e um número de 1 a 7 que estará relacionado na tabela em F1:G7 a um dia de semana (utilizamos o parâmetro igual a 1).

Na tabela em F1:G7, nós temos os dias de semana precedidos por números de 1 a 7, de acordo com o parâmetro utilizado na função **DIA.DA.SEMANA** nas células de B1:B15.

Na coluna C temos a Fórmula =**PROCV**(B1;$E$1:$F$7;2;FALSO), que foi copiada para todas as células de B1 até B15, e a referência a B1 (que é relativa) foi adaptada para B2,B3,B4, ..., B15, enquanto a referência à matriz $F$1:$G$7 permanece inalterada ao copiar a fórmula para as linhas de baixo. Esta fórmula retorna o conteúdo da segunda coluna da matriz $E$1:$F$7 (que contém os dias da semana) de acordo com o conteúdo das células na coluna B. O parâmetro "FALSO" exige uma correspondência exata.

E na coluna D temos uma contagem manual, para uma "prova dos nove", a fim de verificarmos a exatidão dos cálculos (apenas para efeito didático) e podermos, com uma inspeção visual, entender as alterações nos resultados quando incluímos ou não os feriados na fórmula que utiliza a função **DIATRABALHOTOTAL**.

Na Figura 10.135 temos as contagens dos números de dias úteis entre as datas inicial e final, na coluna A, com a exclusão e sem a exclusão do feriado de 7 de setembro de 2020, como pode ser visto:

K	L	M	N	O	P	Q	R
11	=DIATRABALHOTOTAL(A1;A15)				Sem remover o feriado		
10	=DIATRABALHOTOTAL(A1;A15;A7)				Removendo o feriado		
	A célula A7 corresponde a um feriado de 7 de Setembro						
	Deve ser incluída manualmente na fórmula						

FIGURA 10.135: Função **DIATRABALHOTOTAL** — RESULTADO DOS CÁLCULOS

Neste nosso exemplo, utilizamos as funções **DIA.DA.SEMANA** e **PROCV** apenas para oferecer e facilitar uma confirmação visual dos resultados dos cálculos efetuados pela função **DIATRABALHOTOTAL**.

Obter uma listagem dos feriados entre duas datas é bastante simples e conseguimos isto facilmente com uma busca nos motores de pesquisa da internet, tais como o Bing.

De forma resumida, teríamos obtido nosso resultado fácil e rapidamente com a fórmula:

=(**DIATRABALHOTOTAL**(15/09/2020;01/09/2020;**07/09/2020**).

Lembramos que podemos incluir vários feriados, bastando separá-los com sinais de ponto e vírgula (**;**).

CAPÍTULO XI
FUNÇÕES EXCLUSIVAS DO EXCEL 2016

O processo de criação de uma nova versão do Excel não é, ao contrário do que alguns pensam, apenas uma opção comercial para alavancar as vendas da Microsoft. Muito pelo contrário, sempre que uma versão é lançada, ela traz várias novidades que são fruto de estudos que visam facilitar e expandir a utilização das planilhas do Excel, e tem como um dos maiores pilares a opinião dos usuários a respeito de eventuais limitações ou ausências de funcionalidades nas versões correntes.

A Microsoft mantém diversos fóruns nacionais e internacionais que visam a troca de informações, soluções de problemas e abordagens apropriadas que facilitam a utilização de todos os produtos que ela disponibiliza no mercado, e com o Excel acontece o mesmo.

Os fóruns, embora não sejam as únicas fontes de informações e soluções de problemas para os produtos, neste caso o Excel, são, entretanto, muito eficientes, pois de um lado são monitorados e moderados por engenheiros da Microsoft e milhares de voluntários especialistas no Excel em diversos países, o que garante a qualidade das soluções para os mais diversos níveis de complexidade que os usuários possuam sobre como fazer ou sobre o que é possível fazer, e por outro lado, servem para a Microsoft conhecer limitações ou problemas que são enfrentados pelos usuários, de maneira que as soluções possam ser disponibilizadas o mais brevemente possível.

Neste processo, antes dos aprimoramentos cuja implementação seja disponibilizada em uma nova versão, o que geralmente tem acontecido a cada três ou quatro anos, existe um conjunto muito grande de opções, desde correções via Windows Update, tutoriais em vídeo, cursos oferecidos gratuitamente pela Academia Virtual da Microsoft, e programas de capacitação e certificação que atualmente oferecem três níveis de capacitação, a saber, Microsoft Office Specialist (MOS) (que confere reconhecimento das principais habilidades em aplicativos Office), Microsoft Office Specialist (MOS) Expert (que confere o reconhecimento de habilidades avançadas em Word e Excel), Microsoft Office Specialist (MOS) Master (reconhecimento da perícia em aplicativos Office), além de centrais de suporte gratuito aos usuários que são atendidos por engenheiros de produtos da Microsoft, e muitos outros recursos que possibilitam uma utilização muito eficiente do Excel. Para os interessados em conhecer melhor o programa de certificação do Excel e Office, encontrar os exames relacionados a cada certificação e os centros autorizados, recomendamos visitar a página de certificações da Microsoft Office em: `https://www.microsoft.com/pt-br/learning/office-certification.aspx`.

Entretanto, algumas modificações, tais como recursos nativos como novos tipos de gráficos e funções, apenas para citar alguns deles, só podem ser disponibilizados de forma completa com uma nova versão.

No escopo deste livro, lidamos com fórmulas, funções e fórmulas matriciais, e, portanto, não poderíamos deixar de destacar as novas funções exclusivas, lançadas na versão 2016 do Microsoft Excel.

As novas funções não são numerosas, mas são muito valiosas e já vinham sendo aguardadas há bastante tempo.

As novas funções do Excel 2016 atendem a diversas áreas, desde áreas científicas específicas como a estatística, de uso predominante do público científico, como o das áreas da Matemática, Física, Química, Medicina, Engenharia e Lógica, entre outras, até áreas mais abrangentes, que têm um público-alvo muito maior, por ser composto por estudantes, profissionais liberais, empresas comerciais de todos os portes, incluindo, mas não se limitando à elaboração e análise de planilhas de compra e venda de produtos, performance de equipes, apresentações comerciais e acadêmicas, planilhas de custos e de orçamentos, contabilidade, e, a cada dia mais, o uso pessoal e doméstico.

Neste capítulo, apresentamos todas as novas funções exclusivas do Excel 2016, e, quando necessário, ou indicado, mostramos exemplos que visam facilitar principalmente a utilização do programa em situações do dia a dia, sendo que as funções de estatística, por terem o uso mais especializado, requerem que o leitor possua conhecimentos específicos nesta área, para uma melhor compreensão e um maior aproveitamento das facilidades introduzidas por essas funções, que agora permitem que as previsões, ou os cálculos, que antes da versão 2016 necessitavam ser elaborados por programação VBA, possam ser concluídos de maneira muito mais simples e muito mais rápida pela utilização destas novas funções, nativas do Excel 2016.

O objetivo deste capítulo não é fazer uma imersão no campo da estatística, mas apresentar as funções desta área que simplificarão enormemente, entre outros, o cálculo de previsões de valores futuros, tendo como base fatores conhecidos durante determinado período de tempo, e, principalmente, mostrar as soluções possíveis advindas das outras novas funções, tais como as funções SES, MÁXIMOSES, MÍNIMOSES, entre outras.

FUNÇÃO CONCAT

A função **CONCAT** é uma função de texto introduzida no Microsoft Excel 2016.

Ela substitui a função **CONCATENAR**.

No entanto, a função **CONCATENAR** permanece disponível para compatibilidade com versões anteriores do Excel.

Sintaxe da função **CONCAT**:

	A	B	C	D
1	=CONCAT(			
2	CONCAT(texto1; ...)			
3				

FIGURA 11.1: Função CONCAT — Sintaxe da função

A função **CONCAT** combina o texto de vários intervalos e/ou cadeias de caracteres, mas **não oferece o delimitador ou argumento ignorar_vazio**.

> **Dica:**
>
> Para incluir delimitadores (como espaçamento ou es comerciais (**&**) entre os textos que nós desejamos combinar e remover os argumentos vazios que nós não queremos exibir no resultado de texto combinado, é possível usar a função **UNIRTEXTO**.

A função **CONCAT** exige ao menos um texto como parâmetro obrigatório, e possibilita a inclusão de até um **máximo de 253 argumentos de texto** para os itens de texto. Cada uma pode ser uma cadeia de caracteres ou uma matriz de cadeias de caracteres, como um intervalo de células.

Vejamos alguns exemplos de uso na Figura 11.2:

	A	B	C	D	E	F	G	H	I	J
1	O	Povo	Unido	Jamais	Será	Vencido				
2										
3	OPovoUnidoJamaisSeráVencido				=CONCAT(A1;B1;C1;D1;E1;F1)					
4	O Povo Unido Jamais Será Vencido				=CONCAT(A1;" ";B1;" ";C1;" ";D1;" ";E1;" ";F1)					
5	Na célula A4 construímos uma fórmula parecida coma fórmula da célula A3, mas incluímos									
6	espaços em branco									
7										
8	Adoniran	Barbosa	Adoniran Barbosa compôs a música moro em Jaçanã							
9	compôs	a	=CONCAT(A8:B11)							
10	música	moro	Aqui usamos o artifício de incluir um espaço em branco antes dos textos							
11	em	Jaçanã	nas próprias células, e não na fórmula da função CONCAT							
12										
13	a	1	a1 b2 c3 d4 e5 f6			A	x	1	A x 1 B y 2 C z 3	
14	b	2	=CONCAT(A13:B18)			B	y	2	=CONCAT(F13:H15)	
15	c	3				C	z	3		
16	d	4				Para conseguir incluir um espaço antes dos				
17	e	5				números as células G12:G14 foram formatadas				
18	f	6				como texto				

Figura 11.2: Exemplos de Uso da função **CONCAT**

> **Nota:**
>
> Se a cadeia de caracteres resultante exceder 32767 caracteres (limite da célula), **CONCAT** retorna o erro **#VALOR!**

Dica:

Esta função permite unir colunas, ou linhas, inteiras, por exemplo, com a seguinte fórmula: =**CONCAT**(M:N) Como pode ser visto na Figura 11.3:

M	N	O	P	Q	R	S	T	U
1	um	1 um 2 dois 3 três 4 quatro 5 cinco 6 seis 7 sete 8 oito 9 nove10 dez						
2	dois	=CONCAT(M:N)						
3	três							
4	quatro							
5	cinco							
6	seis							
7	sete							
8	oito							
9	nove							
10	dez							

Figura 11.3: Uso da Função **CONCAT** em colunas inteiras

FUNÇÃO UNIRTEXTO

A função **UNIRTEXTO** combina o texto de vários intervalos e/ou cadeias de caracteres e inclui um delimitador especificado pelo usuário entre cada valor de texto que será combinado. Se o delimitador for uma cadeia de caracteres de texto vazia, essa função concatenará efetivamente os intervalos.

Sintaxe da Função

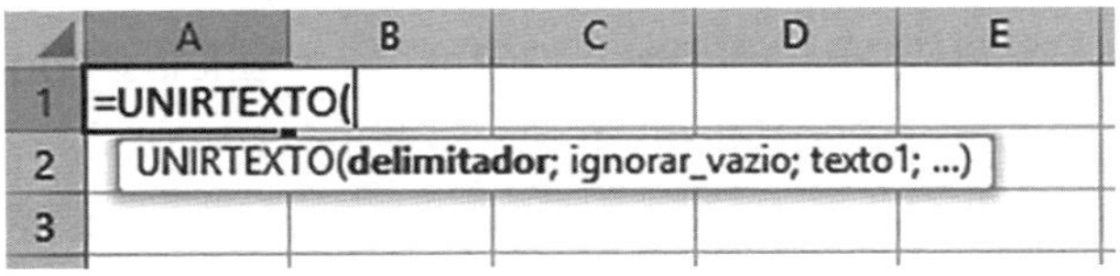

Figura 11.4: Função **UNIRTEXTO** — Sintaxe da função

Em que:

- **delimitador:** é um parâmetro **obrigatório**. Pode ser uma cadeia de texto, seja vazia ou com um ou mais caracteres delimitados por aspas duplas, ou uma referência a uma cadeia de texto válida. Se for fornecido um número, ele será tratado como texto.

- **ignorar_vazio**: é um parâmetro **obrigatório**. Se igual a **VERDADEIRO, ignora as células vazias,** se igual a **FALSO inclui as células vazias.**

- **texto1:** é um parâmetro **obrigatório**. Refere-se ao item de texto a ser unido. Uma cadeia de texto ou uma matriz de cadeias de caracteres, como um intervalo de células.

- **texto2, texto3, ... textok:** são parâmetros **opcionais**. Referem-se aos itens de texto adicionais a serem unidos. Pode haver**, no máximo, 252 argumentos de texto** para os itens de texto, incluindo **texto1**. Cada um pode ser uma cadeia de caracteres ou uma matriz de cadeias de caracteres, como um intervalo de células.

Dica:

Se a cadeia de caracteres resultante exceder 32767 caracteres (limite da célula), **UNIRTEXTO** retornará o erro **#VALOR!**

Na Figura 11.5 utilizaremos a mesma tabela para unir os textos, com duas fórmulas que só diferem no segundo parâmetro, na primeira fórmula o parâmetro é **VERDADEIRO** e na segunda fórmula o parâmetro é **FALSO**.

É possível notar uma leve diferença no comprimento das duas células que contêm os textos unidos, mesmo tendo estas duas células sido formatadas de maneira igual (mesclar e centralizar, fonte Calibri, tamanho 12, com Negrito e bordas), vejamos a figura:

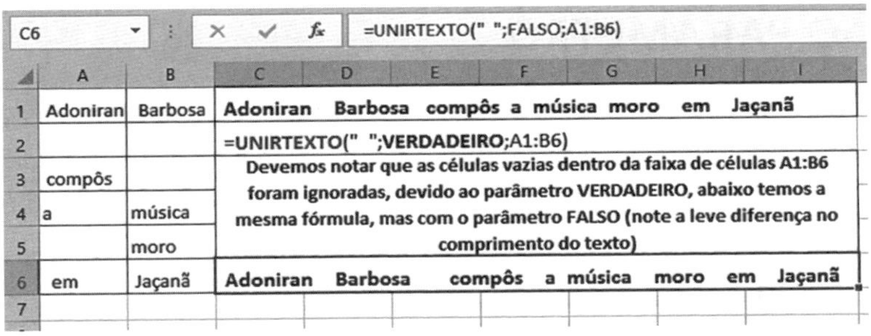

FIGURA 11.5: Unindo textos com a função **UNIRTEXTO**, alternado os parâmetros

Dica:

A Função **UNIRTEXTO** não preserva a formatação original dos textos nas células de origem, ou seja, **a cadeia de textos unida recebe a formatação da célula de destino**, embora outras alterações, tais como as substituições de letras minúsculas por maiúsculas, por exemplo, tenham efeito imediato, como podemos ver na Figura 11.6:

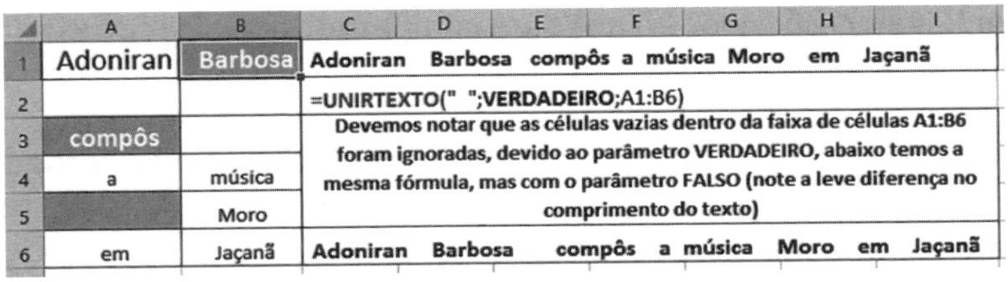

FIGURA 11.6: A função **UNIRTEXTO** não preserva a formatação original dos textos

Dica:

Esta função apresenta facilidades de uso em relação à função **CONCATENAR**, visto que não precisamos incluir espaços em branco em cada texto. Basta especificar o tipo de delimitador desejado, e, ainda, podemos especificar um intervalo de células do tipo A4:A17, enquanto isto não é possível com a função **CONCATENAR**, na qual devemos incluir todas as células, uma a uma. Além disto podemos escolher incluir ou não as células vazias.

FUNÇÃO PARÂMETRO

A função **PARÂMETRO** avalia uma expressão em relação a uma lista de valores e retorna o resultado de acordo com o primeiro valor correspondente. Se não houver nenhuma correspondência, um valor padrão opcional poderá ser retornado.

Sintaxe da Função

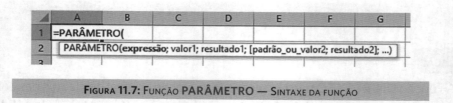

Figura 11.7: Função PARÂMETRO — Sintaxe da função

Em que:

- **expressão**: é um argumento obrigatório. Este é o valor que será comparado aos valores que podem ir de **valor1 até valor126**.

- **valor1...valor126:** valor é o que será **comparado** ao valor correspondente **ao argumento expressão**.

- **resultado1...resultado126:** o resultado é um valor que **será retornado quando** o argumento **valorN** correspondente **coincidir** com o argumento especificado pelo argumento **expressão**. Um resultado deve ser fornecido para cada valorN correspondente.

- **padrão**: é um argumento **opcional**. O argumento padrão é o que **será retornado quando nenhuma correspondência for encontrada** entre os argumentos expressão e algum dos argumentos valorN. **O padrão deve ser o argumento final na função**. O argumento padrão é identificado por não ter nenhuma expressão **resultadoN** correspondente.

Dica:

As funções são limitadas a 254 argumentos, portanto, é possível usar até 126 pares de argumentos de valores e resultados na construção de fórmulas com a função **PARÂMETRO**.

Dica:

Se nenhum dos argumentos de valor corresponder à expressão e se nenhum argumento padrão for fornecido, a função **PARÂMETRO** retornará o erro **#N/D!**

Dica:

Em células nas quais não podem ser inseridos códigos de erro, podemos contornar este inconveniente utilizando-nos, por exemplo, das funções **ÉERRO** e **ÉERROS** aninhadas, dependendo de cada caso.

Esta função é, ao mesmo tempo, simples e muito poderosa. Pode ser utilizada até mesmo em substituição de funções mais complexas, tais como a função **PROCV**, como veremos no exemplo do calendário mostrado na Figura 11.8:

	A	B	C	D	E	F	G	H	I
1	1	7	Domingo						
2		6	Segunda-feira						
3		5	Terça-feira						
4		4	Quarta-feira						
5		3	Quinta-feira						
6		2	Sexta-feira						
7		1	Sábado						
8									
9	Sábado								
10	=PARÂMETRO(A1;B1;C1;B2;C2;B3;C3;B4;C4;B5;C5;B6;C6;B7;C7;"Digite um número entre 1 e 7")								

Figura 11.8: A função PARÂMETRO utilizada em um calendário

Neste exemplo, o argumento **expressão** é o conteúdo da célula **A1**.

Os valores de **valor1 até valor7** estão nas células de **B1 até B7**.

Os resultados de **resultado1 até resultado7** estão nas células de **C1 até C7**.

E **existe o argumento padrão**, que é: **"Digite um número entre 1 e 7"**.

Desta maneira, à medida que o valor de A1 variar entre 1 e 7, o conteúdo da célula A9 (que contém a fórmula) varia entre Domingo e Sábado.

Caso seja digitado um valor em A1 fora da faixa entre 1 e 7, a mensagem "Digite um número entre 1 e 7" será exibida.

> **Dica:**
>
> **É possível limitar as opções de entrada de dados na célula A1 com o recurso de validação de dados.** Assim, poderíamos **dispensar o argumento padrão** para simplificar a fórmula, sem a possibilidade de retorno do código de erro **#N/D!**

> **Dica:**
>
> Além disto, **poderíamos construir uma fórmula na célula A1, que avaliasse uma data no formato dd/mm/aaaa em outra célula**, para que, à medida que digitássemos **uma data neste formato, por exemplo na célula E1, na célula F1 poderíamos ter o dia da semana correspondente**, isto pode ser feito com o auxílio da função **DIA.DA.SEMANA**, que retorna um número entre 1 e 7 para uma data no formato dd/mm/aaaa, como demonstramos em detalhes na apresentação da função **PROCV**.

FUNÇÃO SES

A função **SES** verifica se uma ou mais condições são satisfeitas e retorna um valor que corresponde **à primeira condição VERDADEIRO**.

Esta função permite inserir até 127 pares de condições (uma condição é constituída de um teste e de um resultado para aquele teste). Se o teste for verdadeiro, será adotado o resultado específico correspondente ao teste atendido.

A função **SES** pode ser usada em vez de várias instruções **SE** aninhadas.

Sintaxe da Função

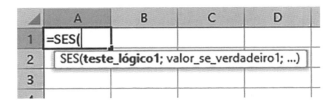

FIGURA 11.9: Função SES — Sintaxe da Função

Exemplos de Uso

=**SES**(A1=1;10;A1=2;100;A1=3;1000)

Que resulta em que se A1 for igual a 1, exibir 10, se A1 for igual a 2, exibir 100 ou se A1 for igual a 3, exibir 1000.

Nota:

Se uma pasta de trabalho com a função **SES** for aberta em uma versão anterior do Excel, todas as células que contiverem a função **SES** exibirão um erro **#NOME?** (Pois esta função não existe em versões anteriores do Excel, tais como a versão 2013 e anteriores).

Outros Exemplos e Detalhes

Na Figura 11.10, temos o uso rotineiro da função SES, com apenas um critério atendido:

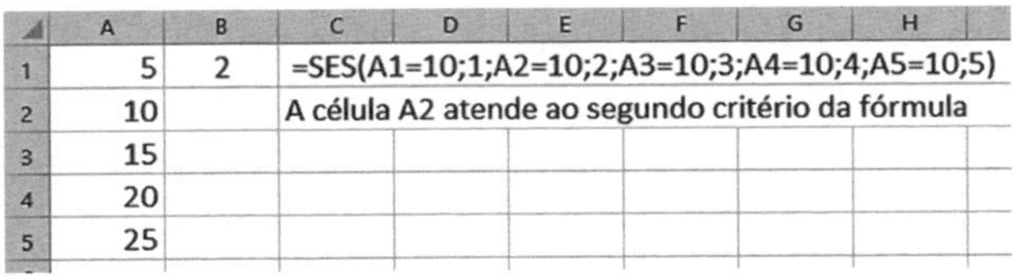

FIGURA 11.10: Função SES com apenas um critério atendido

218 FÓRMULAS, FUNÇÕES E MATRIZES NO EXCEL 2016

Na Figura 11.11 temos a mesma tabela do exemplo anterior, mas existem duas células que atendem a dois critérios da função:

	A	B	C	D	E	F	G	H	I
1	5	2	=SES(A1=10;1;A2=10;2;A3=10;3;A4=10;4;A5=10;5)						
2	10		A célula A2 atende ao segundo critério da fórmula						
3	10		e a célula A3 atende ao terceiro critério da fórmula						
4	20								
5	25		Neste caso a função retorna o resultado do primeiro						
6			critério atendido, e ignora os demais.						

FIGURA 11.11: FUNÇÃO SES COM MAIS DE UM CRITÉRIO ATENDIDO

Na Figura 11.12 temos a mesma tabela dos exemplos anteriores, mas nenhuma célula utilizada na fórmula atende a nenhum critério:

	A	B	C	D	E	F	G	H	I
1	5	#N/D	=SES(A1=10;1;A2=10;2;A3=10;3;A4=10;4;A5=10;5)						
2	11		Nenhuma célula utilizada na fórmula atende a nenhum						
3	15		dos critérios da função SES						
4	20								
5	25		A Função retorna o erro #N/D						

FIGURA 11.12: FUNÇÃO SES SEM NENHUM CRITÉRIO ATENDIDO RETORNA O ERRO #N/D

DICA:

Em situações como essa, caso a fórmula que contém a função **SES** seja utilizada em outra fórmula (que no caso não aceite códigos de erros como argumentos), uma solução possível é substituir a função **SES** por várias funções **SE** combinadas ou aninhadas. Ou então podemos aninhar a função **SES** com funções que lidam com códigos de erros, tais como **ÉERRO** e **ÉERROS**. **Outra solução, muito mais prática, é mostrada na Figura 11.13**, e consiste em incluir um último teste lógico que seja sempre atendido, ou verdadeiro, tal como 1=1, e qualquer parâmetro que desejemos que seja retornado caso os testes lógicos anteriores não sejam atendidos, aqui escolhemos o número zero:

	A	B	C	D	E	F	G	H	I
1	12	0	=SES(A1=10;1;A2=10;2;A3=10;3;A4=10;4;A5=10;5;1=1;0)							
2	11		Nenhuma célula utilizada na fórmula atende a nenhum dos							
3	15		critérios da função SES, mas o último teste lógico (1=1)							
4	20		sempre é verdadeiro, ou atendido.							
5	25		A Função retorna o último parâmetro (0)							

Figura 11.13: Evitando-se o retorno de código de erro na função SES com o padrão 1=1

Dica:

O zero após o padrão pode ser substituído por um espaço entre aspas, para a função não retornar dados (neste caso retorna um espaço em branco).

Dica:

Em situações nas quais houver a possibilidade de mais de um critério ser atendido devido à lógica de cálculo da função **SES** que mostra apenas o primeiro critério atendido, devemos avaliar a possibilidade de substituí-la por um conjunto de funções **SE**, aninhadas, ou **concatenadas**, em quantidade correspondente ao número de critérios. Assim, todos os critérios atendidos teriam seus valores mostrados, de maneira similar à solução deste tipo de inconveniente que encontramos na função **SOMASES**, em que mostramos como substituí-la por um conjunto de funções **SOMASE** concatenadas.

FUNÇÃO MÁXIMOSES

A função **MÁXIMOSES** é uma das funções estatísticas do Microsoft Excel 2016.

A função **MÁXIMOSES** retorna o valor máximo entre as células especificadas por um determinado conjunto de critérios ou condições.

Sintaxe

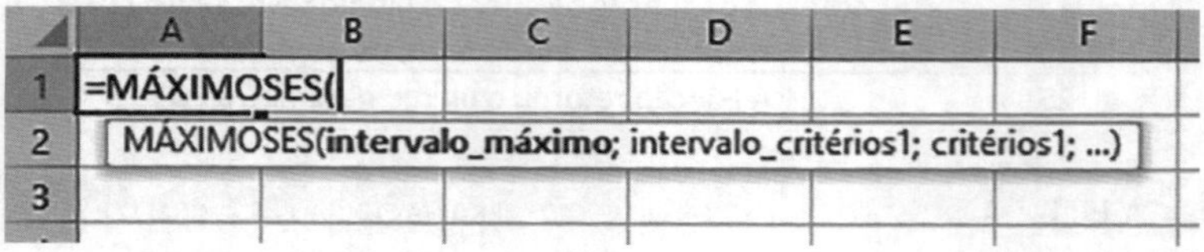

Figura 11.14: Função MÁXIMOSES — Sintaxe da Função

Os parâmetros da função são:

- **intervalo_máximo:** é um **parâmetro obrigatório**, que representa a faixa de células, ou nome definido, que contém o valor máximo que estamos procurando, e que será retornado conforme os critérios sejam atendidos.

- **intervalo_critérios1:** é um **parâmetro obrigatório**, que representa ao menos uma faixa de células a ser avaliada quanto a atender ou não o critério1.

- **critérios1:** são os critérios na forma de um número, expressão ou texto que definem quais células serão avaliadas como o máximo.

- **intervalo_critériosk:** é um **parâmetro opcional**, podemos incluir até 126 pares de intervalo/critérios.

- **critériosk:** é o critério a ser atendido, ou não, dentro da faixa intervalo_critériosk.

Exemplo 1

Neste exemplo usaremos apenas os parâmetros obrigatórios.

Vamos considerar que a faixa **intervalo_máximo** corresponda às células entre **A2 e A10**, o parâmetro **intervalo_critérios1** corresponda à faixa de células **B2:B10**, e o nosso parâmetro **critérios1** seja um texto, na verdade a letra **K**.

Neste caso, teríamos a seguinte fórmula:

=**MÁXIMOSES**(A2:A10;B2:B10;"K")

Vejamos o resultado na Figura 11.15:

	A	B	C	D	E	F
1	Pontuação	Categoria				
2	85	K				
3	88	L				
4	90	J				
5	89	L				
6	86	K				
7	92	M				
8	91	J				
9	87	K				
10	93	M				
11						
12	87	=MÁXIMOSES(A2:A10;B2:B10;"K")				

Figura 11.15: Função **MÁXIMOSES** apenas com os argumentos obrigatórios

Neste exemplo, podemos observar que as células B2, B6 e B9 atendiam ao critério (Letra K), e, desta maneira, a célula com o maior valor correspondente no **intervalo_máximo** é a célula **A9**, e **seu conteúdo é igual a 87**.

Para evitarmos confusões entre os resultados das funções **MÁXIMO** e **MÁXIMOSES**, lembramos que, para um dado intervalo, a função **MÁXIMO** retorna o maior valor, no caso da faixa de células A2:A10, seria igual a 93 (o conteúdo da célula **A10**), mas a diferença é que a função **MÁXIMOSES** retorna o valor máximo apenas entre as células que atenderam aos critérios (categoria K), que neste caso é a célula **A9**.

Dica:

Ao utilizarmos **textos** como critérios, devemos nos lembrar de envolvê-los **entre aspas**.

Exemplo 2

Neste exemplo, **utilizaremos também um par de argumentos opcionais**. Para isto, acrescentaremos mais uma coluna na tabela da Figura 11.2, com o rótulo **Etapa**, que para este exemplo será igual a um para algumas linhas, e igual a dois para as outras.

Desta maneira, fica fácil observar que, após o primeiro teste da faixa intervalo_critério1 atender ou não ao critério1, o critério2 será checado para as células correspondentes na faixa intervalo_critérios2, e assim por diante.

Neste exemplo, as células B9, B6 e B2 atendem ao critério1, mas, para estas linhas que atendem ao critério1, apenas a célula C6 (na linha 6) atende também ao critério2, e, portanto, a célula B6 é a única que está na linha que atende simultaneamente aos dois critérios, e, portanto, seu conteúdo é o resultado da nossa fórmula.

Vejamos na prática, na Figura 11.16:

	A	B	C	D	E	F
1	Pontuação	Categoria	Etapa			
2	85	K	1		←	
3	88	L	2			
4	90	J	2			
5	89	L	2			
6	86	K	2	←		
7	92	M	2			
8	91	J	2			
9	87	K	1		←	
10	93	M	2			
11						
12	86	=MÁXIMOSES(A2:A10;B2:B10;"K";C2:C10;2)				

Figura 11.16: Função MÁXIMOSES com argumentos opcionais

Exemplo 3

Neste exemplo, manteremos a mesma tabela da Figura 11.16, mas alteraremos os valores da coluna Etapa nas linhas dois e nove, e assim teremos três linhas atendendo a todos os critérios.

O resultado, mantendo-se a mesma fórmula, será igual a 87, que é o conteúdo da **célula que possui o maior valor entre as três que atendem aos dois critérios**, como pode ser visto na Figura 11.17:

	A	B	C	D
1	Pontuação	Categoria	Etapa	
2	85	K	2	←
3	88	L	2	
4	90	J	2	
5	89	L	2	
6	86	K	2	←
7	92	M	2	
8	91	J	2	
9	87	K	2	←
10	93	M	2	
11				
12	87	=MÁXIMOSES(A2:A10;B2:B10;"K";C2:C10;2)		

Figura 11.17: Função MÁXIMOSES com várias linhas atendendo a todos os critérios

Dica:

O tamanho e a forma dos argumentos intervalo_máximo e intervalo_critériosk devem ser iguais, caso contrário, as funções retornam o erro **#VALOR!**

FUNÇÃO MÍNIMOSES

A função **MÍNIMOSES** é mais uma das funções estatísticas do Microsoft Excel 2016.

Ela retorna o valor mínimo entre as células especificadas por um determinado conjunto de critérios ou condições.

Sintaxe

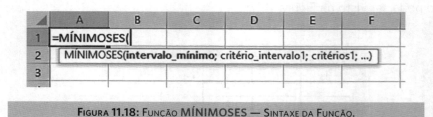

Figura 11.18: Função MÍNIMOSES — Sintaxe da Função.

Os parâmetros da função são:

- **intervalo_mínimo:** é um **parâmetro obrigatório**, que representa a faixa de células, ou nome definido, que contém o valor mínimo que estamos procurando, e que será retornado conforme os critérios sejam atendidos.

- **intervalo_critérios1:** é um **parâmetro obrigatório**, que representa ao menos uma faixa de células a ser avaliada quanto a atender ou não o critério1.

- **critérios1:** são os critérios na forma de um número, expressão ou texto que definem quais células serão avaliadas como o máximo.

- **intervalo_critériosk:** é um **parâmetro opcional**. Podemos incluir até 126 pares de intervalo/critérios.

- **critériosk:** é o critério a ser atendido, ou não, dentro da faixa intervalo_critériosk.

Exemplo 1

Neste exemplo, usaremos apenas os parâmetros obrigatórios.

Vamos otimizar o espaço e explicar aqui uma característica comum nas funções **MÁXIMOSES** e **MÍNIMOSES**, e que não foi explicada na apresentação da função **MÁXIMOSES**.

Estas funções **podem procurar os valores** alvo, **tanto ao longo de linhas como ao longo de colunas**, ou seja, **podemos fazer buscas verticais ou horizontais**, bastando ajustar os valores dos intervalos (que têm que ser das mesmas dimensões) de forma a abranger linhas ou colunas.

Como na função **MÁXIMOSES** procuramos valores máximos dentro de uma coluna (coluna A), aqui veremos algumas aplicações procurando valores alvos dentro de uma mesma linha, que se estende por várias colunas.

Na Figura 11.19 nós temos uma pequena tabela com o **nome de alguns times** de futebol ao longo de uma linha que abrange várias colunas, e, da mesma maneira, nas linhas de baixo temos a quantidade de **gols sofridos**, **gols a favor**, **faltas cometidas**, **cartões amarelos** e **cartões vermelhos** durante um campeonato. Os dados são fictícios e foram escolhidos de maneira a facilitar a apresentação do funcionamento da função.

Na nossa fórmula, procuraremos encontrar o valor do menor número de gols contra entre os times que sofreram menos de 50 gols.

Para isso, teríamos uma fórmula semelhante à seguinte:

=**MÍNIMOSES**(B2:H2;B2:H2;"<50")

	A	B	C	D	E	F	G	H
1	Time	Bota	Santa	Vitória	América	Náutico	Braga	Paysandu
2	Gols sofridos	30	43	40	39	42	56	40
3	Gols a favor	60	63	58	55	49	56	40
4	Faltas cometidas	12	14	16	10	4	6	8
5	Cartões vermelhos	0	0	0	1	1	2	2
6	Cartões amarelos	3	3	4	2	1	1	2
7								
8		30	=MÍNIMOSES(B2:H2;B2:H2;"<50")					

FIGURA 11.19: FUNÇÃO **MÍNIMOSES** COM APENAS OS ARGUMENTOS OBRIGATÓRIOS

Podemos notar que apenas um time sofreu mais de 50 gols, portanto, temos seis times atendendo ao critério de menor que cinquenta. Neste caso, entre as seis células que atenderam o critério, a menor delas é a célula B2, com valor igual a trinta.

Vejamos qual seria o resultado se, além de ter sofrido menos de 50 gols contra, especificássemos como critério ter cometido menos de 10 faltas, com a seguinte fórmula:

	A	B	C	D	E	F	G	H
1	Time	Bota	Santa	Vitória	América	Náutico	Braga	Paysandu
2	Gols sofridos	30	43	40	39	42	56	40
3	Gols a favor	60	63	58	55	49	56	40
4	Faltas cometidas	12	14	16	10	4	6	8
5	Cartões vermelhos	0	0	0	1	1	2	2
6	Cartões amarelos	3	3	4	2	1	1	2
7								
8		30	=MÍNIMOSES(B2:H2;B2:H2;"<50")					
9		40	=MÍNIMOSES(B2:H2;B2:H2;"<50";B4:H4;"<10")					

FIGURA 11.20: A FUNÇÃO MÍNIMOSES COM ARGUMENTOS OBRIGATÓRIOS E OPCIONAIS

Como podemos perceber, das seis células que atenderam ao primeiro critério (menos que 50 gols sofridos), agora temos apenas duas células que atendem simultaneamente ao primeiro e segundo critério (menos que dez faltas cometidas).

E, neste caso, entre estas duas células (F2 e H2), a célula H2 com o conteúdo de 40 representa o conjunto de menor número de gols sofridos e menor quantidade de faltas cometidas, de acordo com os critérios que escolhemos para cada um destes dois testes lógicos.

Apenas para finalizar, mostrando a dinâmica da função, que pode mostrar resultados diferentes à medida que acrescentamos mais intervalos e mais critérios, vamos completar nossa fórmula com mais um intervalo e mais um critério, ou seja, menos que dois cartões vermelhos, com a seguinte sintaxe:

=MÍNIMOSES(B2:H2;B2:H2;**"<50"**;B4:H4;**"<10"**;B5:H5;**"<2"**)

O resultado, com os dados que possuímos, seria igual a 42, como podemos verificar na Figura 11.21:

	A	B	C	D	E	F	G	H	I
1	Time	Bota	Santa	Vitória	América	Náutico	Braga	Paysandu	
2	Gols sofridos	30	43	40	39	42	56	40	
3	Gols a favor	60	63	58	55	49	56	40	
4	Faltas cometidas	12	14	16	10	4	6	8	
5	Cartões vermelhos	0	0	0	1	1	2	2	
6	Cartões amarelos	3	3	4	2	1	1	2	
7									
8		30	=MÍNIMOSES(B2:H2;B2:H2;"<50")						
9		40	=MÍNIMOSES(B2:H2;B2:H2;"<50";B4:H4;"<10")						
10		42	=MÍNIMOSES(B2:H2;B2:H2;"<50";B4:H4;"<10";B5:H5;"<2")						

FIGURA 11.21: FUNÇÃO MÍNIMOSES COM 1, 2 E 3 ARGUMENTOS

Para completar a fórmula, bastaria aninharmos esta função com outras funções, tais como as funções **PARÂMETRO**, ou **PROCV**, ou **PROCH** conforme o caso, para termos de forma dinâmica a indicação do nome do time que estivesse atendendo aos critérios que selecionamos.

FUNÇÃO PREVISÃO.LINEAR

A função **PREVISÃO.LINEAR** é uma das funções estatísticas introduzidas no Microsoft Excel 2016.

A função **PREVISÃO.LINEAR** calcula, ou prevê, um valor futuro baseando-se em valores existentes. **O valor previsto é um valor de y para um determinado valor de x**. Os valores conhecidos são valores de x e de y existentes, e o novo valor é previsto pela regressão linear.

Podemos usar esta função para fazer previsões de vendas futuras, previsão de evolução de índices financeiros baseados em históricos conhecidos, previsões de alterações climáticas, como aquecimento global, o nível dos oceanos, a disponibilidade de água potável nos reservatórios que abastecem as grandes cidades, ou outras previsões a respeito de resultados prováveis calculados a partir de históricos conhecidos.

SINTAXE

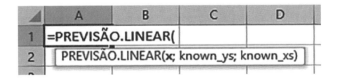

FIGURA 11.22: Função PREVISÃO.LINEAR — Sintaxe da Função

Os parâmetros da função são:

- **x,** é um **parâmetro obrigatório**. É o ponto de dados para o qual desejamos prever o valor.

- **known_ys ou valores y conhecidos**. É um **parâmetro obrigatório**, representa um intervalo de dados, ou matriz independente.

- **known_xs ou valores x conhecidos**. É um **parâmetro obrigatório**, representa um intervalo de dados, ou matriz independente.

Exemplo Prático

Podemos utilizar as funções de previsão estatísticas, como a função **PREVISÃO.LINEAR** para prever, com base nos históricos observados, os valores prováveis de serem encontrados em eventos posteriores àqueles observados.

De modo geral, uma previsão de um fenômeno deve levar em consideração outros fenômenos que sejam relacionados ao primeiro.

Aqui nós avaliaremos o nível de volume de água armazenado no sistema Cantareira entre os anos de 2003 e 2016, e utilizaremos a função **PREVISÃO.LINEAR** para prever de uma forma simples o volume estimado para os anos de 2017 e 2018, sem levarmos em consideração outros fenômenos tais como os índices pluviométricos na bacia da Cantareira, nem a variação na quantidade de água consumida na região atendida pelo sistema. Além destes dois fatores, uma análise mais exata levaria em consideração as variações climáticas, índices de desmatamento e outros aspectos técnicos que fogem de nosso objetivo, que é basicamente analisar uma série histórica de dados e prever resultados futuros.

Os dados para este exemplo podem ser observados na Figura 11.23:

	A	B	C
2		Data	Volume
3			armazenado
4		12/06/2003	56,10%
5		12/06/2004	39,90%
6		12/06/2005	57,10%
7		12/06/2006	63,80%
8		12/06/2007	45,60%
9		12/06/2008	64,20%
10		12/06/2009	86,00%
11		12/06/2010	98,20%
12		12/06/2011	92,60%
13		12/06/2012	72,80%
14		12/06/2013	58,10%
15		12/06/2014	4,90%
16		12/06/2015	-9,20%
17		12/06/2016	46,40%

Figura 11.23: Histórico do volume armazenado no Sistema Cantareira

Utilizaremos a função **PREVISÃO.LINEAR** para prever os valores do volume armazenados prováveis, segundo o histórico observado, com o uso da seguinte fórmula:

=**PREVISÃO.LINEAR(B18;C4:C17;B4:B17)**

A fórmula deve ser construída na célula **C18**, e depois copiada para baixo, para obtermos os valores previstos para os anos de 2017 e 2018.

Como pode ser visto na Figura 11.24:

	A	B	C	D
1				
2		Data	Volume armazenado	
3				
4		12/06/2003	56,10%	
5		12/06/2004	39,90%	
6		12/06/2005	57,10%	
7		12/06/2006	63,80%	
8		12/06/2007	45,60%	
9		12/06/2008	64,20%	
10		12/06/2009	86,00%	
11		12/06/2010	98,20%	
12		12/06/2011	92,60%	
13		12/06/2012	72,80%	
14		12/06/2013	58,10%	
15		12/06/2014	4,90%	
16		12/06/2015	-9,20%	
17		12/06/2016	46,40%	
18		12/06/2017	39,93%	C18=PREVISÃO.LINEAR(B18;C4:C17;B4:B17)
19		12/06/2018	35,60%	C19=PREVISÃO.LINEAR(B19;C5:C18;B5:B18)

FIGURA 11.24: FUNÇÃO **PREVISÃO.LINEAR** PREVENDO O VOLUME ARMAZENADO EM 2017 E 2018

Uma prática recomendada é plotar os pontos do histórico e das previsões em gráficos, pois é possível obter uma visão da evolução dos eventos de maneira mais clara e objetiva, como pode ser visto na Figura 11.25 (gráficos com uma linha de tempo maior são mais fáceis de serem interpretados):

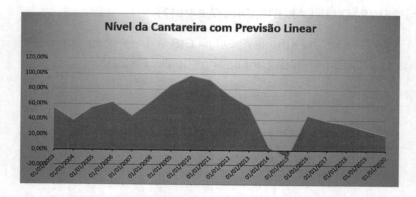

FIGURA 11.25: GRÁFICO DO HISTÓRICO DE ARMAZENAMENTO NA CANTAREIRA

FUNÇÃO PREVISÃO.ETS

A função **PREVISÃO.ETS** é mais uma das funções estatísticas introduzidas no Microsoft Excel 2016.

A função **PREVISÃO.ETS** calcula ou prevê um valor futuro com base em valores existentes (no histórico), usando a versão AAA do algoritmo de Suavização Exponencial (ETS). O valor previsto é uma continuação dos valores históricos na data-alvo especificada, que deve ser uma continuação da linha do tempo. Podemos usar essa função para prever valores futuros a partir de históricos conhecidos, e de alguns parâmetros que tornam a previsão mais adequada, ou mais precisa.

SINTAXE

	A	B	C	D	E	F	G	H
1	=PREVISÃO.ETS(							
2	PREVISÃO.ETS(target_date; values; timeline; [seasonality]; [data_completion]; [aggregation])							
3								

FIGURA 11.26: Função PREVISÃO.ETS — Sintaxe da Função

Os parâmetros da função são:

- **target_date ou data_alvo:** é um **parâmetro obrigatório.** É o ponto de dados para o qual desejamos prever o valor. A data-alvo pode ser numérica ou de data/hora. Caso a data-alvo seja cronológica, antes do final da linha do tempo histórica, a **PREVISÃO.ETS** retorna o erro **#NUM!**

- **values ou valores:** é um **parâmetro obrigatório**. Valores são os valores históricos para os quais você deseja prever os pontos seguintes.

- **timeline ou Linha do Tempo, é um parâmetro obrigatório**: é uma matriz independente ou o intervalo de dados numéricos. As datas na linha do tempo devem ter uma etapa consistente entre elas e não podem ser zero. Não é necessário classificar a linha do tempo, uma vez que a **PREVISÃO.ETS** vai classificá-la implicitamente para os cálculos. Quando não é possível identificar uma etapa constante na linha do tempo fornecida, a **PREVISÃO.ETS** retorna o erro **#NUM!**. Quando a linha do tempo inclui valores duplicados, a **PREVISÃO.ETS** retorna o erro **#VALUE!**. Quando os intervalos da linha do tempo e os valores não são do mesmo tamanho, a **PREVISÃO.ETS** retorna o erro **#N/A**.

- **seasonality ou sazonalidade:** é um **parâmetro opcional**. É um valor numérico. O valor padrão de **1 significa que o Excel detecta a sazonalidade automaticamente** para a previsão e usa números inteiros positivos para a duração do padrão sazonal. **0 indica ausência de sazonalidade, ou seja, significa que a previsão é linear.** Os **números inteiros positivos indicam ao algoritmo o uso de padrões dessa duração**, como a sazonalidade. **Para qualquer outro valor**, a **PREVISÃO.ETS** retorna o erro **#NUM!** A **sazonalidade máxima suportada é de 8.760** (número de horas em um ano). Qualquer **sazonalidade acima desse número resulta no erro #NUM!**

> **NOTA:**
> A sazonalidade é um número para o comprimento (quantidade de pontos) do padrão de sazonalidade, quando é marcado para detecção automática, por exemplo, em um ciclo de vendas anual, em que cada ponto representa um mês, a sazonalidade é 12.

- **data_completion ou complemento de dados:** é um **parâmetro opcional**. Embora a linha do tempo exija uma etapa constante entre pontos de dados, a **PREVISÃO.ETS dá suporte para até 30% de dados ausentes e se ajusta automaticamente a ela**. **O valor 0 indica o algoritmo para representar os pontos ausentes como zeros. O valor padrão de 1 representa os pontos ausentes preenchendo-os para que sejam a média dos pontos vizinhos.**

- **aggregation ou agregação:** é um **parâmetro opcional**. Embora a linha do tempo exija uma etapa constante entre pontos de dados, a **PREVISÃO.ETS** agrega vários pontos que tenham o mesmo carimbo de data/hora. O parâmetro de agregação é um valor numérico que indica o método a ser usado para agregar diversos valores com o mesmo carimbo de data/hora. O valor padrão de 0 usa a **MÉDIA**, enquanto outras opções são **CONTAGEM**, **CONT.VALORES**, **MÁXIMO**, **MEDIANO**, **MÍNIMO** e **SOMA**.

Dica:

Essa função exige que a linha do tempo seja organizada com uma etapa, ou escala, constante entre os vários pontos. Por exemplo, pode ser uma linha do tempo mensal com valores no 1º dia de cada mês, uma linha do tempo anual ou uma linha do tempo de índices numéricos. Para esse tipo de linha do tempo, é muito útil agregar dados brutos detalhados antes de aplicar a previsão, o que produz resultados de previsão mais precisos também.

Dica:

Também é possível criar planilhas de previsão pela **Faixa de Opções**, na **guia Dados**, dentro do grupo de comandos **Previsão**, com o comando **Planilha de Previsão**. Este comando pode ser visto na Figura 11.27:

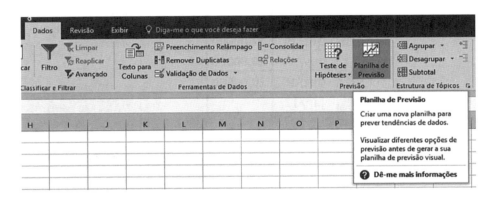

FIGURA 11.27: COMANDO PLANILHA DE PREVISÃO NA FAIXA DE OPÇÕES

Exemplo Teórico

Poderíamos utilizar a função **PREVISÃO.ETS** para tentar prever os valores de vendas em datas futuras, baseados nos valores de vendas históricos, os quais conhecemos.

Vamos considerar os dados da tabela da Figura 11.28; na coluna A, entre as células A1 e A12, temos os meses do ano de 2016, e na coluna B, entre as células B1 e B12, temos a quantidade de contatos fechados, mês a mês. Vamos supor que desejamos conhecer o valor provável do mês de janeiro de 2017, como mostra a figura:

	A	B	C
1	jan/16	25,00000	
2	fev/16	25,00000	
3	mar/16	20,00000	
4	abr/16	18,00000	
5	mai/16	16,00000	
6	jun/16	14,00000	
7	jul/16	14,00000	
8	ago/16	14,00000	
9	set/16	16,00000	
10	out/16	17,00000	
11	nov/16	20,00000	
12	dez/16	20,00000	
13	jan/17		
14			

Figura 11.28: Prevendo mais um dado com a função **PREVISÃO.ETS**

Para isto, poderíamos construir uma fórmula como a seguinte:

=PREVISÃO.ETS(A13;B1:B12;A1:A12;12;1;1)

Desta maneira, poderemos ver o resultado da nossa fórmula sendo mostrado na Figura 11.29:

	A	B	C	D	E	F	G
1	jan/16	23,00000					
2	fev/16	23,00000					
3	mar/16	20,00000					
4	abr/16	18,00000					
5	mai/16	16,00000					
6	jun/16	14,00000					
7	jul/16	14,00000					
8	ago/16	14,00000					
9	set/16	16,00000					
10	out/16	17,00000					
11	nov/16	20,00000					
12	dez/16	20,00000					
13	jan/17	21,4696	=PREVISÃO.ETS(A13;B1:B12;A1:A12;12;1;1)				

FIGURA 11.29: RESULTADO DA FÓRMULA COM A FUNÇÃO **PREVISÃO.ETS**

Na prática, quando usamos as funções estatísticas de previsão, geralmente não fazemos uma previsão de apenas mais um ponto além do histórico, pois para podermos ter uma visão mais clara é interessante fazer uma previsão para um intervalo maior. No caso de datas, a partir de um histórico de doze meses é razoável projetar um período futuro de no mínimo seis meses, ou de mais um ano, pois um único ponto não é capaz de mostrar uma tendência ou de indicar com objetividade as possibilidades futuras de forma confiável.

Desta maneira, devemos aumentar nossas planilhas com uma linha do tempo maior e aplicar a fórmula para as células correspondentes, o que é muito prático de se fazer copiando a fórmula para as células abaixo.

Uma maneira de realçar os resultados dos cálculos das previsões obtidas com a aplicação das fórmulas nas planilhas consiste em coletarmos os dados do histórico junto com os dados previstos e lançá-los em um gráfico, pois os gráficos exibem estas informações numéricas com mais clareza, embora dependam dos dados obtidos de planilhas que contenham as fórmulas.

FUNÇÃO PREVISÃO.ETS.CONFINT

A função **PREVISÃO.ETS.CONFINT** também é uma das funções estatísticas exclusivas do Microsoft Excel 2016.

Ela retorna um intervalo de confiança para o valor de previsão na data-alvo especificada. Um intervalo de confiança de 95% significa que 95% dos pontos futuros devem situar-se nesse raio de resultado da **PREVISÃO.ETS** prevista (com distribuição normal). Usar o intervalo de confiança pode ajudar a entender a precisão do modelo previsto. Um intervalo menor envolve mais confiança na previsão para esse ponto específico.

SINTAXE

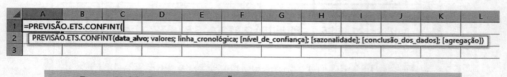

FIGURA 11.30: Função **PREVISÃO.ETS.CONFINT** — Sintaxe da Função

Os parâmetros da função são:

- **data_alvo:** é um **parâmetro obrigatório.** É o ponto de dados para o qual desejamos prever o valor. A data-alvo pode ser numérica ou de data/hora. Caso a data-alvo seja cronológica, antes do final da linha do tempo histórica, a **PREVISÃO.ETS.CONFINT** retorna o erro **#NUM!**

- **valores:** é um **parâmetro obrigatório**. Valores são os valores históricos para os quais você deseja prever os pontos seguintes.

- **linha_cronológica:** é um parâmetro obrigatório. É uma matriz independente ou o intervalo de dados numéricos. As datas na linha do tempo devem ter uma etapa consistente entre elas e não podem ser zero. Não é necessário classificar a linha do tempo, uma vez que a **PREVISÃO.ETS.CONFINT** vai classificá-la implicitamente para os cálculos. Quando não é possível identificar uma etapa constante na linha do tempo fornecida, a **PREVISÃO.ETS. CONFINT** retorna o erro **#NUM!** Quando a linha do tempo inclui valores duplicados, a **PREVISÃO.ETS.CONFINT** retorna o erro **#VALUE!**. Quando os intervalos da linha do tempo e os valores não são do mesmo tamanho, a **PREVISÃO.ETS.CONFINT** retorna o erro **#N/A**.

- **nível_de_confiança:** é um parâmetro opcional. Um valor numérico **entre 0 e 1 (exclusivo)**, que indica o nível de confiança para o intervalo de confiança calculado. Por exemplo, para um intervalo de confiança de 90%, é calculado um nível de confiança de 90% (90% de pontos futuros devem se situar nesse raio de previsão). O valor padrão é de 95%. Para os números fora do intervalo (0,1), a função **PREVISÃO.ETS.CONFINT** retorna o erro **#NUM!**

- **sazonalidade:** é um **parâmetro opcional**. É um valor numérico. O valor padrão de **1 significa que o Excel detecta a sazonalidade automaticamente** para a previsão, e usa números inteiros positivos para a duração do padrão sazonal. O **0(zero) indica ausência de sazonalidade, ou seja, significa que a previsão é linear**. Os **números inteiros positivos indicam ao algoritmo o uso de padrões dessa duração**, como a sazonalidade. **Para qualquer outro valor**, a PREVISÃO.ETS retorna o erro **#NUM!**. A **sazonalidade máxima suportada é de 8.760** (número de horas em um ano). Qualquer **sazonalidade acima desse número resulta no erro #NUM!**

> **NOTA:**
> A sazonalidade é um número para o comprimento (quantidade de pontos) do padrão de sazonalidade, quando é marcado para detecção automática, por exemplo, em um ciclo de vendas anual, em que cada ponto representa um mês, a sazonalidade é 12.

- **conclusão_dos_dados:** é um **parâmetro opcional**. Embora a linha do tempo exija uma etapa constante entre pontos de dados, a **PREVISÃO.ETS dá suporte para até 30% de dados ausentes e se ajusta automaticamente para ela**. O valor 0 indica o algoritmo para representar os pontos ausentes como zeros. O valor padrão de 1 representa os pontos ausentes preenchendo-os para que sejam a média dos pontos vizinhos.

- **agregação:** é um **parâmetro opcional**. Embora a linha do tempo exija uma etapa constante entre pontos de dados, a **PREVISÃO.ETS** agrega vários pontos que tenham o mesmo carimbo de data/hora. O parâmetro de agregação é um valor numérico que indica o método a ser usado para agregar diversos valores com o mesmo carimbo de data/hora. O valor padrão de 0 usa a **MÉDIA**, enquanto outras opções são **CONTAGEM, CONT.VALORES, MÁXIMO, MEDIANO** e **MÍNIMO**.

Dica:

Essa função também exige que a linha do tempo seja organizada com uma etapa constante entre os vários pontos. Por exemplo, pode ser uma linha do tempo mensal com valores no 1º dia de cada mês, uma linha do tempo anual ou uma linha do tempo de índices numéricos. Para esse tipo de linha do tempo, é muito útil agregar dados brutos detalhados antes de aplicar a previsão, o que produz resultados de previsão mais precisos.

FUNÇÃO PREVISÃO.ETS.STAT

A função **PREVISÃO.ETS.STAT** é outra função estatística exclusiva do Microsoft Excel 2016.

A função **PREVISÃO.ETS.STAT** retorna um valor estatístico como um resultado de previsão de série temporal.

O tipo de estatística indica qual é a estatística necessária para essa função.

Sintaxe

	A	B	C	D	E	F	G	H	I
1	=PREVISÃO.ETS.STAT(								
2	PREVISÃO.ETS.STAT(**values**; timeline; statistic_type; [seasonality]; [data_completion]; [aggregation])								
3									

Figura 11.31: Função **PREVISÃO.ETS.STAT** — Sintaxe da Função

Os parâmetros da função são:

- **values ou valores:** é um **parâmetro obrigatório**. Valores são os valores históricos para os quais nós desejamos prever os pontos seguintes

- **timeline ou linha do tempo:** é um **parâmetro obrigatório**. O intervalo de dados numéricos ou matriz independente. As datas na linha do tempo devem ter uma etapa consistente entre elas e não podem ser zero. Linha do tempo não é necessária a serem classificados, como a **PREVISÃO.ETS.STAT** classificará implicitamente para cálculos. Se uma etapa constante não puder ser identificada na linha do tempo fornecida, a **PREVISÃO.ETS.STAT** retornará o erro **#NUM!**. Se a linha do tempo contiver valores duplicados, a **PREVISÃO.ETS.STAT** retornará o erro **#VALOR!**. Se os intervalos de linha do tempo e valores não forem do mesmo tamanho, a **PREVISÃO.ETS.STAT** retornará o erro **#N/D!**

- **statistic_type ou tipo de estatística:** é um **parâmetro obrigatório**. Um valor numérico entre 1 e 8 indica qual é a estatística retornada para a previsão calculada.

- **sazonalidade:** é um **parâmetro opcional**. É um valor numérico. O valor padrão de **1 significa que o Excel detecta a sazonalidade automaticamente** para a previsão e usa números inteiros positivos para a duração do padrão sazonal. O valor igual a **0 (zero) indica ausência de sazonalidade, ou seja, significa que a previsão é linear**. Os **números inteiros positivos indicam ao algoritmo o uso de padrões dessa duração**, como a sazonalidade. **Para qualquer outro valor**, a PREVISÃO.ETS.STAT retorna o erro **#NUM!** A **sazonalidade máxima suportada é de 8.760** (número de horas em um ano). Qualquer sazonalidade acima desse número resulta no erro **#NUM!**

> **NOTA:**
>
> A sazonalidade é um número para o comprimento (quantidade de pontos) do padrão de sazonalidade, quando é marcado para detecção automática, por exemplo, em um ciclo de vendas anual, em que cada ponto representa um mês, a sazonalidade é 12.

- **data_completion ou conclusão_dos_dados:** é um **parâmetro opcional**. Embora a linha do tempo requeira uma escala constante entre pontos de dados, a **PREVISÃO.ETS.STAT** suporta até 30% dos dados ausentes e ajustará automaticamente para ele. O valor igual a 0 (zero) indicará o algoritmo para pontos ausentes como zeros. O valor padrão de 1 representará pontos ausentes, calculando-os como a média dos pontos adjacentes.

- **aggregation ou agregação:** é um **parâmetro opcional**. Embora a linha do tempo requeira uma escala constante entre pontos de dados, a **PREVISÃO.ETS.STAT** agregará pontos que têm o mesmo padrão da escala. O parâmetro de agregação é um valor numérico que indica qual método será usado para agregar vários valores com o mesmo carimbo de hora. O valor padrão de 0 usará **MÉDIA**, enquanto as outras opções são **CONTAGEM, CONT.VALORES, MÁXIMO, MEDIANO, MÍNIMO** e **SOMA**.

As seguintes estatísticas opcionais podem ser retornadas:

- **O parâmetro alfa do algoritmo ETS** — Retorna o parâmetro de valor base. Um valor maior concede mais importância a pontos de dados recentes.

- **O parâmetro beta do algoritmo ETS** — Retorna o parâmetro de valor da tendência. Um valor maior concede mais importância a tendências recentes.

- **O parâmetro gama do algoritmo ETS** — Retorna o parâmetro de valor da sazonalidade. Um valor maior concede mais importância ao período sazonal mais recente.

- **Métrica MASE** — Retorna a métrica do erro com escala de média absoluta. Uma medida da precisão das previsões.

- **Métrica SMAPE** — Retorna a métrica do erro de percentual de média absoluta simétrica. Uma medida precisa com base em erros de percentual.

- **Métrica MAE** — Retorna a métrica do erro de percentual de média absoluta simétrica. Uma medida precisa com base em erros de percentual.

- **Métrica RMSE** — Retorna a métrica do erro ao quadrado da média da raiz. Uma medida das diferenças entre os valores previstos e observados.

- **Tamanho da etapa detectado** — Retorna o tamanho da etapa detectado na linha do tempo histórica.

> **Nota:**
>
> A estatística opcional a ser retornada corresponde ao valor do parâmetro **tipo de estatística**, que varia de 1 a 8.

FUNÇÃO PREVISÃO.ETS.SAZONALIDADE

A função **PREVISÃO.ETS. SAZONALIDADE** também é uma função estatística exclusiva do Microsoft Excel 2016.

A função **PREVISÃO.ETS.SAZONALIDADE** retorna o comprimento do padrão repetitivo que o Excel detecta para a série temporal especificada.

A função **PREVISÃO.ETS.SAZONALIDADE** pode ser usada após **PREVISÃO.ETS** para identificar qual sazonalidade automática foi detectada e usada na **PREVISÃO.ETS**. Ela também pode ser usada independentemente da **PREVISÃO.ETS**. As funções estão vinculadas sobre como a sazonalidade detectada nesta função é idêntica à usada pela **PREVISÃO.ETS**, considerando a mesma entrada de parâmetros que afetam a conclusão de dados.

Sintaxe

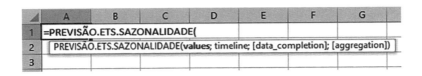

Figura 11.32: Função **PREVISÃO.ETS.SAZONALIDADE** — Sintaxe da Função

Os parâmetros da função são:

- **values ou valores:** é um **parâmetro obrigatório**. Valores são os valores históricos para os quais nós desejamos prever os pontos seguintes.

- **timeline ou linha do tempo:** é um **parâmetro obrigatório**. É um intervalo de dados numéricos ou matriz independente. As datas na linha do tempo devem ter uma escala consistente entre elas e não podem ser zero. A linha do tempo não necessita ser classificada, porque a **PREVISÃO.ETS.SAZONALIDADE** a classificará implicitamente para os cálculos. Se uma etapa constante não puder ser identificada na linha do tempo fornecida, a **PREVISÃO.ETS.SAZONALIDADE** retornará o erro **#NUM!**. Se a linha do tempo contiver valores duplicados, a **PREVISÃO.ETS.SAZONALIDADE** retornará o erro **#VALOR!**. Se os intervalos de linha do tempo e valores não forem do mesmo tamanho, a **PREVISÃO.ETS.SAZONALIDADE** retornará o erro **#N/D!**

- **data_completion ou conclusão_dos_dados:** é um **parâmetro opcional**. Embora a linha do tempo requeira uma escala constante entre pontos de dados, a **PREVISÃO.ETS.SAZONALIDADE** suporta até 30% dos dados ausentes e ajustará automaticamente para ele. O valor igual a 0 (zero) indicará o algoritmo para pontos ausentes como zeros. O valor padrão de 1 representará pontos ausentes calculando-os como a média dos pontos adjacentes.

- **aggregation ou agregação:** é um **parâmetro opcional**. Embora a linha do tempo requeira uma escala constante entre pontos de dados, a **PREVISÃO.ETS.SAZONALIDADE** agregará pontos que têm o mesmo padrão da escala. O parâmetro de agregação é um valor numérico que indica qual método será usado para agregar vários valores com o mesmo carimbo de hora. O valor padrão de 0 usará **MÉDIA**, enquanto as outras opções são **CONTAGEM**, **CONT.VALORES**, **MÁXIMO**, **MEDIANO**, **MÍNIMO** e **SOMA**.

Capítulo XII
LISTA DE FUNÇÕES DO MICROSOFT EXCEL 2016

Podemos encontrar uma lista das centenas de funções do Excel, **por categorias**, no link a seguir, fornecido pela própria Microsoft©[*]:

https://support.office.com/pt-br/article/
Fun%C3%A7%C3%B5es-do-Excel-por-categoria-5f91f4e9-7b42-
46d2-9bd1-63f26a86c0eb

Basta digitar este link na janela de endereços do navegador, ou efetuar uma busca na web com o texto: "funções do Microsoft Excel", para ter acesso aos detalhes de cada uma das funções, e clicando-se na função desejada, encontramos detalhes e explicações de uso, sendo que para várias funções a Microsoft© disponibilizou vídeos, acessíveis ao clicarmos no nome da função, que mostram de forma bem detalhada estes aspectos, bem como os erros comuns ao trabalharmos com algumas funções.

Nas listagens das funções podemos encontrar os marcadores de versão, que indicam a versão do Excel na qual uma função foi introduzida. Essas funções não estão disponíveis em versões anteriores.

Os resultados calculados de fórmulas e algumas funções de planilha do Excel podem diferir ligeiramente entre um PC com Windows que use a arquitetura x86 ou x86-64 e um PC com Windows RT que use uma arquitetura ARM.

---

[*] Os links sugeridos neste capítulo não estão vinculados à obra. Desta forma, a editora Alta Books não se responsabiliza pela disponibilidade de acesso aos seus conteúdos, bem como pela exatidão e atualização das informações obtidas por meio deles.

Conforme define a própria Microsoft©:

"Diferenças de cálculo entre PCs e computadores com Windows RT:

Ao criar fórmulas e usar as funções de planilhas do Excel©, você poderá notar algumas diferenças entre os resultados dos cálculos em computadores com Windows RT e PCs com a arquitetura tradicional baseada em x86. Isso ocorre devido a uma diferença no design dos processadores usados no Windows RT e em computador com base em x86. Essas diferenças ocorrem quando o nível de precisão é muito alto, como no 14º ou 15º dígito significativo."

Para ter acesso a uma listagem das **funções por ordem alfabética**, podemos acessar outro link, também oferecido pela Microsoft©:

```
https://support.office.com/pt-br/article/
Fun%C3%A7%C3%B5es-do-Excel-ordem-alfab%C3%A9tica-
b3944572-255d-4efb-bb96-c6d90033e188
```

Esta listagem mostra todas as funções desde a Função **ABS**, a primeira da lista, até a Função **TESTEZ**, a última.

Em ambas listagens podemos encontrar as funções mais antigas e aquelas introduzidas nas versões 2010, 2013 e 2016 do Microsoft© Excel©.

O Excel© 2016 oferece mais de 470 funções, e este leque é abrangente o suficiente para garantir que o Excel© 2016 seja um produto exclusivo e sem concorrentes à altura no que se refere à manipulação de dados em planilhas numéricas e de texto, que utilizem fórmulas e formatações exclusivas.

O Excel© 2016 traz 11 novas funções, em relação às funções já disponíveis no Excel© 2013, sendo que uma dessas, a Função CONCAT, veio para substituir a Função CONCATENAR, que permanece para fins de compatibilidade, aumentando ainda mais a aplicabilidade deste produto e suas possibilidades de uso.

A lista completa das funções do Excel© 2016 pode ser vista a seguir:

Observação:

Os marcadores de versão indicam a versão do Excel na qual uma função foi introduzida. Essas funções não estão disponíveis em versões anteriores.

Nome da função	Tipo e descrição
Função ABS	**Matemática e trigonometria:** retorna o valor absoluto de um número.
Função JUROSACUM	**Financeira:** retorna a taxa de juros acumulados de um título que paga uma taxa periódica de juros.
Função JUROSACUMV	**Financeira:** retorna os juros acumulados de um título que paga juros no vencimento.
Função ACOS	**Matemática e trigonometria:** retorna o arco cosseno de um número.
Função ACOSH	**Matemática e trigonometria:** retorna o cosseno hiperbólico inverso de um número.
Função ACOT 2013	**Matemática e trigonometria:** retorna o arco tangente de um número.
Função ACOTH 2013	**Matemática e trigonometria:** retorna o arco tangente hiperbólico de um número.
Função AGREGAR	**Matemática e trigonometria:** retorna uma agregação em uma lista ou um banco de dados.
Função ENDEREÇO	**Pesquisa e referência:** retorna uma referência como texto para uma única célula em uma planilha.
Função AMORDEGRC	**Financeira:** retorna a depreciação de cada período contábil usando o coeficiente de depreciação.
Função AMORLINC	**Financeira:** retorna a depreciação de cada período contábil.

Nome da função	Tipo e descrição
Função E	**Lógica:** retorna VERDADEIRO se todos os seus argumentos forem verdadeiros.
Função ARÁBICO `2013`	**Matemática e trigonometria:** converte um número romano em arábico, como um número.
Função ÁREAS	**Pesquisa e referência:** retorna o número de áreas em uma referência.
Função ASC	**Texto:** altera letras do português ou do katakana de largura total (bytes duplos) dentro de uma cadeia de caracteres para caracteres de meia largura (byte único).
Função ASEN	**Matemática e trigonometria:** retorna o arco seno de um número.
Função ASENH	**Matemática e trigonometria:** retorna o seno hiperbólico inverso de um número.
Função ATAN	**Matemática e trigonometria:** retorna o arco tangente de um número.
Função ATAN2	**Matemática e trigonometria:** retorna o arco tangente das coordenadas x e y.
Função ATANH	**Matemática e trigonometria:** retorna a tangente hiperbólica inversa de um número.
Função DESV.MÉDIO	**Estatística:** retorna a média dos desvios absolutos dos pontos de dados em relação à média.
Função MÉDIA	**Estatística:** retorna a média dos argumentos.
Função MÉDIAA	**Estatística:** retorna a média dos argumentos, inclusive números, texto e valores lógicos.
Função MÉDIASE	**Estatística:** retorna a média (aritmética) de todas as células em um intervalo que satisfazem um determinado critério.

Nome da função	Tipo e descrição
Função MÉDIASES	**Estatística:** retorna a média (aritmética) de todas as células que satisfazem vários critérios.
Função BAHTTEXT	**Texto:** converte um número em texto, usando o formato de moeda ß (baht).
Função BASE	**Matemática e trigonometria:** converte um número em uma representação de texto com a base determinada.
Função BESSELI	**Engenharia:** retorna a função de Bessel In(x) modificada.
Função BESSELJ	**Engenharia:** retorna a função de Bessel Jn(x).
Função BESSELK	**Engenharia:** retorna a função de Bessel Kn(x) modificada.
Função BESSELY	**Engenharia:** retorna a função de Bessel Yn(x).
Função DISTBETA	**Compatibilidade:** retorna a função de distribuição cumulativa beta. **Observação:** No Excel 2007, esta é uma função **estatística**.
Função DIST.BETA `2010`	**Estatística:** retorna a função de distribuição cumulativa beta.
Função BETA.ACUM.INV	**Compatibilidade:** retorna o inverso da função de distribuição cumulativa para uma distribuição beta especificada. **Observação:** No Excel 2007, esta é uma função **estatística**.
Função INV.BETA `2010`	**Estatística:** retorna o inverso da função de distribuição cumulativa para uma distribuição beta especificada.

Nome da função	Tipo e descrição
Função BINADEC	**Engenharia:** converte um número binário em decimal.
Função BINAHEX	**Engenharia:** converte um número binário em hexadecimal.
Função BINAOCT	**Engenharia:** converte um número binário em octal.
Função DISTRBINOM	**Compatibilidade:** retorna a probabilidade da distribuição binomial do termo individual. **Observação:** No Excel 2007, esta é uma função **estatística**.
Função DISTR.BINOM 2010	**Estatística:** retorna a probabilidade da distribuição binomial do termo individual.
Função INTERV.DISTR.BINOM 2013	**Estatística:** retorna a probabilidade de um resultado de teste usando uma distribuição binomial.
Função INV.BINOM 2010	**Estatística:** retorna o menor valor para o qual a distribuição binomial cumulativa é menor ou igual ao critério padrão.
Função BITAND 2013	**Engenharia:** retorna um "E de bit a bit" de dois números.
Função DESLOCESQBIT 2013	**Engenharia:** retorna um valor numérico deslocado à esquerda por quantidade_deslocamento bits.
Função BITOR 2013	**Engenharia:** retorna um OU de bit a bit de dois números.
Função DESLOCDIRBIT 2013	**Engenharia:** retorna um valor numérico deslocado à direita por quantidade_deslocamento bits.
Função BITXOR 2013	**Engenharia:** retorna um "OU exclusivo" de bit a bit de dois números.

CAPÍTULO XII: LISTA DE FUNÇÕES DO MICROSOFT EXCEL 2016

Nome da função	Tipo e descrição
Função CHAMAR	**Suplemento e automação:** chama um procedimento em uma biblioteca de vínculo dinâmico ou recurso de código.
Função TETO	**Matemática e trigonometria:** arredonda um número até o inteiro mais próximo ou o múltiplo de significância mais próximo.
Função TETO.MAT 2013	**Matemática e trigonometria:** arredonda um número para cima até o inteiro mais próximo ou o múltiplo de significância mais próximo.
Função TETO.PRECISO	**Matemática e trigonometria:** arredonda um número para o inteiro mais próximo ou para o múltiplo de significância mais próximo. Independentemente do sinal do número, ele é arredondado para cima.
Função CÉL	**Informações:** retorna informações sobre a formatação, a localização ou o conteúdo de uma célula. **Observação:** esta função não está disponível no Excel Online.
Função CARACT	**Texto:** retorna o caractere especificado pelo número de código.
Função DIST.QUI	**Compatibilidade:** retorna a probabilidade unicaudal da distribuição qui-quadrada. **Observação:** No Excel 2007, esta é uma função **estatística**.
Função INV.QUI	**Compatibilidade:** retorna o inverso da probabilidade unicaudal da distribuição qui-quadrada. **Observação:** No Excel 2007, esta é uma função **estatística**.

Nome da função	Tipo e descrição
Função TESTE.QUI	**Compatibilidade:** retorna o teste para a independência. **Observação:** No Excel 2007, esta é uma função **estatística**.
Função DIST.QUIQUA 2010	**Estatística:** retorna a função de densidade da probabilidade beta cumulativa.
Função DIST.QUIQUA.CD 2010	**Estatística:** retorna a probabilidade unicaudal da distribuição qui-quadrada.
Função INV.QUIQUA 2010	**Estatística:** retorna a função de densidade da probabilidade beta cumulativa.
Função INV.QUIQUA.CD 2010	**Estatística:** retorna o inverso da probabilidade unicaudal da distribuição qui-quadrada.
Função TESTE.QUIQUA 2010	**Estatística:** retorna o teste para a independência.
Função ESCOLHER	**Pesquisa e referência:** escolhe um valor em uma lista de valores.
Função TIRAR	**Texto:** remove todos os caracteres de texto que não podem ser impressos.
Função CÓDIGO	**Texto:** retorna um código numérico para o primeiro caractere de uma cadeia de texto.
Função COL	**Pesquisa e referência:** retorna o número da coluna de uma referência.
Função COLS	**Pesquisa e referência:** retorna a quantidade de colunas em uma referência.
Função COMBIN	**Matemática e trigonometria:** retorna a quantidade de combinações de um determinado número de objetos.

Nome da função	Tipo e descrição
Função COMBINA 2013	**Matemática e trigonometria:** retorna a quantidade de combinações com repetições para um determinado número de itens.
Função COMPLEXO	**Engenharia:** converte os coeficientes reais e imaginários em um número complexo.
Função CONCAT 2016	**Texto:** combina o texto de vários intervalos e/ou cadeias de caracteres, mas ele não oferece o delimitador ou argumentos de IgnoreEmpty. **Observação:** Esta função não está disponível no Excel 2016 para Mac.
Função CONCATENAR	**Texto:** agrupa vários itens de texto em um único item de texto.
Função INT.CONFIANÇA	**Compatibilidade:** retorna o intervalo de confiança para uma média da população. **Observação:** No Excel 2007, esta é uma função **estatística**.
Função INT.CONFIANÇA.NORM 2010	**Estatística:** retorna o intervalo de confiança para uma média da população.
Função INT.CONFIANÇA.T 2010	**Estatística:** retorna o intervalo de confiança para uma média da população usando a distribuição t de Student.
Função CONVERTER	**Engenharia:** converte um número de um sistema de medida em outro.
Função CORREL	**Estatística:** retorna o coeficiente de correlação entre dois conjuntos de dados.
Função COS	**Matemática e trigonometria:** retorna o cosseno de um número.
Função COSH	**Matemática e trigonometria:** retorna o cosseno hiperbólico de um número.

Nome da função	Tipo e descrição
Função COT `2013`	**Matemática e trigonometria:** retorna a cotangente hiperbólica de um número.
Função COTH `2013`	**Matemática e trigonometria:** retorna a cotangente de um ângulo.
Função CONT.NÚM	**Estatística:** calcula quantos números há na lista de argumentos.
Função CONT.VALORES	**Estatística:** calcula quantos valores há na lista de argumentos.
Função CONTAR.VAZIO	**Estatística:** conta o número de células vazias no intervalo.
Função CONT.SE	**Estatística:** calcula o número de células em um intervalo que satisfaz determinados critérios.
Função CONT.SES	**Estatística:** conta o número de células em um intervalo que satisfaz vários critérios.
Função CUPDIASINLIQ	**Financeira:** retorna o número de dias desde o início do período do cupom até a data de liquidação.
Função CUPDIAS	**Financeira:** retorna o número de dias no período do cupom que contém a data de liquidação.
Função CUPDIASPRÓX	**Financeira:** retorna o número de dias da data de liquidação até a data do próximo cupom.
Função CUPDATAPRÓX	**Financeira:** retorna a próxima data do cupom após a data de liquidação.
Função CUPNÚM	**Financeira:** retorna o número de cupons a pagar entre as datas de liquidação e vencimento.
Função CUPDATAANT	**Financeira:** retorna a data do cupom anterior à data de liquidação.

Nome da função	Tipo e descrição
Função COVAR	**Compatibilidade:** retorna a covariância, a média dos produtos dos desvios pares. **Observação:** No Excel 2007, esta é uma função **estatística**.
Função COVARIAÇÃO.P 2010	**Estatística:** retorna a covariância, a média dos produtos dos desvios pares.
Função COVARIAÇÃO.S 2010	**Estatística:** retorna a covariação de amostra, a média dos desvios dos produtos para cada par de pontos de dados em dois conjuntos de dados.
Função CRIT.BINOM	**Compatibilidade:** retorna o menor valor para o qual a distribuição binomial cumulativa é menor ou igual ao valor padrão. **Observação:** No Excel 2007, esta é uma função **estatística**.
Função COSEC 2013	**Matemática e trigonometria:** retorna a cossecante de um ângulo.
Função COSECH 2013	**Matemática e trigonometria:** retorna a cossecante hiperbólica de um ângulo.
Função MEMBROKPICUBO	**Cubo:** retorna o nome, propriedade e medida de um KPI (indicador principal de desempenho), e exibe o nome e a propriedade na célula. Um KPI é uma medida quantificável, como o lucro bruto mensal ou a rotatividade trimestral dos funcionários, usada para monitorar o desempenho de uma organização.
Função MEMBROCUBO	**Cubo:** retorna um membro ou uma tupla em uma hierarquia de cubos. Use para validar se o membro ou a tupla existe no cubo.

Nome da função	Tipo e descrição
Função PROPRIEDADEMEMBROCUBO	**Cubo:** retorna o valor da propriedade de um membro no cubo. Usada para validar a existência do nome do membro no cubo e para retornar a propriedade especificada para esse membro.
Função MEMBROCLASSIFICADOCUBO	**Cubo:** retorna o enésimo membro, ou o membro ordenado, em um conjunto. Use para retornar um ou mais elementos em um conjunto, assim como o melhor vendedor ou os dez melhores alunos.
Função CONJUNTOCUBO	**Cubo:** define um conjunto calculado de membros ou tuplas enviando uma expressão do conjunto para o cubo no servidor, que cria o conjunto e o retorna para o Microsoft Office Excel.
Função CONTAGEMCONJUNTOCUBO	**Cubo:** retorna o número de itens em um conjunto.
Função VALORCUBO	**Cubo:** retorna um valor agregado de um cubo.
Função PGTOJURACUM	**Financeira:** retorna os juros acumulados pagos entre dois períodos.
Função PGTOCAPACUM	**Financeira:** retorna o capital acumulado pago sobre um empréstimo entre dois períodos.
Função DATA	**Data e hora:** retorna o número de série de uma data específica.
Função DATADIF	**Data e Hora:** calcula o número de dias, meses ou anos entre duas datas. Esta função é útil nas fórmulas em que você precisa calcular uma idade.
Função DATA.VALOR	**Data e hora:** converte uma data na forma de texto em um número de série.
Função BDMÉDIA	**Banco de dados:** retorna a média das entradas selecionadas de um banco de dados.

Nome da função	Tipo e descrição
Função DIA	**Data e hora:** converte um número de série em um dia do mês.
Função DIAS 2013	**Data e hora:** retorna o número de dias entre duas datas.
Função DIAS360	**Data e hora:** calcula o número de dias entre duas datas com base em um ano de 360 dias.
Função BD	**Financeira:** retorna a depreciação de um ativo para um período especificado, usando o método de balanço de declínio fixo.
Função DBCS 2013	**Texto:** altera letras do português ou do katakana de meia largura (byte único) dentro de uma cadeia de caracteres para caracteres de largura total (bytes duplos).
Função BDCONTAR	**Banco de dados:** conta as células que contêm números em um banco de dados.
Função BDCONTARA	**Banco de dados:** conta as células não vazias em um banco de dados.
Função BDD	**Financeira:** retorna a depreciação de um ativo com relação a um período especificado usando o método de saldos decrescentes duplos ou qualquer outro método especificado por você.
Função DECABIN	**Engenharia:** converte um número decimal em binário.
Função DECAHEX	**Engenharia:** converte um número decimal em hexadecimal.
Função DECAOCT	**Engenharia:** converte um número decimal em octal.
Função DECIMAL 2013	**Matemática e trigonometria:** converte a representação de texto de um número em uma determinada base em um número decimal.

Nome da função	Tipo e descrição
Função GRAUS	**Matemática e trigonometria:** converte radianos em graus.
Função DELTA	**Engenharia:** testa se dois valores são iguais.
Função DESVQ	**Estatística:** retorna a soma dos quadrados dos desvios.
Função BDEXTRAIR	**Banco de dados:** extrai um único registro que corresponde a um critério específico de um banco de dados.
Função DESC	**Financeira:** retorna a taxa de desconto de um título.
Função BDMÁX	**Banco de dados:** retorna o valor máximo das entradas selecionadas de um banco de dados.
Função BDMIN	**Banco de dados:** retorna o valor mínimo das entradas selecionadas de um banco de dados.
Função MOEDA	**Texto:** converte um número em texto, usando o formato de moeda R$ (reais).
Função MOEDADEC	**Financeira:** converte um preço em reais, expresso como uma fração, em um preço em reais, expresso como um número decimal.
Função MOEDAFRA	**Financeira:** converte um preço em reais, expresso como um número decimal, em um preço em reais, expresso como uma fração.
Função BDMULTIPL	**Banco de dados:** multiplica os valores em um campo específico de registros que correspondem ao critério em um banco de dados.
Função BDEST	**Banco de dados:** estima o desvio padrão com base em uma amostra de entradas selecionadas de um banco de dados.

Nome da função	Tipo e descrição
Função BDDESVPA	**Banco de dados:** calcula o desvio padrão com base em toda a população de entradas selecionadas de um banco de dados.
Função BDSOMA	**Banco de dados:** soma os números na coluna dos campos de registros no banco de dados que correspondem ao critério.
Função DURAÇÃO	**Financeira:** retorna a duração anual de um título com pagamentos de juros periódicos.
Função BDVAREST	**Banco de dados:** estima a variância com base em uma amostra de entradas selecionadas de um banco de dados.
Função BDVARP	**Banco de dados:** calcula a variância com base em toda a população de entradas selecionadas de um banco de dados.
Função DATAM	**Data e hora:** retorna o número de série da data que é o número indicado de meses antes ou depois da data inicial.
Função EFETIVA	**Financeira:** retorna a taxa de juros anual efetiva.
Função CODIFURL 2013	**Web:** retorna uma cadeia de caracteres codificada como URL. **Observação:** Esta função não está disponível no Excel Online.
Função FIMMÊS	**Data e hora:** retorna o número de série do último dia do mês antes ou depois de um número especificado de meses.
Função FUNERRO	**Engenharia:** retorna a função de erro.
Função FUNERRO.PRECISO 2010	**Engenharia:** retorna a função de erro.

Nome da função	Tipo e descrição
Função FUNERROCOMPL	**Engenharia:** retorna a função de erro complementar.
Função FUNERROCOMPL.PRECISO 2010	**Engenharia:** retorna a função FUNERRO complementar integrada entre x e infinito.
Função TIPO.ERRO	**Informações:** retorna um número correspondente a um tipo de erro.
Função CONVERTEREURO	**Suplemento e automação:** converte um número em euros, converte um número de euros em uma moeda de membro do euro ou converte um número de uma moeda de membro do euro em outra moeda usando o euro como intermediário (triangulação).
Função PAR	**Matemática e trigonometria:** arredonda um número para cima até o inteiro par mais próximo.
Função EXATO	**Texto:** verifica se dois valores de texto são idênticos.
Função EXP	**Matemática e trigonometria:** retorna e elevado à potência de um número especificado.
Função DISTR.EXPON 2010	**Estatística:** retorna a distribuição exponencial.
Função DISTEXPON	**Compatibilidade:** retorna a distribuição exponencial. **Observação:** No Excel 2007, esta é uma função **estatística**.
Função FATORIAL	**Matemática e trigonometria:** retorna o fatorial de um número.
Função FATDUPLO	**Matemática e trigonometria:** retorna o fatorial duplo de um número.
Função FALSO	**Lógica:** retorna o valor lógico FALSO.

Nome da função	Tipo e descrição
Função DIST.F 2010	**Estatística:** retorna a distribuição da probabilidade F.
Função DISTF	**Compatibilidade:** retorna a distribuição da probabilidade F. **Observação:** No Excel 2007, esta é uma função **estatística**.
Função DIST.F.CD 2010	**Estatística:** retorna a distribuição da probabilidade F.
Função FILTROXML 2013	**Web:** retorna dados específicos do conteúdo XML usando o XPath especificado. **Observação:** Esta função não está disponível no Excel Online.
Funções PROCURAR e PROCURARB	**Texto:** procura um valor de texto dentro de outro (diferencia maiúsculas de minúsculas).
Função INV.F 2010	**Estatística:** retorna o inverso da distribuição de probabilidade F.
Função INV.F.CD 2010	**Estatística:** retorna o inverso da distribuição de probabilidade F.
Função INVF	**Estatística:** retorna o inverso da distribuição de probabilidade F.
Função FISHER	**Estatística:** retorna a transformação de Fisher.
Função FISHERINV	**Estatística:** retorna o inverso da transformação de Fisher.
Função FIXO	**Texto:** formata um número como texto com um número fixo de casas decimais.

Nome da função	Tipo e descrição
Função ARREDMULTB	**Compatibilidade:** arredonda um número para baixo até zero. **Observação:** No Excel 2007 e no Excel 2010, esta é uma função **matemática e trigonométrica**.
Função ARREDMULTB.MAT `2013`	**Matemática e trigonometria:** arredonda um número para baixo até o inteiro mais próximo ou até o múltiplo de significância mais próximo.
Função ARREDMULTB.PRECISO	**Matemática e trigonométrica:** arredonda um número para o inteiro mais próximo ou para o múltiplo de significância mais próximo. Independentemente do sinal do número, ele é arredondado para cima.
Função PREVISÃO	**Estatística:** retorna um valor ao longo de uma tendência linear. **Observação:** No Excel 2016, esta função é substituída pela **PREVISÃO.LINEAR** como parte das novas **Funções de previsão**, mas ela ainda está disponível para compatibilidade com versões anteriores.
Função PREVISÃO.ETS `2016`	**Estatística:** retorna um valor futuro com base em valores existentes (histórico), usando a versão AAA do algoritmo de Suavização Exponencial (ETS). **Observação:** Esta função não está disponível no Excel 2016 para Mac.
Função PREVISÃO.ETS.CONFINT `2016`	**Estatística:** retorna um intervalo de confiança para o valor de previsão na data de destino especificada. **Observação:** Esta função não está disponível no Excel 2016 para Mac.

CAPÍTULO XII: LISTA DE FUNÇÕES DO MICROSOFT EXCEL 2016   261

Nome da função	Tipo e descrição
Função PREVISÃO.ETS. SAZONALIDADE 2016	**Estatística:** retorna o comprimento do padrão repetitivo que o Excel detecta para a série temporal especificada. **Observação:** Esta função não está disponível no Excel 2016 para Mac.
Função PREVISÃO.ETS.STAT 2016	**Estatística:** retorna um valor estatístico como um resultado de previsão de série temporal. **Observação:** Esta função não está disponível no Excel 2016 para Mac.
Função PREVISÃO.LINEAR 2016	**Estatística:** retorna um valor futuro com base em valores existentes. **Observação:** Esta função não está disponível no Excel 2016 para Mac.
Função FÓRMULATEXTO 2013	**Pesquisa e referência:** retorna a fórmula na referência determinada como texto.
Função FREQUÊNCIA	**Estatística:** retorna uma distribuição de frequência como uma matriz vertical.
Função TESTE.F 2010	**Estatística:** retorna o resultado de um teste F.
Função TESTEF	**Compatibilidade:** retorna o resultado de um teste F. **Observação:** No Excel 2007, esta é uma função **estatística**.
Função VF	**Financeira:** retorna o valor futuro de um investimento.
Função VFPLANO	**Financeira:** retorna o valor futuro de um capital inicial após a aplicação de uma série de taxas de juros compostos.
Função GAMA 2013	**Estatística:** retorna o valor da função Gama.

Nome da função	Tipo e descrição
Função DIST.GAMA 2010	**Estatística:** retorna a distribuição gama.
Função DISTGAMA	**Compatibilidade:** retorna a distribuição gama. **Observação:** No Excel 2007, esta é uma função **estatística**.
Função INV.GAMA 2010	**Estatística:** retorna o inverso da distribuição cumulativa gama.
Função INVGAMA	**Compatibilidade:** retorna o inverso da distribuição cumulativa gama. **Observação:** No Excel 2007, esta é uma função **estatística**.
Função LNGAMA	**Estatística:** retorna o logaritmo natural da função gama, "(x)".
Função LNGAMA.PRECISO 2010	**Estatística:** retorna o logaritmo natural da função gama, "(x)".
Função GAUSS 2013	**Estatística:** retorna 0,5 a menos que a distribuição cumulativa normal padrão.
Função MDC	**Matemática e trigonometria:** retorna o máximo divisor comum.
Função MÉDIA.GEOMÉTRICA	**Estatística:** retorna a média geométrica.
Função DEGRAU	**Engenharia:** testa se um número é maior do que um valor limite.
Função INFODADOSTABELADINÂMICA 2010	**Suplemento e automação:** retorna os dados armazenados em um relatório de Tabela Dinâmica.

Nome da função	Tipo e descrição
Função CRESCIMENTO	**Estatística:** retorna valores ao longo de uma tendência exponencial.
Função MÉDIA.HARMÔNICA	**Estatística:** retorna a média harmônica.
Função HEXABIN	**Engenharia:** converte um número hexadecimal em binário.
Função HEXADEC	**Engenharia:** converte um número hexadecimal em decimal.
Função HEXAOCT	**Engenharia:** converte um número hexadecimal em octal.
Função PROCH	**Pesquisa e referência:** procura na linha superior de uma matriz e retorna o valor da célula especificada.
Função HORA	**Data e hora:** converte um número de série em uma hora.
Função HIPERLINK	**Pesquisa e referência:** cria um atalho ou link que abre um documento armazenado em um servidor de rede, na intranet ou na internet.
Função DIST.HIPERGEOM.N	**Estatística:** retorna a distribuição hipergeométrica.
Função DIST.HIPERGEOM	**Compatibilidade:** retorna a distribuição hipergeométrica. **Observação:** No Excel 2007, esta é uma função **estatística**.
Função SE	**Lógica:** especifica um teste lógico a ser executado.
Função SEERRO	**Lógica:** retorna um valor especificado se uma fórmula gerar um erro; caso contrário, retorna o resultado da fórmula.
Função SENÃODISP 2013	**Lógica:** retorna o valor especificado se a expressão gerar #N/D; caso contrário, retorna o resultado da expressão.

Nome da função	Tipo e descrição
Função IFS `2016`	**Lógico:** Verifica se uma ou mais condições são atendidas e retorna um valor que corresponde da primeira condição verdadeira. **Observação:** Esta função não está disponível no Excel 2016 para Mac.
Função IMABS	**Engenharia:** retorna o valor absoluto (módulo) de um número complexo.
Função IMAGINÁRIO	**Engenharia:** retorna o coeficiente imaginário de um número complexo.
Função IMARG	**Engenharia:** retorna o argumento teta, um ângulo expresso em radianos.
Função IMCONJ	**Engenharia:** retorna o conjugado complexo de um número complexo.
Função IMCOS	**Engenharia:** retorna o cosseno de um número complexo.
Função IMCOSH `2013`	**Engenharia:** retorna o cosseno hiperbólico de um número complexo.
Função IMCOT `2013`	**Engenharia:** retorna a cotangente de um número complexo.
Função IMCOSEC `2013`	**Engenharia:** retorna a cossecante de um número complexo.
Função IMCOSECH `2013`	**Engenharia:** retorna a cossecante hiperbólica de um número complexo.
Função IMDIV	**Engenharia:** retorna o quociente de dois números complexos.
Função IMEXP	**Engenharia:** retorna o exponencial de um número complexo.

Nome da função	Tipo e descrição
Função IMLN	**Engenharia:** retorna o logaritmo natural de um número complexo.
Função IMLOG10	**Engenharia:** retorna o logaritmo de base 10 de um número complexo.
Função IMLOG2	**Engenharia:** retorna o logaritmo de base 2 de um número complexo.
Função IMPOT	**Engenharia:** retorna um número complexo elevado à potência de um inteiro.
Função IMPROD	**Engenharia:** retorna o produto de números complexos.
Função IMREAL	**Engenharia:** retorna o coeficiente real de um número complexo.
Função IMSEC 2013	**Engenharia:** retorna a secante de um número complexo.
Função IMSECH 2013	**Engenharia:** retorna a secante hiperbólica de um número complexo.
Função IMSENO	**Engenharia:** retorna o seno de um número complexo.
Função IMSENH 2013	**Engenharia:** retorna o seno hiperbólico de um número complexo.
Função IMRAIZ	**Engenharia:** retorna a raiz quadrada de um número complexo.
Função IMSUBTR	**Engenharia:** retorna a diferença entre dois números complexos.
Função IMSOMA	**Engenharia:** retorna a soma de números complexos.

Nome da função	Tipo e descrição
Função IMTAN 2013	**Engenharia:** retorna a tangente de um número complexo.
Função ÍNDICE	**Pesquisa e referência:** usa um índice para escolher um valor de uma referência ou matriz.
Função INDIRETO	**Pesquisa e referência:** retorna uma referência indicada por um valor de texto.
Função INFORMAÇÃO	**Informações:** retorna informações sobre o ambiente operacional atual. **Observação:** esta função não está disponível no Excel Online.
Função INT	**Matemática e trigonometria:** arredonda um número para baixo até o número inteiro mais próximo.
Função INTERCEPÇÃO	**Estatística:** retorna a intercepção da linha de regressão linear.
Função TAXAJUROS	**Financeira:** retorna a taxa de juros de um título totalmente investido.
Função IPGTO	**Financeira:** retorna o pagamento de juros para um investimento em um determinado período.
Função TIR	**Financeira:** retorna a taxa interna de retorno para uma série de fluxos de caixa.
Função ÉCÉL.VAZIA	**Informações:** retorna VERDADEIRO se o valor é vazio.
Função ÉERRO	**Informações:** retorna VERDADEIRO se o valor é um valor de erro diferente de #N/D.
Função ÉERROS	**Informações:** retorna VERDADEIRO se o valor é qualquer valor de erro.

Nome da função	Tipo e descrição
Função ÉPAR	**Informações:** retorna VERDADEIRO se o número é par.
Função ÉFÓRMULA 2013	**Informações:** retorna VERDADEIRO quando há uma referência a uma célula que contém uma fórmula.
Função ÉLÓGICO	**Informações:** retorna VERDADEIRO se o valor é lógico.
Função É.NÃO.DISP	**Informações:** retorna VERDADEIRO se o valor é o valor de erro #N/D.
Função É.NÃO.TEXTO	**Informações:** retorna VERDADEIRO se o valor é diferente de texto.
Função ÉNÚM	**Informações:** retorna VERDADEIRO se o valor é um número.
Função ÉIMPAR	**Informações:** retorna VERDADEIRO se o número é ímpar.
Função ÉREF	**Informações:** retorna VERDADEIRO se o valor é uma referência.
Função ÉTEXTO	**Informações:** retorna VERDADEIRO se o valor é texto.
Função ISO.TETO 2013	**Matemática e trigonometria:** retorna um número arredondado para cima para o inteiro mais próximo ou o múltiplo mais próximo de significância.
Função NÚMSEMANAISO 2013	**Data e hora:** retorna o número da semana ISO do ano de uma determinada data.
Função ÉPGTO	**Financeira:** calcula os juros pagos durante um período específico de um investimento.
Função JIS	**Texto:** altera os caracteres de meia largura (byte único) dentro de uma cadeia de caracteres para caracteres de largura total (bytes duplos).

Nome da função	Tipo e descrição
Função CURT	**Estatística:** retorna a curtose de um conjunto de dados.
Função MAIOR	**Estatística:** retorna o maior valor k-ésimo de um conjunto de dados.
Função MMC	**Matemática e trigonometria:** retorna o mínimo múltiplo comum.
Funções ESQUERDA e ESQUERDAB	**Texto:** retorna os caracteres mais à esquerda de um valor de texto.
Funções NÚM.CARACT e NÚM.CARACTB	**Texto:** retorna a quantidade de caracteres em uma cadeia de texto.
Função PROJ.LIN	**Estatística:** retorna os parâmetros de uma tendência linear.
Função LN	**Matemática e trigonometria:** retorna o logaritmo natural de um número.
Função LOG	**Matemática e trigonometria:** retorna o logaritmo de um número a uma base especificada.
Função LOG10	**Matemática e trigonometria:** retorna o logaritmo de base 10 de um número.
Função PROJ.LOG	**Estatística:** retorna os parâmetros de uma tendência exponencial.
Função INVLOG	**Compatibilidade:** retorna o inverso da distribuição cumulativa log-normal.
Função DIST.LOGNORMAL.N 2010	**Estatística:** retorna a distribuição log-normal cumulativa.
Função DISTLOGNORMAL	**Compatibilidade:** retorna a distribuição log-normal cumulativa.

Nome da função	Tipo e descrição
Função INV.LOGNORMAL 2010	**Estatística:** retorna o inverso da distribuição cumulativa log-normal.
Função PROC	**Pesquisa e referência:** procura valores em um vetor ou uma matriz.
Função MINÚSCULA	**Texto:** converte o texto em letras minúsculas.
Função CORRESP	**Pesquisa e referência:** procura valores em uma referência ou uma matriz.
Função MÁXIMO	**Estatística:** retorna o valor máximo em uma lista de argumentos.
Função MÁXIMOA	**Estatística:** retorna o valor máximo em uma lista de argumentos, inclusive números, texto e valores lógicos.
Função MÁXIMOSES 2016	**Estatísticas:** retorna o valor máximo entre células especificadas por um determinado conjunto de condições ou critérios. **Observação:** Esta função não está disponível no Excel 2016 para Mac.
Função MATRIZ.DETERM	**Matemática e trigonometria:** retorna o determinante da matriz de uma variável do tipo matriz.
Função MDURAÇÃO	**Financeira:** retorna a duração de Macaulay modificada para um título com um valor de paridade equivalente a R$100.
Função MED	**Estatística:** retorna a mediana dos números indicados.
Funções EXT.TEXTO e EXT.TEXTOB	**Texto:** retorna um número específico de caracteres de uma cadeia de texto começando na posição especificada.

Nome da função	Tipo e descrição
Função MÍNIMO	**Estatística:** retorna o valor mínimo em uma lista de argumentos.
Função MINIFS `2016`	**Estatísticas:** retorna o valor mínimo entre células especificadas por um determinado conjunto de condições ou critérios. **Observação:** Esta função não está disponível no Excel 2016 para Mac.
Função MÍNIMOA	**Estatística:** retorna o menor valor em uma lista de argumentos, inclusive números, texto e valores lógicos.
Função MINUTO	**Data e hora:** converte um número de série em um minuto.
Função MATRIZ.INVERSO	**Matemática e trigonometria:** retorna a matriz inversa de uma variável do tipo matriz.
Função MTIR	**Financeira:** calcula a taxa interna de retorno em que os fluxos de caixa positivos e negativos são financiados com diferentes taxas.
Função MATRIZ.MULT	**Matemática e trigonometria:** retorna o produto de duas matrizes.
Função MOD	**Matemática e trigonometria:** retorna o resto da divisão.
Função MODO	**Compatibilidade:** retorna o valor mais comum em um conjunto de dados. **Observação:** No Excel 2007, esta é uma função **estatística**.
Função MODO.MULT `2010`	**Estatística:** retorna uma matriz vertical dos valores que ocorrem com mais frequência, ou repetidamente, em uma matriz ou intervalo de dados.

Nome da função	Tipo e descrição
Função MODO.ÚNICO 2010	**Estatística:** retorna o valor mais comum em um conjunto de dados.
Função MÊS	**Data e hora:** converte um número de série em um mês.
Função MARRED	**Matemática e trigonometria:** retorna um número arredondado para o múltiplo desejado.
Função MULTINOMIAL	**Matemática e trigonometria:** retorna o multinômio de um conjunto de números.
Função MUNIT 2013	**Matemática e trigonometria:** retorna a matriz da unidade ou dimensão especificada.
Função N	**Informações:** retorna um valor convertido em número.
Função NÃO.DISP	**Informações:** retorna o valor de erro #N/D.
Função DIST.BIN.NEG.N 2010	**Estatística:** retorna a distribuição binomial negativa.
Função DIST.BIN.NEG	**Compatibilidade:** retorna a distribuição binomial negativa. **Observação:** No Excel 2007, esta é uma função **estatística**.
Função DIATRABALHOTOTAL	**Data e hora:** retorna o número de dias úteis inteiros entre duas datas.
Função DIATRABALHOTOTAL.INTL 2010	**Data e hora:** retorna o número de dias úteis inteiros entre duas datas usando parâmetros para indicar quais e quantos dias são dias de fim de semana.
Função NOMINAL	**Financeira:** retorna a taxa de juros nominal anual.
Função DIST.NORM.N 2010	**Estatística:** retorna a distribuição cumulativa normal.

Nome da função	Tipo e descrição
Função DIST.NORM	**Compatibilidade:** retorna a distribuição cumulativa normal. **Observação:** No Excel 2007, esta é uma função **estatística**.
Função INV.NORM	**Estatística:** retorna o inverso da distribuição cumulativa normal.
Função INV.NORM.N 2010	**Compatibilidade:** retorna o inverso da distribuição cumulativa normal. **Observação:** No Excel 2007, esta é uma função **estatística**.
Função DIST.NORMP.N 2010	**Estatística:** retorna a distribuição cumulativa normal padrão.
Função DIST.NORMP	**Compatibilidade:** retorna a distribuição cumulativa normal padrão. **Observação:** No Excel 2007, esta é uma função **estatística**.
Função INV.NORMP.N 2010	**Estatística:** retorna o inverso da distribuição cumulativa normal padrão.
Função INV.NORMP	**Compatibilidade:** retorna o inverso da distribuição cumulativa normal padrão. **Observação:** No Excel 2007, esta é uma função **estatística**.
Função NÃO	**Lógica:** inverte o valor lógico do argumento.
Função AGORA	**Data e hora:** retorna o número de série da data e da hora atuais.
Função NPER	**Financeira:** retorna o número de períodos de um investimento.

Nome da função	Tipo e descrição
Função VPL	**Financeira:** retorna o valor líquido atual de um investimento com base em uma série de fluxos de caixa periódicos e uma taxa de desconto.
Função VALORNUMÉRICO 2013	**Texto:** converte texto em número de uma maneira independente da localidade.
Função OCTABIN	**Engenharia:** converte um número octal em binário.
Função OCTADEC	**Engenharia:** converte um número octal em decimal.
Função OCTAHEX	**Engenharia:** converte um número octal em hexadecimal
Função ÍMPAR	**Matemática e trigonometria:** arredonda um número para cima até o inteiro ímpar mais próximo.
Função PREÇOPRIMINC	**Financeira:** retorna o preço por R$100,00 do valor nominal de um título com um período inicial incompleto.
Função LUCROPRIMINC	**Financeira:** retorna o rendimento de um título com um período inicial incompleto.
Função PREÇOÚLTINC	**Financeira:** retorna o preço por R$100,00 do valor nominal de um título com um período final incompleto.
Função LUCROÚLTINC	**Financeira:** retorna o rendimento de um título com um período final incompleto.
Função DESLOC	**Pesquisa e referência:** retorna um deslocamento de referência com base em determinada referência.
Função OU	**Lógica:** retorna VERDADEIRO se qualquer argumento for verdadeiro.
Função DURAÇÃOP 2013	**Financeira:** retorna o número de períodos necessários para que um investimento atinja um valor especificado.

Nome da função	Tipo e descrição
Função PEARSON	**Estatística:** retorna o coeficiente de correlação do momento do produto Pearson.
Função PERCENTIL.EXC `2010`	**Estatística:** retorna o k-ésimo percentil de valores em um intervalo, em que k está no intervalo 0..1, exclusivamente.
Função PERCENTIL.INC `2010`	**Estatística:** retorna o k-ésimo percentil de valores em um intervalo.
Função PERCENTIL	**Compatibilidade:** retorna o k-ésimo percentil de valores em um intervalo. **Observação:** No Excel 2007, esta é uma função **estatística**.
Função ORDEM.PORCENTUAL.EXC `2010`	**Estatística:** retorna a ordem de um valor em um conjunto de dados definido como um percentual (0..1, exclusivamente) do conjunto de dados.
Função ORDEM.PORCENTUAL.INC `2010`	**Estatística:** retorna a ordem percentual de um valor em um conjunto de dados.
Função ORDEM.PORCENTUAL	**Compatibilidade:** retorna a ordem percentual de um valor em um conjunto de dados. **Observação:** No Excel 2007, esta é uma função **estatística**.
Função PERMUT	**Estatística:** retorna o número de permutações de um determinado número de objetos.
Função PERMUTAS `2010`	**Estatística:** retorna o número de permutações referentes a determinado número de objetos (com repetições) que pode ser selecionado nos objetos totais.
Função PHI `2010`	**Estatística:** retorna o valor da função de densidade referente a uma distribuição padrão normal.

Capítulo XII: Lista de Funções do Microsoft Excel 2016

Nome da função	Tipo e descrição
Função FONÉTICA	**Texto:** extrai os caracteres fonéticos (furigana) de uma cadeia de texto.
Função PI	**Matemática e trigonometria:** retorna o valor de pi.
Função PGTO	**Financeira:** retorna o pagamento periódico de uma anuidade.
Função DIST.POISSON `2010`	**Estatística:** retorna a distribuição de Poisson.
Função POISSON	**Compatibilidade:** retorna a distribuição de Poisson. **Observação:** No Excel 2007, esta é uma função **estatística**.
Função POTÊNCIA	**Matemática e trigonometria:** retorna o resultado de um número elevado a uma potência.
Função PPGTO	**Financeira:** retorna o pagamento de capital para determinado período de investimento.
Função PREÇO	**Financeira:** retorna o preço por R$100,00 do valor nominal de um título que paga juros periódicos.
Função PREÇODESC	**Financeira:** retorna o preço por R$100,00 do valor nominal de um título descontado.
Função PREÇOVENC	**Financeira:** retorna o preço por R$100,00 do valor nominal de um título que paga juros no vencimento.
Função PROB	**Estatística:** retorna a probabilidade de os valores em um intervalo estarem entre dois limites.
Função PRODUTO	**Matemática e trigonometria:** multiplica seus argumentos.
Função PRI.MAIÚSCULA	**Texto:** coloca em maiúscula a primeira letra em cada palavra de um valor de texto.
Função VP	**Financeira:** retorna o valor presente de um investimento.

Nome da função	Tipo e descrição
Função QUARTIL	**Compatibilidade:** retorna o quartil de um conjunto de dados. **Observação:** No Excel 2007, esta é uma função **estatística**.
Função QUARTIL.EXC 2010	**Estatística:** retorna o quartil do conjunto de dados, com base nos valores de percentil de 0..1, exclusivamente.
Função QUARTIL.INC 2010	**Estatística:** retorna o quartil de um conjunto de dados.
Função QUOCIENTE	**Matemática e trigonometria:** retorna a parte inteira de uma divisão.
Função RADIANOS	**Matemática e trigonometria:** converte graus em radianos.
Função ALEATÓRIO	**Matemática e trigonometria:** retorna um número aleatório entre 0 e 1.
Função ALEATÓRIOENTRE	**Matemática e trigonometria:** retorna um número aleatório entre os números especificados.
Função ORDEM.MÉD 2010	**Estatística:** retorna a posição de um número em uma lista de números.
Função ORDEM.EQ 2010	**Estatística:** retorna a posição de um número em uma lista de números.
Função ORDEM	**Compatibilidade:** retorna a posição de um número em uma lista de números. **Observação:** No Excel 2007, esta é uma função **estatística**.
Função TAXA	**Financeira:** retorna a taxa de juros por período de uma anuidade.

Nome da função	Tipo e descrição
Função RECEBER	**Financeira:** retorna a quantia recebida no vencimento de um título totalmente investido.
Função IDENT.REGISTRO	**Suplemento e automação:** retorna a identificação de registro da DLL (biblioteca de vínculo dinâmico) especificada ou o recurso de código anteriormente registrado.
Funções MUDAR e SUBSTITUIRB	**Texto:** muda os caracteres dentro do texto.
Função REPT	**Texto:** repete o texto um determinado número de vezes.
Funções DIREITA e DIREITAB	**Texto:** retorna os caracteres mais à direita de um valor de texto.
Função ROMANO	**Matemática e trigonometria:** converte um algarismo arábico em romano, como texto.
Função ARRED	**Matemática e trigonometria:** arredonda um número para um número de dígitos especificado.
Função ARREDONDAR.PARA.BAIXO	**Matemática e trigonometria:** arredonda um número para baixo até zero.
Função ARREDONDAR.PARA.CIMA	**Matemática e trigonometria:** arredonda um número para cima, afastando-o de zero.
Função LIN	**Pesquisa e referência:** retorna o número da linha de uma referência.
Função LINS	**Pesquisa e referência:** retorna o número de linhas em uma referência.
Função TAXAJURO 2013	**Financeira:** retorna uma taxa de juros equivalente referente ao crescimento de um investimento.
Função RQUAD	**Estatística:** retorna o quadrado do coeficiente de correlação do momento do produto de Pearson.

Nome da função	Tipo e descrição
Função RTD	**Pesquisa e referência:** recupera os dados, em tempo real, de um programa compatível com a automação COM.
Funções LOCALIZAR e LOCALIZARB	**Texto:** localiza um valor de texto dentro de outro (não diferencia maiúsculas de minúsculas).
Função SEC 2013	**Matemática e trigonometria:** retorna a secante de um ângulo.
Função SECH 2013	**Matemática e trigonometria:** retorna a secante hiperbólica de um ângulo.
Função SEGUNDO	**Data e hora:** converte um número de série em um segundo.
Função SOMASEQUÊNCIA	**Matemática e trigonometria:** retorna a soma de uma sequência polinomial baseada na fórmula.
Função PLAN 2013	**Informações:** retorna o número da planilha referenciada.
Função PLANS 2013	**Informações:** retorna o número de planilhas em uma referência.
Função SINAL	**Matemática e trigonometria:** retorna o sinal de um número.
Função SEN	**Matemática e trigonometria:** retorna o seno do ângulo fornecido.
Função SENH	**Matemática e trigonometria:** retorna o seno hiperbólico de um número.
Função DISTORÇÃO	**Estatística:** retorna a distorção de uma distribuição.

Capítulo XII: Lista de Funções do Microsoft Excel 2016

Nome da função	Tipo e descrição
Função DISTORÇÃO.P **2013**	**Estatística:** retorna a inclinação de uma distribuição com base em uma população: uma caracterização do grau de assimetria de uma distribuição em torno de sua média.
Função DPD	**Financeira:** retorna a depreciação linear de um ativo para um período.
Função INCLINAÇÃO	**Estatística:** retorna a inclinação da linha de regressão linear.
Função MENOR	**Estatística:** retorna o menor valor k-ésimo em um conjunto de dados.
Função SQL.REQUEST	**Suplemento e automação:** conecta a uma fonte de dados externa e executa uma consulta a partir de uma planilha; em seguida, apresenta o resultado como uma matriz, sem a necessidade de programação de macro.
Função RAIZ	**Matemática e trigonometria:** retorna uma raiz quadrada positiva.
Função RAIZPI	**Matemática e trigonometria:** retorna a raiz quadrada de (número* pi).
Função PADRONIZAR	**Estatística:** retorna um valor normalizado.
Função DESVPAD	**Compatibilidade:** estima o desvio padrão com base em uma amostra.
Função DESVPAD.P **2010**	**Estatística:** calcula o desvio padrão com base na população total.
Função DESVPAD.A **2010**	**Estatística:** estima o desvio padrão com base em uma amostra.

Nome da função	Tipo e descrição
Função DESVPADA	**Estatística:** estima o desvio padrão com base em uma amostra, inclusive números, texto e valores lógicos.
Função DESVPADP	**Compatibilidade:** calcula o desvio padrão com base na população total. **Observação:** No Excel 2007, esta é uma função **estatística**.
Função DESVPADPA	**Estatística:** calcula o desvio padrão com base na população total, inclusive números, texto e valores lógicos.
Função EPADYX	**Estatística:** retorna o erro padrão do valor y previsto para cada x da regressão.
Função SUBSTITUIR	**Texto:** substitui um texto antigo por um novo texto em uma cadeia de texto.
Função SUBTOTAL	**Matemática e trigonometria:** retorna um subtotal em uma lista ou banco de dados.
Função SOMA	**Matemática e trigonometria:** soma seus argumentos.
Função SOMASE	**Matemática e trigonometria:** soma as células especificadas por um determinado critério.
Função SOMASES	**Matemática e trigonometria:** soma as células de um intervalo que atendem a vários critérios.
Função SOMARPRODUTO	**Matemática e trigonometria:** retorna a soma dos produtos dos componentes correspondentes da matriz.
Função SOMAQUAD	**Matemática e trigonometria:** retorna a soma dos quadrados dos argumentos.

Nome da função	Tipo e descrição
Função SOMAX2DY2	**Matemática e trigonometria:** retorna a soma da diferença dos quadrados dos valores correspondentes em duas matrizes.
Função SOMAX2SY2	**Matemática e trigonometria:** retorna a soma da soma dos quadrados dos valores correspondentes em duas matrizes.
Função SOMAXMY2	**Matemática e trigonometria:** retorna a soma dos quadrados das diferenças dos valores correspondentes em duas matrizes.
Função SWITCH `2016`	**Lógico:** avalia uma expressão em relação a uma lista de valores e retorna o resultado correspondente para o primeiro valor coincidente. Se não houver nenhuma correspondência, um valor padrão opcional pode ser retornado. **Observação:** Esta função não está disponível no Excel 2016 para Mac.
Função SDA	**Financeira:** retorna a depreciação dos dígitos da soma dos anos de um ativo para um período especificado.
Função T	**Texto:** converte os argumentos em texto.
Função TAN	**Matemática e trigonometria:** retorna a tangente de um número.
Função TANH	**Matemática e trigonometria:** retorna a tangente hiperbólica de um número.
Função OTN	**Financeira:** retorna o rendimento equivalente a um título para uma letra do tesouro.
Função OTNVALOR	**Financeira:** retorna o preço por R$100,00 do valor nominal de uma letra do tesouro.
Função OTNLUCRO	**Financeira:** retorna o rendimento de uma letra do tesouro.

Nome da função	Tipo e descrição
Função DIST.T 2010	**Estatística:** retorna os pontos percentuais (probabilidade) para a distribuição t de Student.
Função DIST.T.BC 2010	**Estatística:** retorna os pontos percentuais (probabilidade) para a distribuição t de Student.
Função DIST.T.CD 2010	**Estatística:** retorna a distribuição t de Student.
Função DISTT	**Compatibilidade:** retorna a distribuição t de Student.
Função TEXTO	**Texto:** formata um número e converte-o em texto.
Função TEXTJOIN 2016	**Texto:** combina o texto de vários intervalos e/ou cadeias de caracteres e inclui um delimitador especificado entre cada valor de texto que será combinado. Se o delimitador é uma cadeia de caracteres de texto vazias, esta função concatenará efetivamente os intervalos. **Observação:** Esta função não está disponível no Excel 2016 para Mac.
Função TEMPO	**Data e hora:** retorna o número de série de uma hora específica.
Função VALOR.TEMPO	**Data e hora:** converte uma hora que esteja em texto em um número de série.
Função INV.T 2010	**Estatística:** retorna o valor t da distribuição t de Student como uma função da probabilidade e dos graus de liberdade.
Função INV.T.BC 2010	**Estatística:** retorna o inverso da distribuição t de Student.
Função INVT	**Compatibilidade:** retorna o inverso da distribuição t de Student.

Nome da função	Tipo e descrição
Função HOJE	**Data e hora:** retorna o número de série da data de hoje.
Função TRANSPOR	**Pesquisa e referência:** retorna a transposição de uma matriz.
Função TENDÊNCIA	**Estatística:** retorna valores ao longo de uma tendência linear.
Função ARRUMAR	**Texto:** remove os espaços do texto.
Função MÉDIA.INTERNA	**Estatística:** retorna a média do interior de um conjunto de dados.
Função VERDADEIRO	**Lógica:** retorna o valor lógico VERDADEIRO.
Função TRUNCAR	**Matemática e trigonometria:** trunca um número para um inteiro.
Função TESTE.T 2010	**Estatística:** retorna a probabilidade associada ao teste t de Student.
Função TESTET	**Compatibilidade:** retorna a probabilidade associada ao teste t de Student. **Observação:** No Excel 2007, esta é uma função **estatística**.
Função TIPO	**Informações:** retorna um número indicando o tipo de dados de um valor.
Função CARACTUNICODE 2013	**Texto:** retorna o caractere Unicode referenciado por determinado valor numérico.
Função UNICODE 2013	**Texto:** retorna o número (ponto de código) que corresponde ao primeiro caractere do texto.
Função MAIÚSCULA	**Texto:** converte o texto em letras maiúsculas.
Função VALOR	**Texto:** converte um argumento de texto em um número.

Nome da função	Tipo e descrição
Função VAREST	**Compatibilidade:** estima a variância com base em uma amostra. **Observação:** No Excel 2007, esta é uma função **estatística**.
Função VAR.P 2010	**Estatística:** calcula a variância com base em toda a população.
Função VAR.A 2010	**Estatística:** estima a variância com base em uma amostra.
Função VARA	**Estatística:** estima a variância com base em uma amostra, inclusive números, texto e valores lógicos.
Função VARP	**Compatibilidade:** calcula a variância com base em toda a população. **Observação:** No Excel 2007, esta é uma função **estatística**.
Função VARPA	**Estatística:** calcula a variância com base em toda a população, inclusive números, texto e valores lógicos.
Função BDV	**Financeira:** retorna a depreciação de um ativo para um período especificado ou parcial usando um método de balanço decrescente.
Função PROCV	**Pesquisa e referência:** procura na primeira coluna de uma matriz e move-se ao longo da linha para retornar o valor de uma célula.
Função SERVIÇOWEB 2013	**Web:** retorna dados de um serviço da web. **Observação:** Esta função não está disponível no Excel Online.
Função DIA.DA.SEMANA	**Data e hora:** converte um número de série em um dia da semana.

Nome da função	Tipo e descrição
Função NÚMSEMANA	**Data e hora:** converte um número de série em um número que representa onde a semana cai numericamente em um ano.
Função WEIBULL	**Compatibilidade:** calcula a variância com base em toda a população, inclusive números, texto e valores lógicos. **Observação:** No Excel 2007, esta é uma função **estatística**.
Função DIST.WEIBULL 2010	**Estatística:** retorna a distribuição de Weibull.
Função DIATRABALHO	**Data e hora:** retorna o número de série da data antes ou depois de um número específico de dias úteis.
Função DIATRABALHO.INTL 2010	**Data e hora:** retorna o número de série da data antes ou depois de um número específico de dias úteis usando parâmetros para indicar quais e quantos dias são de fim de semana.
Função XTIR	**Financeira:** fornece a taxa interna de retorno para um programa de fluxos de caixa que não é necessariamente periódico.
Função XVPL	**Financeira:** retorna o valor líquido presente de um programa de fluxos de caixa que não é necessariamente periódico.
Função XOR 2010	**Lógica:** retorna um OU exclusivo lógico de todos os argumentos.
Função ANO	**Data e hora:** converte um número de série em um ano.
Função FRAÇÃOANO	**Data e hora:** retorna a fração do ano que representa o número de dias inteiros entre data_inicial e data_final.

Nome da função	Tipo e descrição
Função LUCRO	**Financeira:** retorna o lucro de um título que paga juros periódicos.
Função LUCRODESC	**Financeira:** retorna o rendimento anual de um título descontado; por exemplo, uma letra do tesouro.
Função LUCROVENC	**Financeira:** retorna o lucro anual de um título que paga juros no vencimento.
Função TESTE.Z **2010**	**Estatística:** retorna o valor de probabilidade unicaudal de um teste z.
Função TESTEZ	**Compatibilidade:** retorna o valor de probabilidade unicaudal de um teste z. **Observação:** No Excel 2007, esta é uma função **estatística**.

Com base na listagem acima e nos marcadores de versão de algumas funções, podemos prever que o conhecimento necessário para dominar o Excel© 2016 nos oferece como consequência amplo domínio das versões anteriores, visto que o Excel© é um programa que vem sendo cuidadosamente elaborado, com melhorias contínuas a cada nova versão, e de maneira alguma há descarte de funcionalidades. Pelo contrário, em sua evolução e melhorias são acrescidas novas funções, aumentando o leque de funcionalidade do programa, enquanto, quando necessário, as funções anteriores similares são mantidas por questões de compatibilidade.

O investimento no estudo do Excel© 2016 é muito gratificante, pois nos possibilita conhecimentos de aspectos de práticas de uso de funções e fórmulas que podemos colocar em prática com várias versões anteriores, com exceção das funções exclusivas.

Importante:

A listagem das funções disponíveis no Excel 2016 mostradas nesta tabela vieram da versão original em inglês, assim, devido ao método de tradução da documentação original, existem à primeira vista algumas inconsistências que, como veremos, não chegam a ser nenhum grande problema.

É o caso das traduções, nestas tabelas, apenas de algumas funções como as apresentadas como sendo as funções MAX e MIN, por exemplo.

Na verdade, a versão em língua portuguesa contém as funções MÁXIMO e MÍNIMO, e não MAX e MIN, mas este pequeno inconveniente é rapidamente dissipado quando acessamos o link informado e clicamos em cada função. A partir do clique na função que consta na tabela, abre-se uma página com o nome correto da função, com todos os seus parâmetros, e vários exemplos de uso, e, para algumas, até mesmo tutoriais em vídeo, conforme o conteúdo do Excel 2016 em português.

Estude e deixe o Excel 2016 surpreender você com sua riqueza de recursos, farta documentação de apoio, vários fóruns de suporte na internet, grande facilidade de uso e padronização de procedimentos, que, de maneira lógica e intuitiva, oferecem uma experiência gratificante, seja no uso domiciliar ou profissional.

ÍNDICE

A

agora 2, 3, 31, 272

aleatoriamente 196, 200

aleatório 177-178, 276

aninhando funções 25-26

ano 10, 200-201, 285

arábico 190, 246

armazenamento xv, xvii, xviii, 1, 120, 230

arredondar.para.baixo 182-183

arredondar.para.cima 183-184

aspas 7, 32, 65, 68, 84, 106, 123, 131, 134, 212, 219, 221

asterisco real 94, 112, 140

atingir meta 49-52

avaliando fórmulas 27-44

B

bidimensionais 67-69

C

cálculos xv, xvi, xxii, 1, 2, 8, 9, 11, 20, 23, 25, 30, 37, 39, 63, 71, 91, 107, 110, 111, 124, 125, 144, 150, 152, 160, 163, 183, 184, 199, 201, 205, 209, 231, 235, 236, 239, 242, 244

certificações microsoft 208

coincidências 80, 82, 83, 84

concatenar 10, 104, 106, 192-193, 209, 213, 244, 251, 282

constantes de matrizes 64-66

constantes matriciais xxii, 72, 78, 80, 81, 82, 84, 109

contar.vazio 139, 252

cont.núm 179-180, 252

cont.ses 137, 139-143, 252

cont.valores 19, 110-111, 139, 180-181, 232, 238, 240, 242, 252

converter 162-164, 251

corresp 111-113, 119-122, 269

corrigir erros 30-32

cse 64, 83

ctrl+shift+enter 63, 64, 65, 66, 67, 68, 70, 72, 73, 85, 86

D

data 91, 196-199, 199, 200, 254

dia 31, 198-199, 200, 255

dia.da.semana 96, 97, 98, 198, 202-203, 205, 206, 216, 284

dias 201, 255

diatrabalhototal 202, 204-206, 271

dimensões xvi, 68, 71, 225

direita 195-196

divergências 83, 84

E

éerro 75, 76, 187-188, 266

éerros 187-188, 266

engenharia 1, 85, 91, 170, 208, 247, 248, 251, 255, 257, 262, 263, 264, 265

escolher 113-116, 116, 117, 250

esquerda 194-195

excel.uservoice.com xix

exp 169, 258

expandir fórmula de matriz 86-87

expert 208

F

formatação condicional xv, xix, xxii, 57-62

fórmulas 53-56

   matriciais 69-88

   matriciais avançadas 74-84

formulasnoexcel2016@uai.com.br xxiii

funções 23-26

   aninhadas 23-26

I

ímpar 175-176, 273-274

índice 99-111, 266

inserindo funções 24-26

J

janela de inspeção 41-43

L

licenças xvii

limites xvi, 26, 46, 78, 95, 142, 275

lin 73-74, 277

logaritmo 171

   natural 169-170, 262, 265, 268

M

macros 56, xix, xxiii

maior 125, 151-152, 268

maiúscula 188, 283

malware xvii

master 208

matriciais xix, xxi, xxii, 63-88, 89, 104, 109, 185, 186, 208

matrizes 24, 63-88, 109, 143, 147, 156, 158, 165, 166, 167, 180, 181, 182, 270, 281

máximo 152-153, 221, 269

máximoses 219-223, 224, 269

média 26, 78, 156-160, 246

médiase 143-147, 148, 246

médiases 147-151, 247

menor 279

mensagens de erro 27-30

mês 200, 271

mínimo 154, 155-156, 270

mínimoses 223-226

minúscula 189, 269

mmc 168-169, 268

mod 104, 105, 108, 172, 270

mostrar fórmulas 38-40, 48, 90

mudar fórmulas de matriz 85-86

mult 164-166

N

não 111, 136, 174, 217, 219, 272

nível de aninhamento 26

nome de tabela 5-6

nomes definidos 5

O

office 365 xv, xvii, xviii

operadores

    aritméticos 9

    de comparação 10

    de concatenação 10-11

    de referência 11, 12

    de texto 10-11

    lógicos xxii

ordem alfabética 71, 244

P

parâmetro 214-217

parâmetros xxii, 2, 3, 25, 31, 32, 53, 95, 96, 98, 120, 126, 135, 144, 149, 160, 191, 193, 194, 195, 196, 197, 203, 212, 220, 224, 227, 231, 236, 239, 241, 268, 271, 285, 287

pi 176-177, 275
potência 178-179, 275
precedência do operador 12
previsão.ets 231-235, 260
previsão.ets.confint 236-238, 260
previsão.ets.sazonalidade 241-242, 261
previsão.ets.stat 238-240, 261
previsão.linear 227-230, 260, 261
proch 91-94, 263
procv 94-100, 115-121, 203, 215, 216, 284
programação 56, xix, 55, 209

Q

quociente 173, 276

R

Ramsonware xvii
raptar xvii
rastreamento
  de dependentes 36-38
  de precedentes 36-38
referência
  3d 18-20
  A1 15
  L1C1 21

referências
  absolutas 16-18
  mistas 18
  relativas 16-17
retornos válidos 26

S

ses 122-124, 216-219
soma 137, 157-160, 280
somarproduto 166-168, 280
somase 125-129, 130, 132-133, 280
somases 129-132, 132-133, 280
substituir 191-192, 280
subtotal 23, 24, 25, 160-162, 280

T

tabela price 46-49, 52
texto 282
tipos de operadores 8-11
transpor 184-186, 283

U

unidimensionais 67, 68, 69
unirtexto 213
uso de parênteses 8, 13, 117

V

VBA xix, xxiii, 56, 121, 209

verificar erros 33–43

versão xv, xvi, xvii, xxi, xxiii, 207, 208, 209, 217, 231, 243, 245, 260, 286, 287

vetores xxii, 64, 67, 85

X

xor 178–179, 285

CONHEÇA OUTROS LIVROS DE INFORMÁTICA!

Negócios - Nacionais - Comunicação - Guias de Viagem - Interesse Geral - Informática - Idiomas

Todas as imagens são meramente ilustrativas.

SEJA AUTOR DA ALTA BOOKS!

Envie a sua proposta para: autoria@altabooks.com.br

Visite também nosso site e nossas redes sociais para conhecer lançamentos e futuras publicações!

www.altabooks.com.br

/altabooks ▪ /altabooks ▪ /alta_books

ALTA BOOKS
EDITORA

ROTAPLAN
GRÁFICA E EDITORA LTDA
Rua Álvaro Seixas, 165
Engenho Novo - Rio de Janeiro
Tels.: (21) 2201-2089 / 8898
E-mail: rotaplanrio@gmail.com